Pour une nouvelle éducation juridique

Logiques Juridiques

Fondée par Gérard Marcou

Dirigée par Jean-Claude Némery et Thomas Perroud

Le droit n'est pas seulement un savoir, il est d'abord un ensemble de rapports et pratiques que l'on rencontre dans presque toutes les formes de sociétés. C'est pourquoi il a toujours donné lieu à la fois à une littérature de juristes professionnels, produisant le savoir juridique, et à une littérature sur le droit, produite par des philosophes, des sociologues ou des économistes notamment.

Parce que le domaine du droit s'étend sans cesse et rend de plus en plus souvent nécessaire le recours au savoir juridique spécialisé, même dans des matières où il n'avait jadis qu'une importance secondaire, les ouvrages juridiques à caractère professionnel ou pédagogique dominent l'édition, et ils tendent à réduire la recherche en droit à sa seule dimension positive. À l'inverse de cette tendance, la collection « Logiques juridiques » des éditions L'Harmattan est ouverte à toutes les approches du droit. Tout en publiant aussi des ouvrages à vocation professionnelle ou pédagogique, elle se fixe avant tout pour but de contribuer à la publication et à la diffusion des recherches en droit, ainsi qu'au dialogue scientifique sur le droit. Comme son nom l'indique, elle se veut plurielle.

Dernières parutions

Jackeline Patricia CESPEDES ARTEAGA, *La contribution de la CJUE dans la construction du droit de la Communauté andine*, 2018.
Michaël MARTINEZ, *Le train de vie en droit privé*, 2018.
Hafedh BOUAZIZ, *La conversion des actes juridiques,* 2018.
Gabriel ECKERT et Jean-Philippe KOVAR, *La régulation économique et financière face aux défis de l'information,* 2018.
Adil MOUSSEBBIH, *Le contentieux électoral dans la jurisprudence du Conseil constitutionnel marocain, Étude comparative*, 2018.
CLUB MARC BLOCH, *Citoyen !*, 2018.
Lamine TIRERA, *L'État stratège*, 2018.
Léa CASTELLON, *La place de la victime dans le procès pénal,* 2018.
Soror BAHBOUHI, *Le conflit d'intérêts du banquier*, 2018.
Tenile MASCOLO GIL, *Les droits de l'homme dans le Mercosur,* 2018.
Mohammed BERRAOU, *La responsabilité des acteurs de la gestion publique devant la Cour des comptes. Le modèle marocain*, 2017.
Eric GILARDEAU, *Cicéron, père de la codification du droit civil*, 2017.
Daphne AKOUMIANAKI, *Les rapports entre l'ordre juridique constitutionnel et les ordres juridiques européens. Analyse à partir du droit constitutionnel grec*, 2016.

Sous la direction de
Massimo Vogliotti

Pour une nouvelle éducation juridique

L'Harmattan

5-7, rue de l'École-Polytechnique, 75005 Paris

http://www.editions-harmattan.fr

ISBN : 978-2-343-10744-8
EAN : 9782343107448

SOMMAIRE

LES AUTEURS

Antoine Bailleux
Professeur à l'Université Saint-Louis de Bruxelles

Pierre-Olivier Bonin
Candidat au doctorat au Département de Science Politique de l'Université de Toronto

Sabino Cassese
Professeur émérite de l'École Normale Supérieure de Pise
Ancien juge de la Cour constitutionnelle italienne

Jacques Chevallier
Professeur émérite de l'Université Panthéon-Assas (Paris 2)

Jean Danet
Membre du Conseil Supérieur de la Magistrature
Maître de conférences à l'Université de Nantes

Luc Heuschling
Professeur à l'Université de Luxembourg

Pierre Noreau
Professeur à l'Université de Montréal

François Ost
Professeur émérite de l'Université Saint-Louis de Bruxelles

Ruth Sefton-Green
Maître de conférences à École de droit de la Sorbonne
Université Paris 1 – Panthéon-Sorbonne

Sylvain Soleil
Professeur à l'Université de Rennes 1

Ferdinando Treggiari
Professeur à l'Université de Pérouse

Massimo Vogliotti
Professeur à l'Université du Piémont Oriental

INTRODUCTION

UNE RÉVOLUTION AUX PORTES DANS LES FACULTÉS DE DROIT DES PAYS DE CIVIL LAW*? UNE UTOPIE RÉALISTE*

Massimo Vogliotti

Université du Piémont Oriental

1. Un clivage entre les traditions de *civil law* et de *common law* en matière d'enseignement. – 2. Une question non absente, mais marginalisée. – 3. Les signes d'un changement. – 4. Un modèle qui pêche à la fois du côté de la théorie et du côté de la pratique. – 5. Le roi est nu. – 6. Les prémisses théoriques du modèle traditionnel d'enseignement du droit. – 7. Quelle formation, pour quel droit et pour quel juriste? – 8. La boucle entre choix de valeur, conception du droit et modèle éducatif. – 9. Les conditions institutionnelles pour une nouvelle éducation juridique.

1. Un clivage entre les traditions de *civil law* et de *common law* en matière d'enseignement

En 1975, dans un article consacré à la comparaison entre les modèles d'enseignement du droit dans les pays de *common law* et de *civil law*, le grand comparatiste de Stanford, John Henry Merryman, pointait le doigt sur une différence fondamentale « between American and civil law universities : the higher degree of self-consciousness in the United States about the objectives and methods of university education ». Et il ajoutait que « this characteristic is particularly marked in the law schools ». La preuve en est qu'il existe aux États-Unis, depuis le début du siècle dernier, une association (« the Association of American Law Schools ») et une revue (« the Journal of Legal Education and its predecessor, The American Law School Review ») qui ne s'occupent que de l'enseignement du droit, de ses objectifs, de ses méthodes, de ses problèmes. Seulement « in common law schools (in recent years England has joined this group) does one find *continuous self-searching about what we are doing, why we are doing it, and how we might better do it* »[1].

Un tout autre portrait – qui, hélas, n'a rien de caricatural – ressort de sa plume lorsqu'il se tourne vers nos pays de l'Europe continentale : « Most of my colleagues who teach in civil law universities are, by comparison, totally unconcerned. Questions about teaching objectives and methods are considered uninteresting or not open to discussion. One teaches as profes-

[1] J. H. MERRYMAN, « Legal Education in Civil Law and Common Law Universities : a Comparison of Objectives and Methods » (1975), in N. PICARDI et R. MARTINO (dir.), *L'educazione giuridica*, t. Ier, *Modelli di Università e progetti di riforma*, IIe éd., Bari, Cacucci, 2008, p. 175 (c'est nous qui soulignons).

sors have always taught ; one's purposes are the same purposes as they have always been ; questions about such matters do not arise »[2].

Restons sur le vieux continent et faisons un petit voyage dans notre passé ; nous sommes à Bologne, à l'aube de l'an mil, quand s'est développée la science juridique qui est aux racines de la tradition culturelle des juristes européens. À cette époque-là, l'enseignement, loin d'être la sœur Cendrillon de la recherche[3], était au cœur de l'édifice juridique médiéval. En effet, c'est par la voix de l'enseignement que la science juridique médiévale a vu le jour et c'est par celle-ci que le système du *ius commune* a été bâti. Comme le rappelle Harold Berman, « the scholastic mode of analysis and synthesis was promoted by the method of teaching in the university, particularly the method of glossing the texte and posing questions for disputation [...] In other words, science – scholarship – came from teaching, and not vice versa »[4].

Franchissons maintenant l'Atlantique et revenons sur le continent américain pour écouter encore une fois la voix de Merryman qui nous explique pourquoi les juristes de *common law* considèrent si importantes la pratique de l'enseignement et la réflexion scientifique sur ce sujet. À propos de l'intérêt pour l'étude du modèle d'éducation juridique suivi au sein d'une communauté scientifique donnée, dès l'*incipit* de sa contribution il tient à préciser que « the examination of legal education in a society provides a window on its legal system. Here one sees the expression of basic attitudes about the law : what law is, what lawyers do, how the system operates or should operate ». Quant à l'importance de la pratique de l'enseignement, il nous rappelle que « it is through legal education that the legal culture is transferred from generation to generation »[5]. Et nous savons – après la longue parenthèse du volontarisme juridique du positivisme légaliste – que le droit est, en dernier ressort, le produit de la culture juridique. Comme l'a écrit de façon très efficace Felix Frankfurter, professeur au début du siècle dernier à la Harvard Law School, dans une lettre du 13 mai 1927 adressée à Mr. Rosenwald, « in the last analysis, the law is what the lawyers are. And the law and the lawyers are what the law

---

[2] *Ibid.*

[3] Comme le note Joseph Weiler, dans un texte qui rassemble une série d'éditoriaux récents publiés dans différentes revues et contenant des conseils adressés à des jeunes chercheurs, au sein de l'Académie, « l'enseignement est une des dimensions professionnelles les moins importantes » ; parmi les indicateurs des progrès académiques, « l'enseignement est toujours mentionné, mais en réalité n'a aucune importance » (J. H. H. WEILER, « Consigli ai giovani ricercatori », in *Rivista trimestrale di diritto pubblico*, 3, 2017, p. 730).

[4] H. J. BERMAN, *Law and Revolution. The Formation of the Western Legal Tradition*, Cambridge Mass., Harvard University Press, 1983, p. 131.

[5] J. H. MERRYMAN, « Legal Education in Civil Law and Common Law Universities », *op. cit.*, p. 168-169.

schools make them »[6]. Le droit étant un sous-système du système social, le modèle d'enseignement qui s'impose au sein d'une communauté scientifique (ses contenus, ses méthodes, ses objectifs) se répercute nécessairement sur l'ensemble de la société : « Legal education also gives us a look at the future of the society. Those who will man the legal system and will fill those positions of leadership in government and the private sector that seem to fall more frequently to lawyers, at least in Western societies, come out of the law schools. What they are taught and how it is taught to them profoundly affect their objectives and attitudes and the ways in which they will fill these social roles »[7].

2. Une question non absente, mais marginalisée

Si le portrait de notre tradition culturelle en matière d'enseignement du droit, esquissé par le comparatiste de Stanford, n'est pas contestable, il faut cependant le nuancer, en reconnaissant que l'intérêt pour ce sujet n'a pas été complètement absent de notre culture juridique. D'ailleurs, l'étude de Merryman que nous venons de citer fait partie d'un volume qui rassemble les actes du premier « Séminaire international sur l'éducation juridique » organisé en 1973 par deux importants juristes italiens, Alessandro Giuliani et Nicola Picardi, à la Faculté de Droit de l'Université de Pérouse. Or, ce séminaire, et les cinq autres qui suivirent[8], ont vu la participation du gotha de la science juridique européenne (Helmut Coing, Philippe Malaurie, Riccardo Orestano, Chaïm Perelman, Renato Treves, Uberto Scarpelli, Jerzy Wróblewski...), signe que dans les années soixante-dix la question de la formation en droit était portée à l'attention des communautés scientifiques des pays de *civil law*.

Peu avant, au milieu des années soixante, les cinq signataires d'un rapport intitulé « Sul riordinamento degli studi della facoltà di giurisprudenza », publié dans la plus importante revue juridique généraliste de la péninsule, montrent qu'ils ont bien à l'esprit toute l'importance de la question de la révision des études de droit. La réforme de ces études, écrivent-ils, « n'est pas une simple question technique : elle est l'instrument pour

---

[6] L'extrait de la lettre de Frankfurter est cité par H. T. EDWARDS, « The Growing Disjunction between Legal Education and the Legal Profession », in *Michigan Law Review*, 91, n° 1, 1992, p. 34.

[7] J. H. MERRYMAN, « Legal Education in Civil Law and Common Law Universities », *op. cit.*, p. 169.

[8] Les six séminaires internationaux organisés par A. Giuliani et N. Picardi entre 1973 et 1989 ont abouti à la publication d'une collection intitulée « L'educazione giuridica » qui comprend six volumes et onze tomes. La première édition a été publiée avec le concours de l'Université de Pérouse et du Conseil National des Recherches (le premier volume est sorti en 1975, le dernier en 1994).

aiguiller les orientations méthodologiques et les contenus de la science juridique des futurs décennies ». Une telle réforme, ajoutent-ils, n'a de sens que si elle vise à « promouvoir un changement général des conceptions sur la méthodologie de la science juridique, sur la fonction des juristes dans la société, sur la formation qui, à cette fin, doit être donnée aux étudiants, sur le travail de recherche qui doit être mené par les scientifiques »[9].

De telles prises de conscience du sens et des enjeux de la question de la formation universitaire au droit ont lieu tout au long du siècle dernier et à peu près dans tous les pays de *civil law*. En France c'est le cas, notamment, de Raymond Saleilles[10], d'André Tunc[11] et du mouvement « Critique du droit »[12], respectivement au début, au milieu et au dernier quart du siècle passé.

Tout cela est vrai et il ne serait pas honnête de le sous-estimer. Et toutefois – et c'est là que Merryman a raison – les voix qu'on a rappelées et d'autres encore, qui se sont levées pour attirer l'attention des collègues sur l'importance de la question de l'enseignement du droit, n'ont pas réussi à percer le mur du silence et de l'indifférence qui a entouré la culture juridique des *civil lawyers* pendant tout le vingtième siècle. En d'autres termes, ces voix n'étaient pas les voix de coryphées, de représentants éminents d'une *communis opinio*, d'une sensibilité diffuse parmi la grande majorité de la communauté scientifique ; tout au contraire, elles étaient les voix de solistes, de grands esprits qui, en pointant le doigt contre le modèle d'enseignement en vigueur, mettaient en cause, plus ou moins explicitement, toute la conception du droit et de la science juridique de leur époque.

Les critiques au modèle de formation juridique qui s'est imposé suite à l'étatisation du droit et au succès du positivisme juridique (que ce soit dans la version française de l'exégèse ou bien dans la version allemande du pandectisme) et les propositions de réforme qui se sont succédé tout au long du siècle passé n'ont eu la force ni d'engendrer un large débat au sein

---

[9] S. CASSESE, M. CONTI, P. CRAVERI, S. RODOTA, F. SPANTIGATI, « Sul riordinamento degli studi della facoltà di giurisprudenza », in *Il Foro italiano*, 1965, V, c. 22.

[10] Voir, notamment, la communication faite au Congrès d'Économie sociale de 1902, intitulée « *Les méthodes d'enseignement du droit et l'éducation intellectuelle de la jeunesse* », in *Revue internationale de l'enseignement*, 1902, p. 313-329.

[11] A. TUNC, « Sortir du néolithique (Recherche et enseignement dans les Facultés de droit) », in *Dalloz*, 1957, Chron., p. 71-78.

[12] Voir, notamment, J.-J. GLEIZAL, « L'enseignement du droit, la doctrine et l'idéologie », in M. BOURJOL, PH. DUJARDIN, J.-J. GLEIZAL, A. JEAMMAUD, M. JEANTIN, M. MIAILLE et J. MICHEL, *Pour une critique du droit. Du juridique au politique*, Maspero, Presses Universitaires de Grenoble, 1978, p. 71-113.

des communautés scientifiques de *civil law*[13] ni, encore moins, de transformer les pratiques concrètes d'enseignement. Celles-ci, exception faite de certaines mises à jour et de quelques innovations pédagogiques comme l'introduction, en France, des « travaux dirigés » rendus obligatoires par la réforme de 1954[14], ont continué à suivre passivement les vieilles liturgies, en laissant complètement à l'initiative individuelle – qui est toujours rare et, dans ce cas, plus rare encore, vu l'absence de motivation, de débat scientifique et de discussion au sein des facultés – l'expérimentation de nouvelles méthodes d'enseignement[15].

---

[13] Dans l'introduction à la seconde édition du premier volume de la collection *L'educazione giuridica*, Nicola Picardi, après avoir rappelé que « dans la culture anglosaxonne le problème de la *legal education* a toujours eu une grande importance, au point de constituer une véritable discipline, étayée d'une vaste littérature et diffusée dans différentes revues spécialisées », souligne que les recherches collectives des années soixante-dix à l'Université de Pérouse, dirigées par Alessandro Giuliani et lui-même sous les auspices du Conseil National des Recherches, étaient « pionnières ». Quelques lignes après, il avoue que cette collection n'a pas eu une grande diffusion auprès de la communauté des juristes, à cause, entre autres, du fait que, « notamment les deux premiers volumes, n'étaient pas faciles à repérer », ce qui peut être la cause, mais qui est aussi, certainement, l'effet du faible intérêt de la communauté des juristes pour le sujet de l'enseignement du droit (N. PICARDI, « L'educazione giuridica, oggi. Introduzione alla II^{a} edizione », in N. PICARDI et R. MARTINO (dir.), *L'educazione giuridica*, *op. cit.*, p. X-XI.

[14] Comme le note J. CHEVALLIER, « "Critique du droit" et la question de l'enseignement du droit », in X. DUPRÉ DE BOULOIS et M. KALUSZYNSKI, *Le droit en révolution(s). Regards sur la critique du droit des années 1970 à nos jours*, Paris, LGDJ, 2011, p. 103-104, l'introduction des travaux dirigés, précédée en 1922 par les « conférences » (facultatives), n'a pas « remis en cause la prééminence du cours magistral, qui rest[e] l'institution pédagogique centrale, le contrôle des connaissances servant toujours à contrôler la capacité de mémorisation des étudiants ». Pour une critique de la pédagogie normalement suivie dans les TD, cf. O. MORÉTEAU, « Bilan de santé de l'enseignement du droit », in L. CASTON-GUAY et N. KASIRER, *Étudier et enseigner le droit : hier, aujourd'hui et demain*, Études offertes à Jacques Vanderlinden, Bruxelles, Bruylant, Cowansville, Québec, Yvon Blais, 2006, p. 287-288. Moréteau souligne, d'abord, que les étudiants sont souvent trop nombreux (35-40, « alors que 30 était le chiffre de référence trois décennies plus tôt. Signe des temps, les étudiants parlent aujourd'hui de "cours de TD" par opposition au "cours d'amphi", expressions inquiétantes ») et que le chargé de TD « a rarement plus de trois ou quatre ans d'expérience et est souvent novice dans la matière qu'il enseigne ». Il sait, par ailleurs, « qu'il doit éviter de contredire la dictée du professeur s'il veut éviter des plaintes inutiles. Il fera régner dans sa salle un académisme souvent plus pesant que celui du professeur car il est lui-même un professeur en cours de (re-)production ». Pour être à l'abri des problèmes, « les chargés de TD s'alignent sur un conformisme moyen et apprennent à s'adapter aux professeurs. Et, bien sûr, ils imposent le sacrosaint plan en deux parties et deux sous-parties ainsi que le sempiternel commentaire d'arrêt. Bien peu se risquent à des exercices pédagogiques un peu novateurs, alors qu'il n'y a aucun risque à le faire ».

[15] Jacques Chevallier conclut son étude sur le positionnement du mouvement "Critique du droit" à l'égard de l'enseignement en avouant que « la critique effectuée par le mouvement "Critique du droit" il y a trente ans, n'a [...] guère eu d'influence sur l'enseignement juridique dont la spécificité reste réaffirmée et la conception inchangée ». Les enseignements

3. Les signes d'un changement

Nihil sub sole novi, donc, sur le vieux continent ?

Non. Depuis le début du nouveau millénaire, et de manière encore plus intensive ces dix dernières années, nous assistons un peu partout en Europe à un foisonnement de colloques, de congrès[16], de séminaires, d'ateliers, de recherches individuelles et collectives, de rapports[17], de publications de livres, d'articles et de dossiers dans des revues scientifiques[18], de manifestes et d'expérimentations de nouveaux modèles pédagogiques, qui témoignent d'un intérêt croissant, chez les juristes de *civil law*, pour la question de la formation juridique. Le fait nouveau ne consiste pas seulement dans la quantité de ces initiatives, concentrées, par ailleurs, dans un laps de temps relativement court, mais dans la prise de conscience, de plus en plus diffuse au sein des centres de recherche et des facultés, de l'importance et de l'urgence[19] – pour l'avenir de la recherche scientifique, du droit et de la société – d'un renouvellement en profondeur du modèle de formation juridique que nous avons hérité de la phase positiviste de la modernité juridique.

---

restent « très généralement dominés par un "positivisme techniciste", qui s'attache à restituer le plus fidèlement possible l'état du droit existant, tout en construisant et en diffusant les cadres conceptuels destinés à assurer la cohérence et la complétude de l'édifice normatif ». Cette persistance témoignerait « de la profondeur de l'enracinement d'une tradition juridique qui, comme l'avait d'ailleurs montré "Critique du droit", est indissociable d'un modèle d'État que le droit et les juristes ont contribué à édifier ». Et il termine en disant que « tout le problème est de savoir dans quelle mesure cette tradition *pourra être maintenue*, compte tenu de *l'ébranlement de ce modèle*, notamment sous la pression de la mondialisation » (J. CHEVALLIER, « "Critique du droit" et la question de l'enseignement du droit », *op. cit.*, p. 111-112 ; c'est nous qui soulignons).

[16] Voir, notamment, le congrès de l'Académie internationale de droit comparé qui s'est tenu à Vienne les 20-26 juillet 2014. Les actes ont été publiés sous la direction de CH. JAMIN et W. VAN CAENEGEM, *The Internationalisation of Legal Education*, Switzerland, Springer, 2016.

[17] Voir, notamment, le très intéressant rapport de la « Commission de Réflexion sur les Études de droit » présidée par Antoine Lyon-Caen, déposé en avril 2002, et les recommandations contenues dans le rapport du Wissenschaftsrat du 9 novembre 2012 sur l'enseignement du droit en Allemagne (traduit en anglais l'année suivante : *Prospects of Legal Scholarship in Germany. Current Situation, Analyses, Recommendations*).

[18] Pour se limiter à la littérature francophone, voir les dossiers suivants : « L'enseignement du droit au dé-but du XXIe siècle, perspectives critiques », in *Jurisprudence. Revue critique*, 2010, p. 87-263 ; « Orient/Occident. L'enseignement du droit », in *Droits et cultures*, numéro hors-série 2010, p. 9-191 ; « Les enjeux contemporains de la formation juridique », in *Droit et Société*, 83, 2013, p. 9-116 ; « Enseigner le droit demain », in *Revue interdisciplinaire d'études juridiques*, 72, 2014, p. 25-162 ; « L'enseignement du droit : quelles perspectives ? », in *Les Cahiers de la justice*, 2018, p. 209-256.

[19] Cf. M. VOGLIOTTI, « L'urgence de la question pédagogique pour le droit postmoderne », in *Revue interdisciplinaire d'études juridiques*, 72, 2014, p. 73-85.

Les auteurs qui ont contribué à cet ouvrage, issu en grande partie d'un colloque qui s'est tenu en juin 2015 à l'Institut d'Études Avancées de Paris, partagent totalement, avec des inflexions différentes, cette exigence[20].

En Italie, un premier signe éloquent de cette nouvelle sensibilité à l'égard de la formation au droit peut être décelé dans l'initiative, lancée par le constitutionnaliste de Florence Orlando Roselli, de constituer un « Observatoire et un Annuaire sur la formation juridique »[21]. En 2005, dans l'introduction aux actes d'un colloque sur « La réforme des études juridiques » qui s'était tenu deux ans auparavant auprès de l'Université florentine, il explique que les raisons qui l'ont amené à concevoir un tel projet étaient de « promouvoir un lieu de réflexion continue, non occasionnelle, sur l'enseignement du droit comme moment de réflexion sur la méthode juridique » et sur les « transformations toujours plus rapides et profondes des catégories d'espace et de temps » qui affectent le phénomène juridique. Il reconnaît certes l'existence d'initiatives, grandes et petites, sur l'enseignement des différentes disciplines, mais, dit-il, il manque « un lieu de coordination et de promotion d'une réflexion continue et systématique sur les multiples aspects d'une formation qui soit en phase avec les transformations des ordres juridiques et qui soit en mesure de transmettre la compréhension de l'évolution des processus mêmes de structuration du phénomène juridique »[22]. Convaincu de la nécessité d'établir une véritable « science de la formation juridique »[23] et d'associer à ce programme le plus grand nombre de membres des communautés universitaires, il met en garde contre le danger de « réaliser une réforme à moitié », qui se bornerait « à substituer des étiquettes au lieu de rénover les contenus ; qui n'aurait pas la force ni le courage de promouvoir un changement radical de la tradition académique et des modèles d'organisation de nos facultés »[24].

Cette floraison de réflexions et d'expériences relatives au sujet de l'enseignement du droit semble suggérer que le modèle traditionnel d'enseignement ait atteint son point *critique*. Dans la médecine hippocratique, le mot « *krísis* » – substantif qui vient de la racine du verb « *kríno* » qui signifie distinguer et séparer, faire un choix, décider – indique la phase "dé-

---

[20] « Les transformations du droit et du savoir juridique : quelles conséquences pour la formation juridique ? », Paris, Institut d'Études Avancées, Hôtel de Lauzun, 13 juin 2015.

[21] Les travaux de l'Observatoire ont été réunis dans une collection de douze volumes, publiés par les « Edizioni scientifiche italiane » de Naples, entre 2005 et 2007, sous la direction de Vincenzo Cerulli Irelli et Orlando Roselli (« Collana per l'Osservatorio sulla formazione giuridica »).

[22] O. ROSELLI, « Presentazione del progetto di creazione di un Osservatorio e di un Annuario sulla formazione giuridica », in V. CERULLI IRELLI et O. ROSELLI, *La riforma degli studi giuridici*, Napoli, ESI, 2005, p. 20 et 22.

[23] O. ROSELLI, *Scritti per una scienza della formazione giuridica*, Napoli, ESI, 2012.

[24] O. ROSELLI, « Presentazione del progetto », *op. cit.*, p. 24.

cisive" de l'évolution de la maladie, un changement, comme l'atteste le dictionnaire Littré, « qui survient dans le cours d'une maladie et s'annonce par quelques phénomènes particuliers, comme une excrétion abondante, une hémorrhagie considérable, des sueurs ». Or, l'intensification et la diffusion de l'intérêt pour la question de la formation juridique ainsi que l'accroissement du poids et du nombre des chefs d'accusation à l'égard du modèle traditionnel d'enseignement peuvent être interprétés comme les signes qui annoncent, après maintes tentatives échouées, une véritable révolution de notre façon de concevoir l'enseignement du droit.

En effet, le sentiment que le moment du changement ne peut plus être reporté se répand de plus en plus. Dans un éditorial publié dans la revue *Dalloz*, Olivier Beaud a récemment lancé un cri d'alarme, dénonçant l'« infernale dégradation » des universités françaises qui seraient « désormais dans un état très critique »[25].

Du côté du monde des professions et des métiers du droit, les critiques à l'égard de la formation universitaire des juristes ne cessent de se faire entendre. Ces critiques, bien entendu, sont loin d'être nouvelles. Déjà au début du siècle dernier, le romaniste Vittorio Scialoja notait que « partout nous entendons de fortes plaintes être formulées sur les conditions actuelles de ceux qui sortent des universités, et notamment de ceux qui sortent de la faculté de droit. Si vous lisez [...] les rapports des jurys des concours pour l'admission aux carrières judiciaires, vous pourrez constater que chaque année on s'y plaint de l'insuffisante préparation des candidats ». Et ces plaintes, précise-t-il, « sont relatives en général aux conditions de tous ceux qui appartiennent aux différentes professions, judiciaires ou administratives »[26]. Ces dernières années, toutefois, les critiques des praticiens, et notamment des avocats, sont devenues plus dures et péremptoires, comme le rappelle Jean Danet dans sa contribution, qui est un réquisitoire impitoyable contre le système d'enseignement des facultés de droit en France.

Dans un article intitulé de façon éloquente « Remettre la faculté de droit au service de la profession d'avocat », Thierry Wickers, ancien président du Conseil national des barreaux, après avoir rappelé « le peu de cas dans lequel sont tenues les études de droit, considérées comme trop dogmatiques et éloignées de la réalité » et constatant l'immobilisme des professeurs, avance cette solution drastique au problème de « l'insatisfaction permanente de la profession d'avocat à l'égard de la formation initiale de ses membres » : « imposer aux universitaires la révolution qu'ils

[25] O. BEAUD, « Universités : "la coupe est pleine" », in *Dalloz,* 2015, p. 2177.

[26] V. SCIALOJA, « L'ordinamento degli studi di giurisprudenza in relazione alle professioni » (1914), in *Scritti e discorsi politici*, vol II, Padova, Cedam, 1936, p. 205.

refusent, en les contraignant à assurer un enseignement conforme aux besoins de la profession »[27].

Bien que la solution aux problèmes de l'enseignement universitaire du droit ne soit pas celle de s'adapter passivement aux attentes des praticiens, qui, d'ailleurs, comme le note Christophe Jamin, sont très différentes et ont un caractère évolutif[28], si toutefois, du côté des professeurs, persiste cette surdité à l'égard du monde du travail et, plus fondamentalement, à l'égard des défis que les transformations du droit et de la société lancent à nos facultés, la marginalisation des études dispensées par celles-ci, déjà à l'œuvre, finira par prendre des dimensions inquiétantes.

Comme le dit sans nuances Thierry Wickers dans le texte précité, « s'il fût une époque où [...] on se devait d'avoir "fait son droit" avant d'entrer dans le commerce et l'industrie, ces temps sont bien révolus. Les écoles de commerce n'ont rien à craindre de la concurrence des facultés de droit. Et c'est plutôt le mouvement inverse qui se dessine, puisque les grands cabinets d'avocats sont devenus friands de *curriculum vitae* mentionnant le passage par l'une de ces écoles, où l'on apprend aussi le droit mais pas avec les mêmes professeurs, ni de la même façon »[29].

Comme l'on sait, à la concurrence de ces écoles[30] – et du binôme Sciences Po[31] et ENA, à laquelle, depuis sa création en 1945, a été confié la formation de la haute fonction publique, « au point qu'aujourd'hui un

---

[27] TH. WICKERS, « Remettre la faculté de droit au service de la profession d'avocat », in *Gazette du Palais*, septembre-octobre 2012, p. 2647 et 2642.

[28] CH. JAMIN, *La cuisine du droit. L'École de droit de Sciences Po : une expérimentation française*, Paris, Lextenso, 2012, p. 141.

[29] TH. WICKERS, « Remettre la faculté de droit au service de la profession d'avocat », *op. cit.*, p. 2642.

[30] Voir, sur le rôle de ces écoles dans le marché français de la formation en droit, É. BILAND, « Quand les managers mettent la robe. Les grandes écoles de commerce sur le marché de la formation juridique », in *Droit et Société*, 83, 2013, p. 49-65.

[31] L'origine de l'École libre des sciences politiques, fondée en 1872 par Émile Boutmy, est liée aux lacunes des programmes et de la méthodologie des facultés de droit, jugées inaptes à former la haute fonction publique. Comme le rappelle Jean-Jacques Gleizal, pour Boutmy, celles-ci auraient « le tort d'avoir des programmes trop rigides et insuffisamment variés ». La critique la plus importante, toutefois, tient à « leurs méthodes de travail et leur esprit ». Quel est le type de savoir enseigné par les facultés de droit ?, se demande Boutmy : « propositions abstraites, subtiles interprétations verbales, déductions fortement enchaînées, simplifications parfois excessives, conclusions toujours catégoriques, voilà dans quelle fréquentation de tous les instants l'intelligence apprend et aime à se mouvoir. L'esprit de géométrie, au sens où l'entendait Pascal, devient sa règle ». Bref, conclut Gleizal, le juriste pour Boutmy « n'est pas apte à saisir la complexité, les mutations des réalités politiques, administratives, économiques et financières qui constituent la matière des sciences de l'État » (J.-J. GLEIZAL, « L'enseignement du droit, la doctrine et l'idéologie », *op. cit.*, p. 92 (la citation de Boutmy, rappelée par Gleizal, est tirée d'un article intitulé « Des rapports et des limites des études juridiques et des études politiques », in *Revue internationale de l'enseignement*, 1889).

nombre important des membres du Conseil d'État [...] n'a jamais vraiment fréquenté les facultés de droit »[32] – s'est ajoutée, récemment, celle de l'École de droit de Sciences Po qui, deux ans avant l'ouverture de ses portes en septembre 2009, avait obtenu « qu'un arrêté du ministère de la Justice autorisât les diplômés des deux filières proprement juridiques du master que l'institution est autorisée à délivrer (en l'occurrence "carrières juridiques et judiciaires" et "droit économique") à se présenter à l'examen d'entrée aux centres régionaux de formation professionnelle des avocats »[33]. Cette irruption de Sciences Po sur le marché parisien de la formation juridique a provoqué une réaction féroce de la part des facultés de droit, qui, jusqu'alors, avaient gardé le monopole de la formation des futurs avocats[34].

En Italie, où, pour l'instant, le monopole des anciennes facultés de droit n'a pas été touché, le malaise dont souffrent les études de droit se manifeste, depuis quelques années, par une importante diminution du nombre des inscriptions aux « Corsi di Laurea in Giurisprudenza », signe évident du fort affaiblissement, si ce n'est déjà de la perte, de l'attrait et du prestige que ces études ont toujours eu en Italie jusqu'à récemment encore, et cela malgré les critiques récurrentes qu'on a vues se formuler pendant tout le siècle dernier[35].

---

[32] CH. JAMIN, *La cuisine du droit*, *op. cit.*, p. 74.

[33] *Ibid.*, p. 12.

[34] La « violence » de cette réaction (qui a pris la forme de deux pétitions – la première signée par plus de 400 professeurs et maîtres de conférences, la seconde par la quasi-totalité des directeurs des Instituts d'Études Judiciaires – et de divers recours devant le Conseil d'État, tous rejetés) est rappelée par CH. JAMIN, « L'enseignement du droit à Sciences Po : autour de la polémique suscitée par l'arrêté du 21 mars 2007 », in *Jurisprudence. Revue critique*, 1, 2010, p. 125-136. Les chefs d'accusation étaient essentiellement deux : la « concurrence déloyale faite par Sciences Po à l'endroit des facultés de droit » et « l'insuffisance de l'enseignement dispensé à Sciences Po », liée à la « durée » des études (deux ans à Sciences Po, quatre ans au sein des facultés de droit) et, implicitement, à la « substance » de l'enseignement (p. 127-128).

[35] Pour une critique particulièrement virulente du modèle de formation juridique en Italie au milieu des années cinquante, modèle qui est resté identique dans sa structure fondamentale jusqu'à maintenant, voir M. CAPPELLETTI, *Studio del diritto e tirocinio professionale in Italia e Germania. La crisi delle professioni giudiziarie in Italia. Problemi e rimedi*, Milano, Giuffrè, 1957. Cappelletti, après avoir rappelé les critiques à notre modèle de formation juridique adressées au début du siècle dernier par Vittorio Scialoja et Piero Calamandrei, critiquait, notamment, la méthode d'enseignement, caractérisée par l'exclusivité des leçons *ex cathedra*. Il louait, par contre, le modèle allemand et, notamment, deux méthodes alternatives d'enseignement : les « Übungen », sortes de travaux dirigés obligatoires, et les séminaires, où, pendant les derniers semestres de ses études, l'étudiant qui le souhaitait pouvait apprendre à faire de la recherche et à écrire des textes scientifiques sous la supervision de son professeur et de ses assistants (voir, notamment, le chapitre IV).

4. Un modèle qui pêche à la fois du côté de la théorie et du côté de la pratique

Il est donc urgent de voir dans tous ces symptômes le signe que le point critique a été atteint et qu'il n'est plus permis, aujourd'hui, de reporter une réforme que les juristes les plus sensibles aux changements du droit et de la société ont attendue tout au long du siècle passé. Dans le cas contraire, les études de droit cesseront définitivement d'accomplir leur fonction sociale fondamentale.

Cette fonction est double. Assurer, d'un côté, une véritable éducation scientifique en mesure de former des juristes « libres » et « responsables », comme le souhaite Antoine Bailleux dans sa contribution, des « *penseurs* de la chose juridique »[36], conscients des enjeux et des responsabilités sociales, politiques, éthiques, économiques que le travail du juriste implique. Fournir aux étudiants, de l'autre côté, les compétences utiles à aborder le monde, de plus en plus diversifié, des métiers du droit, en sachant que le meilleur outil qu'une agence de formation au droit puisse fournir au juriste *in spem* pour qu'il se fasse valoir dans le monde du travail est l'accomplissement de sa première mission : assurer, comme nous venons de le dire, une formation scientifique exigeante, viser à « l'éducation supérieure des esprits », comme le disait à l'occasion d'une communication faite au Congrès d'Économie sociale de 1902, Raymond Saleilles, pour qui « tout enseignement supérieur » doit contribuer « à faire l'éducation intellectuelle, scientifique et morale, des générations auxquelles il s'adresse : c'est l'honneur, comme la responsabilité redoutable, du professorat ; nous ne pouvons nous y soustraire »[37].

---

[36] P. LEGRAND, « Notes inspirées par une gêne persistante à l'égard de la fascination exercée par l'habitude, l'autorité, la loi et l'État dans les facultés de droit françaises », in *Revue trimestrielle de droit civil*, 1998, p. 300. Legrand poursuit en disant qu'il n'y a que ces juristes « qui sauront se livrer aux investigations audacieuses, aux recensements téméraires, aux recoupement inattendus dont on espère qu'ils favoriseront une justice mieux ressentie laquelle dépend, avant tout, rappelons-le, de l'*étoffe* du savoir dont sont imbus ceux qui prétendent la pratiquer ».

[37] R. SALEILLES, « Les méthodes d'enseignement du droit et l'éducation intellectuelle de la jeunesse », *op. cit.*, p. 316 et 320. Dans la même perspective, voir, en plein 1968, U. SCARPELLI, « L'educazione del giurista », in *Rivista di diritto processuale*, 1968, p. 23, selon lequel ce n'est pas le rôle de l'université, mais des écoles professionnelles et d'application successives, de « fournir immédiatement des compétences professionnelles spécifiques ». Le rôle propre des universités est « de produire des esprits scientifiquement éduqués et capables d'acquérir et de modifier ces compétences professionnelles : ce qui est, par ailleurs, la seule manière de fournir les compétences professionnelles nécessaires pour les différents métiers d'aujourd'hui et de l'avenir, puisqu'il n'est pas possible de couvrir, dans l'enseignement, la gamme trop vaste des compétences spécifiques et de prévoir avec certitude les compétences professionnelles que les transformations sociales requerront d'ici quelques

Or, comme ne cesse de le répéter Christophe Jamin, notre modèle d'enseignement, qui, malgré certaines innovations pédagogiques, est resté fondamentalement doctrinal et « *descriptif* »[38], « pêche à la fois du côté de la théorie et du côté de la pratique »[39]. Encore une fois, nul ne sera surpris d'apprendre que la dénonciation de cette double faillite de notre système de formation n'est pas inédite. Elle a résonné plusieurs fois, dès la fin du XIXe siècle par la voix de Léon Duguit[40] et sera reprise pendant tout le siècle dernier, à partir de la conférence déjà citée de Vittorio Scialoja[41] et en passant par l'essai-manifeste du courant « Critique du droit », à la fin des années soixante-dix : « l'enseignement supérieur a un double objectif : préparer les étudiants à affronter la vie professionnelle et leur donner une formation générale s'appuyant sur les connaissances scientifiques les plus récentes. Or l'enseignement qui est dispensé dans les ex-facultés de droit ne satisfait à aucune de ces exigences. D'une part, il est inadapté à la pratique ; d'autre part, il est loin de refléter l'état des recherches en sciences sociales »[42].

La cible principale de toutes ces critiques adressées à notre modèle de formation juridique est bien connue : la méthode d'enseignement. Plus précisément, la méthode qui est mise en accusation est celle du cours magistral, ces leçons *ex cathedra* que Vittorio Scialoja appelait les « prédica-

années ». Vu la vitesse des transformations du droit et de la société, des bons praticiens « finiraient par être bientôt en retard sur leur temps et ne seraient même plus de bons praticiens ; seul des juristes éduqués à la fois à la rigueur et à l'ouverture, l'adaptabilité et l'élasticité de la science pourront […] faire face aux tâches que le temps leur impose ».

[38] J.-J. GLEIZAL, « L'enseignement du droit, la doctrine et l'idéologie », *op. cit.*, p. 82. Il donne l'exemple de l'enseignement du droit administratif : « les diverses institutions – l'État, les collectivités locales, les établissements publics – sont décrites successivement et de façon minutieuse. Seulement rien n'est dit sur les raisons de la création des institutions ni sur les rapports – autres que juridiques – qui peuvent exister entre elles ». Le décalage, poursuit-il, « entre les études juridiques et l'état actuel des sciences sociales est grave en lui-même. Il fait que malheureusement l'esprit – scientifique – ne souffle que très rarement dans les ex-facultés de droit. Mais ce décalage est surtout condamnable par ses conséquences. La plus importante est qu'il interdit à l'enseignement du droit de saisir les réalités sociales. Celles-ci sont complexes et évolutives. Or elles ne peuvent être appréhendées par des disciplines compartimentées et descriptives. Coupée de la réalité, la formation juridique française ne peut ainsi satisfaire les besoins profonds de la société. Que les juristes ne s'étonnent pas d'être méconnus et incompris » (p. 82-83).

[39] CH. JAMIN, « L'enseignement du droit à Sciences Po : autour de la polémique suscitée par l'arrêté du 21 mars 2007 », *op. cit.*, p. 135.

[40] L. DUGUIT, « De quelques réformes à introduire dans l'enseignement du droit », in *Revue internationale de l'enseignement*, 15, 1888, p. 154.

[41] V. SCIALOJA, « L'ordinamento degli studi di giurisprudenza in relazione alle professioni », *op. cit.*, p. 210 : « l'université actuelle n'a pas un caractère scientifique suffisant, d'une part, et, de l'autre, elle néglige dans l'enseignement du droit la partie de la science qui se rattache plus directement à la pratique ».

[42] J.-J. GLEIZAL, « L'enseignement du droit, la doctrine et l'idéologie », *op. cit.*, p. 78.

tions », une pratique qui « le plus souvent est parfaitement inutile [...] et nos étudiants le savent et nous le démontrent de la manière la plus évidente et offensive : ils ne viennent pas à nos leçons ». À quoi sert, en effet, se demandait-il, « notre prédication quand ce que nous disons peut être lu dans les livres ? ». Si tout continue à se réduire « aux leçons orales que nous faisons, je dis qu'il serait mieux d'abolir l'enseignement universitaire et d'accepter que les étudiants puissent se présenter directement aux examens sur les différentes matières : on obtiendrait à peu près l'effet que pratiquement nous atteignons aujourd'hui ». Et il conclut en disant que c'est en cela que constitue le défaut le plus grave : « tout le reste est accessoire [...] ; on pourra améliorer les programmes de nos études, on pourra faire milles retouches utiles, mais tout serait inutile sans avoir préalablement résolu cette question »[43].

Quarante-deux ans après, au moment de la mise en œuvre de la réforme française de 1954 qui avait introduit les travaux dirigés obligatoires pour les matières principales, les mêmes critiques seront relancées par Walter Bigiavi : « les études juridiques telles qu'elles sont conçues aujourd'hui, au moins chez nous et en France (même maintenant), ne vont pas du tout : la leçon *ex cathedra* ne sert presqu'à rien, tant il est vrai que la grande masse des étudiants ne l'écoute pas »[44].

Dans un article pétillant où il dresse un bilan de santé de l'enseignement du droit en France, Olivier Moréteau nous brosse un portrait impitoyable de la pratique du cours magistral : « un professeur est assis à la chaire et lit des notes posées devant lui. Il parle lentement, répète ses phrases, en utilisant les mêmes mots s'il est un "bon prof" qui a compris que le cours sera mieux su à l'examen s'il est "facile à prendre" et donc à apprendre. Parfois, l'étudiant a la chance d'assister à un *one (wo)man show* d'une qualité exceptionnelle, quand il est en présence d'une de ces stars des amphis capable de communiquer en même temps un savoir lumineux et la passion d'apprendre. [...] Mais trop souvent, le professeur dit son texte sur un ton plus ou moins monocorde, au rythme de la dictée. [...] Les étudiants écrivent tout et ils changent de couleur ou soulignent pour noter les titres des parties, titres, chapitres, sections, paragraphes, I, A, 1°, a, a... Car la construction du cours est un édifice d'une hauteur vertigineuse, s'étirant facilement sur dix à quinze niveaux de subdivisions ».

Comment expliquer, se demande-t-il, « que les étudiants restent aussi fidèles à la dictée ? Je dis bien la plupart d'entre eux, car j'ai pour ma part "séché" nombre de cours durant mes études, là où je ne voyais pas de va-

---

[43] V. SCIALOJA, « L'ordinamento degli studi di giurisprudenza in relazione alle professioni », *op. cit.*, p. 213-214.
[44] W. BIGIAVI, « La riforma degli studi giuridici in Francia », in *Rivista di diritto civile*, 1956, p. 131.

leur ajoutée par rapport à la lecture d'un texte imprimé ». Il avance cette réponse : « l'étudiant veut être sûr de pouvoir, le jour de l'examen, restituer "la voix de son maître". La curiosité de l'étudiant moyen, quand elle n'est pas stimulée par la pédagogie (terme dont certains de mes collègues disent sans honte qu'il n'a pas sa place à l'université), laisse souvent la place à une stratégie débrouillarde. [...] La phrase "avec ce prof, si tu ne récites pas exactement son cours, c'est le carton assuré" est hélas trop souvent vérifiée. Quand la sécurité du parcours universitaire rejoint la paresse intellectuelle, il faut être un inconscient, une tête brûlée ou un chercheur en herbe pour aller trouver son savoir en dehors des notes prises à la dictée dans un amphi souvent bondé »[45].

Parfois, les critiques au cours *ex cathedra*, toujours récurrentes, sont plus nuancées. C'est le cas, par exemple, du porte-parole du courant « Critique du droit » sur la question de l'enseignement, Jean-Jacques Gleizal, selon qui, « en lui-même, le cours magistral n'a rien de critiquable. Bien fait il peut permettre à l'étudiant de gagner du temps et de saisir des mécanismes que la lecture des ouvrages ne lui aurait peut-être pas révélés. Mais – précise-t-il – dans les ex-facultés de droit, le cours n'est pas une technique d'enseignement parmi d'autres. Il est l'institution pédagogique centrale. Les travaux dirigés lui sont subordonnés. Aussi le rapport maître-élève est-il, de façon dominante, unilatéral. Le maître est actif, mais l'élève passif. L'étudiant en droit n'est guère préparé à affronter les problèmes et à prendre des responsabilités ». Et il associe à ces critiques une autre institution clé de notre système d'enseignement : le manuel. Ces ouvrages, nous dit-il, « qui servent de support au cours, ne font qu'aggraver les lacunes de celui-ci. Les manuels de droit ont en effet, dans leur immense majorité, été rédigés par des positivistes, c'est-à-dire par des juristes empiristes privilégiant la description du système juridique. Leur fréquentation va, par conséquent, amener l'étudiant à accumuler des connaissances et à se maintenir dans cette position de "réception passive" à laquelle le cours l'a habitué »[46].

---

[45] O. MORÉTEAU, « Bilan de santé de l'enseignement du droit », *op. cit.*, p. 285-287.

[46] J.-J. GLEIZAL, « L'enseignement du droit, la doctrine et l'idéologie », *op. cit.*, p. 79-80. Dans la même perspective, voir le « Manifeste pour la formation en droit », intitulé « De futurs juristes libres et responsables ! », du Séminaire interdisciplinaire d'études juridiques de l'Université Saint-Louis de Bruxelles (in *Revue interdisciplinaire d'études juridiques*, 76, 2016, p. 169-175) : « aujourd'hui décrié et abandonné dans des établissements aux filières sélectives, l'enseignement *ex cathedra* est incontournable dans notre réalité institutionnelle. Il ne doit toutefois pas être vécu comme une fatalité. Pratiqué face à des auditoires d'une taille raisonnable, nous sommes convaincus des vertus d'un tel enseignement qui, dans une société de l'information immédiate, brève et ludique, renforce les capacités d'écoute, d'attention, de compréhension et de synthèse de l'étudiant en droit » (p. 169).

5. Le roi est nu

Nous avons vu que ces critiques – et bien d'autres encore, comme la stigmatisation de la *clôture disciplinaire* (conséquence du dogme positiviste de l'autonomie du droit et de la pureté de la science juridique) et *géographique* de l'enseignement (conséquence du processus d'étatisation du droit entamé au début du XIXe siècle avec les grandes codifications) – jalonnent tout le siècle dernier. Et toutefois, nous avons aussi remarqué que depuis quelques années ces critiques ont changé de nature : elles sont devenues plus accablantes et plus insistantes et ont fini par gagner une portion de plus en plus ample de la communauté scientifique. Bref, il semble que le point critique ait été atteint.

« Le roi est nu », nous dit Jean Danet dans son réquisitoire. Oui, le roi est nu, et pas seulement à cause des profondes transformations de la société et du droit depuis l'après Seconde Guerre mondiale. Il y a un moment, en effet, où les mécanismes de protection du modèle éducatif en vigueur n'arrivent plus à endiguer les pressions d'une réalité mille fois différente de celle qui l'a vu naître. Mais le roi est nu aussi et surtout car le voile qui empêchait de voir sa nudité est tombé du visage d'un nombre important et croissant de juristes. Ce voile était représenté par le cadre théorique et mythologique[47] du « paradigme juridique moderne » (de l'Europe continentale) qui, profondément enraciné dans les esprits des juristes des pays de *civil law*, a pu, malgré tous les changements qui sont intervenus, légitimer scientifiquement notre modèle d'éducation juridique pendant tout le XXe siècle.

En effet, les contenus, les méthodes et les objectifs de l'enseignement du droit sont la conséquence des prémisses théoriques et de l'imaginaire du paradigme scientifique dominant qui, selon Thomas Kuhn, fournit, pour un temps, un modèle de problèmes et de solutions à ceux qui pratiquent un certain champ de recherche[48]. Les critiques au modèle d'enseignement du droit qui se sont succédé tout au long du siècle passé étaient, donc, la conséquence des critiques adressées au paradigme scientifique dominant par les franges hétérodoxes, vite marginalisées, de la communauté scientifique. Chaque fois qu'une tentative de révolution scientifique se manifestait, le modèle de formation juridique était mis en cause. L'histoire des tentatives de changer les méthodes et les contenus de la formation au droit est aussi et notamment l'histoire des tentatives, toujours ina-

---

[47] P. GROSSI, *Mitologie giuridiche della modernità*. Milano, Giuffrè, 2001.
[48] TH. KUHN, *The Structure of Scientific Revolutions* (1962), IIe éd., Chicago University Press, 1970.

chevées, de réaliser une révolution scientifique[49]. En effet, tant qu'une révolution scientifique n'est accomplie et qu'une nouvelle période de « science normale »[50] n'est inaugurée (celle attestée dans le « droit des manuels »), un nouveau modèle d'éducation juridique ne pourra pas voir le jour. Or, étant donné ce lien étroit entre modèle d'enseignement et paradigme scientifique, nous pouvons avancer l'hypothèse que toute cette ferveur récente pour la question de la formation juridique, qui se traduit par la volonté, de plus en plus ferme et partagée, de construire un nouveau modèle d'éducation juridique, est le signe que le paradigme juridique moderne est en train de vivre sa phase terminale.

6. Les prémisses théoriques du modèle traditionnel d'enseignement du droit

Ce paradigme – contesté déjà à la fin du XIXe siècle et rejeté après la Seconde Guerre mondiale par les juristes qui ont réhabilité la tradition aristotélicienne de la philosophie pratique (la topique juridique de Vieweg, la « nouvelle rhétorique » de Perelman, l'herméneutique juridique gadamérienne...), comprenant ainsi le sens profond des nouvelles constitutions rigides et du contrôle de constitutionnalité des lois, qui ont mis fin à la longue parenthèse de l'« absolutisme juridique moderne »[51] – ce paradigme,

---

[49] Voir, sur la « tentation d'une science du dehors » et sur « le retour à une science du dedans » en France, CH. JAMIN, *La cuisine du droit*, *op. cit.*, p. 42-64. Quant à l'Italie, voir R. ORESTANO, « Sulla didattica giuridica in Italia tra il XIX e il XX secolo », in N. PICARDI et R. MARTINO (dir.), *L'educazione giuridica*, *op. cit.*, p. 138-146, qui insiste sur les « conséquences néfastes » de l'adoption enthousiaste, de la part de la science juridique italienne, de la méthode formaliste et conceptualiste du pandectisme allemand, entre la fin du XIXe siècle et le début du XXe. Méthode qui a dominé la science juridique italienne jusqu'à l'après Seconde Guerre mondiale, étouffant, « dans l'œuf, les voies nouvelles vers lesquelles la science juridique italienne aurait pu s'adresser et ne l'a pas fait » (p. 138).

[50] Dans le modèle des révolutions scientifiques de Thomas Kuhn, la phase de la « science normale » est celle qui fait suite à une révolution scientifique. Dans cette période, les chercheurs s'occupent du « nettoyage » du paradigme et s'efforcent d'encadrer la nature dans les cases, préfabriquées et relativement rigides, de celui-ci. Toutefois, à un moment donné, les anomalies du paradigme se multiplient poussant certains chercheurs, normalement les plus jeunes, à suivre d'autres parcours et à avancer d'autres théories : c'est la phase de la « science extraordinaire », caractérisée par une grande effervescence de la communauté scientifique et par la floraison de théories nouvelles qui conduiront à la formation d'un paradigme nouveau.

[51] La formule, qui fait référence à la réduction du droit à une chose entièrement contrôlée par le pouvoir politique, est de Paolo Grossi. Voir, par exemple, P. GROSSI, *Assolutismo giuridico e diritto privato*, Milano, Giuffrè, 1998 (notamment l'essai d'ouverture *Ancora sull'assolutismo giuridico (ossia: della ricchezza e della libertà dello storico del diritto)*. Sur la redécouverte de la « seconde dimension » du droit par la culture juridique italienne après la Seconde Guerre mondiale, je me permets de renvoyer le lecteur au troisième cha-

disais-je, plonge ses racines dans la « *nova methodus* » de l'humanisme juridique (XVIe siècle) et se fonde, pour le dire en deux mots, sur deux piliers[52].

Le premier, fondamental, est représenté par l'adoption, pour des raisons qu'on ne peut pas évoquer ici, de la méthode descriptive, véritative et objectivante des sciences qu'Aristote appelait « théorétiques » (les mathématiques et les sciences de la nature). Cette rupture épistémologique, préparée par l'humanisme juridique et réalisée par le jusnaturalisme moderne, est à l'origine d'une profonde transformation de la conception de l'être du droit. Pour les anciens et les médiévaux, le droit était conçu comme « action » (*práxis*). Il appartenait aux « sciences pratiques » dont la fin n'est pas la vérité, mais l'action bonne (*eupraxía*). Celle-ci était vue comme le résultat d'un *juste rapport* – tissé par l'*interpretatio* (dont le but était la réduction « *de iniquo ad aequum* »[53]) – entre « *auctoritas* » et « *ratio* » (une raison qui, contrairement à la raison instrumentale des modernes, s'interroge de manière critique sur les fins de l'action) ou, en d'autres mots, entre la première dimension du droit (le droit écrit de Créon) et la seconde dimension du droit (le droit non écrit d'Antigone). De manière cohérente avec ces prémisses épistémologiques et ontologiques, la loi était définie par Thomas d'Aquin comme un *ordre* de la *raison* (et non de la volonté, qui est autoréférentielle) pour le bien commun : « *quaedam rationis ordinatio ad bonum commune* ».

Suite à l'adoption de la méthode des sciences théorétiques, le droit n'est plus conçu comme « action » (ce qui implique l'impossibilité de séparer nettement le sujet de l'objet de la connaissance), mais, à l'instar des sciences de la nature, comme une « chose », une *substance* qui, dans la phase positiviste de la modernité (qui réduit le droit à une seule dimension : *auctoritas facit legem*), est créée par une autorité éminente (le Législateur), appliquée fidèlement par le juge (*dura lex sed lex*) et décrite de manière objective et neutre par la science, dont la fin n'est plus l'action bonne (qui présuppose l'idée d'une raison téléologiquement orientée et celle d'un savoir qui contribue à la production de son objet), mais la vérité, conçue comme la parfaite *correspondance* entre la chose droit et les propositions, purement descriptives, des juristes.

---

pitre d'un ouvrage intitulé *Les nouveaux chemins de la légalité*, qui paraîtra l'année prochaine chez les Presses de l'Université Saint-Louis de Bruxelles.

[52] Sur les caractéristiques du paradigme juridique moderne, sur sa formation et sur sa crise, voir M. VOGLIOTTI, *Tra fatto e diritto. Oltre la modernità giuridica*, Torino, Giappichelli, 2007.

[53] Placentini *Summa Codicis*, Moguntiae 1536, citée par P. GROSSI, *L'ordine giuridico medievale*, Milano, Giuffrè, 1995, p. 169.

Le second pilier du paradigme moderne est représenté par sa *logique des confins* : confins *géopolitiques* (la fin du *ius commune* par effet du processus d'étatisation du droit, à l'origine du droit international public et privé), *temporels* (le droit n'est plus considéré comme le résultat d'un acte de *iurisdictio*, qui présuppose la référence à un droit qui le précède, mais comme le produit d'un acte – instantané – d'*imperium*), *théoriques* (l'autonomie du droit et la pureté de la science juridique), *disciplinaires* (la *summa divisio* public-privé et l'articulation du droit en différentes branches autonomes).

Contenus et méthodes d'enseignement étaient cohérents avec ces prémisses théoriques : l'étudiant devait apprendre, fondamentalement, le système juridique en vigueur dans son État, système qui lui était transmis *ex cathedra* sous la forme de matières indépendantes.

7. Quelle formation, pour quel droit et pour quel juriste?

Jacques Chevallier ouvre sa contribution en disant que « la question du contenu de la formation juridique n'a de sens que rapporté à la *représentation* qu'on se fait de ce qu'est un "bon juriste" ». Et il précise que le "bon juriste", mis à part certains dénominateurs communs, « n'existe pas en soi, mais seulement par référence à un lieu et à un temps donnés ».

En effet, dans un monde comme le nôtre, marqué par les migrations de masse et le multiculturalisme, par la « société du risque »[54] et la quatrième révolution industrielle, par l'accélération du temps social et la menace du terrorisme global, par le pouvoir du capitalisme financier, les « big data » et la « gouvernance par les nombres »[55], l'image du bon juriste – et, par conséquent, la représentation qu'on se fait de ce qu'est un bon modèle de formation juridique – ne peuvent qu'être radicalement différentes de celles qui dominaient le XIXe siècle ou la première moitié du XXe.

Du côté du monde du droit, les transformations ne sont pas moins importantes. En particulier, le système des sources, que l'on pouvait encore représenter jusqu'à la moitié du siècle dernier par la métaphore kelsenienne de la pyramide, a été bouleversé par les phénomènes de constitutionnalisation, d'européanisation et de globalisation du droit. Ces profondes transformations de l'environnement juridique ont poussé certains juristes à proposer la métaphore du *réseau*[56] pour exprimer l'idée, notamment, de la centralité de la notion de « relation », qui, dans l'onto-

[54] U. BECK, *Risikogesellschaft. Auf dem Weg in eine andere Moderne*, Frankfurt am Main, Suhrkamp Verlag, 1986.

[55] A. SUPIOT, *La gouvernance par les nombres*, Paris, Fayard, 2015.

[56] Voir, notamment, F. OST et M. VAN DE KERCHOVE, *De la pyramide au réseau? Pour une théorie dialectique du droit*, Bruxelles, Presses de l'Université Saint-Louis, 2002.

logie juridique postmoderne, prend la place de la notion de « substance », laquelle, comme nous l'avons vu, caractérisait l'ontologie juridique moderne[57]. Cette nouvelle représentation de l'*être* du droit comme un réseau de relations valorise, d'une part, les notions de *contexte* et d'*application* et, de l'autre, met sur le devant de la scène la figure du juriste-interprète, celui qui est appelé, *hic et nunc*, à « tisser » les « relations » parmi les différents matériaux juridiques, d'origine infranationale, nationale, internationale, supranationale et transnationale[58], en vue de *construire* la solution juridique appropriée au cas d'espèce et d'assurer un certain ordre dans l'actuel multivers juridique[59].

Il est évident que cette transformation radicale du paysage juridique et du rôle du juriste requiert un modèle d'enseignement totalement différent de celui qui avait été imaginé quand la loi de l'État était au centre de l'univers juridique et que la fonction du juriste était conçue à la lumière de celle-ci, pour assurer sa suprématie dans l'ordre juridique interne (via le principe de la légalité) et préserver l'intégrité de son sens (par le juge bouche de la loi et par la neutralité axiologique de la science du droit).

Et toutefois, l'image du bon juriste (et le modèle conséquent de formation juridique) ne sont pas seulement liés à ces deux variables spatio-temporels. À celles-ci, il faut en ajouter une troisième d'ordre *axiologique* qui nous oblige à nous poser cette question fondamentale : quelle est la finalité de l'enseignement du droit ? Quel type de juriste voulons-nous former ? À cette question – posée d'emblée par François Ost dans sa contribution, développée ensuite par Antoine Bailleux et reprise par Pierre Noreau et Pierre-Olivier Bonin à la fin de leur étude empirique sur l'évolution de la conception du droit des étudiants de la Faculté de droit de l'Université de Montréal[60] – on n'échappe pas. La conception même du droit dépend, au fond, de ce que *nous voulons, en tant que juristes, que le droit*

---

[57] Sur le passage d'une ontologie de la "substance" à une ontologie des "relations", voir M. VOGLIOTTI, *Tra fatto e diritto*, *op. cit.*

[58] Sur le sens de cette complexe topologie juridique contemporaine, voir M. R. FERRARESE, *Diritto sconfinato. Inventiva giuridica e spazi nel mondo globale*, Roma-Bari, Laterza, 2006.

[59] Sur le rôle des "Grands Tribunaux" nationaux, internationaux et supranationaux pour assurer un certain ordre dans la Babel du droit contemporain, cf. S. CASSESE, *I tribunali di Babele. I giudici alla ricerca di un nuovo ordine globale*, Roma, Donzelli, 2009.

[60] Cette étude confirmerait d'autres études, « pour l'essentiel anglo-saxonnes », menées sur les effets de socialisation juridique des étudiants en droit. Ces études montrent que « la socialisation acquise entre la première et la troisième année marque le passage d'une conception plus symbolique (ou éthique) du droit vers une conception plus instrumentale de la normativité juridique et qu'en regard de leur profil en tant que juriste, une définition plutôt vocationnelle de leur avenir cède graduellement le pas à une conception plus professionnelle de l'activité juridique ». Ce passage, se demandent-ils, « favorise-t-il le profil de juriste que nous voulons pour demain ? » (voir *infra*).

soit. En droit, nous avertissait Raymond Saleilles, « il n'y a de neutralité nulle part ». Et un peu plus loin il ajoutait que « la neutralité des méthodes n'exist[e] pas, dans l'enseignement du droit pas plus qu'ailleurs, et que, quoi qu'on fasse, du moment que l'on fait de la science sociale, on fait de l'éducation intellectuelle, on part d'une conception initiale de la vie, exprimée ou latente, et on en déduit des applications concordantes en matière juridique »[61]. Le choix du modèle éducatif n'est donc pas éthiquement et politiquement neutre[62].

Saleilles n'a aucun doute sur quelles devraient être les finalités de l'éducation juridique. Il stigmatise, tout d'abord, les « méthodes de logique pure » par lesquelles on lui avait enseigné le droit : « on partait de l'idée très simple, mais très fausse, que la loi étant l'expression d'une volonté collective, la volonté du législateur, il suffisait, pour l'appliquer, d'une recherche de volonté et qu'il n'y avait pour cela qu'à utiliser les procédés de logique déductive qui servent à toute interprétation de volonté. Le juriste élevé à cette école ne s'embarrassait ni d'histoire, ni d'économie politique, ni de droit comparé : un texte, les travaux préparatoires du texte, un bon syllogisme destiné à adapter le texte à l'espèce, et tout le mécanisme des procédés d'investigation juridique était prêt à fonctionner ; il n'en fallait pas plus ». Fondées sur la fausse « prétention à la neutralité économi-

[61] R. SALEILLES, « Les méthodes d'enseignement du droit et l'éducation intellectuelle de la jeunesse », *op. cit.*, p. 319-320.

[62] La phrase prononcée par un professeur de l'École des hautes études commerciales de Paris (HEC), la plus prestigieuse des écoles de commerce françaises, selon laquelle celle-ci serait une école « sans éthique mais qui n'en impose aucune », présuppose, au fond, un choix éthique. Comme le notent Émilie Biland et Liora Israël, qui nous ont relaté ce propos, cette revendication de neutralité éthique de l'école cache, en réalité, un choix éthique bien précis, lié à une « vision instrumentale du droit, qui n'en est pas moins une vision politique » (« le droit comme ressource pragmatique pour l'action économique »), la même qu'elles ont pu constater dans le cours de droit des contrats de l'École de Droit de Sciences Po. Cette conception « prend sens dans la perspective pluridisciplinaire développée au fil de ces cours : loin d'être un savoir autosuffisant, le droit doit satisfaire des exigences non juridiques, à la fois stratégiques et financières. En somme – poursuivent-elles – la technique juridique mise au service de l'économie contribue à la légitimation d'un capitalisme financier dont les finalités ne sont qu'exceptionnellement discutées ». Le droit, précisent-elles, « ne justifie pas, en lui-même, l'économie financière, il se présente simplement comme une technique utile à celle-ci. C'est bien l'absence d'éthique alternative qui rend ce savoir si facilement adaptable à l'idéologie dominante » (É. BILAND et L. ISRAËL, *À l'école du droit : les apports de la méthode ethnographique à l'analyse de la formation juridique*, in « Les Cahiers de Droit », 52, 2011, pp. 651 et 656). Au début de leur étude, les deux Auteures rappellent un ouvrage d'Elizabeth Mertz (*The Language of Law School. Learning to "Think like a Lawyer"*, New York, Oxford University Press, 2007), auquel elles se sont inspirées, d'où ressortirait l'idée que les cours de droit dispensés par les *law schools* américaines « ont avant tout pour objet d'inculquer une manière de penser spécifique, apparemment dépolitisée, abstraite, distincte de la morale, et finalement bien adaptée à l'idéologie capitaliste » (p. 623). .

que et philosophique » de la science juridique, ces méthodes finissaient par donner l'impression non seulement de « l'indépendance et du parallélisme des disciplines », mais aussi de « l'opposition des doctrines ; entre la loi et l'équité, le droit et l'économie sociale, il y aura non pas des directions qui s'ignorent, mais des antagonismes latents qui se formuleront dans l'esprit »[63].

À ces méthodes, qui « ont abdiqué leur devoir d'éducation intellectuelle », Saleilles en oppose une autre fondée sur trois idées qui exaltent la fonction sociale et morale des juristes : « responsabilité, solidarité et progrès juridique ».

La première idée, d'où « tout découle » et qui s'inspire de l'œuvre-manifeste de Gény, *Méthode d'interprétation et sources en droit privé positif* (1899), a trait « aux procédés d'observation, qui tendent à mettre de plus en plus l'interprétation du droit en contact avec les réalités de la vie et par suite à rétablir la concordance entre la théorie et la pratique, de telle sorte qu'il ne soit plus permis à personne de se désintéresser des résultats de fait d'une doctrine ou d'une solution juridiques. Elle aura pour effet de substituer au scepticisme de la méthode dogmatique le sens de la responsabilité scientifique et morale qui dérive de la méthode sociologique »[64]. Cet « appoint fourni à l'interprétation juridique par l'observation des faits donnera enfin aux esprits que nous essayons de former » – et c'est le deuxième pilier sur lequel doit être bâti le nouveau modèle d'enseignement, *rectius* d'*éducation* au droit – « le sens de la responsabilité sociale, qui doit être le fondement même de toutes les relations juridiques ». Au lieu de ce « désintéressement superbe que l'on nous enseignait jadis par rapport aux exigences de l'équité ou par rapport aux résultats des lois sociologiques les mieux définies, nous apprendrons aux jeunes gens qui nous écoutent qu'ils n'ont pas le droit, lorsqu'ils ont à solutionner un problème juridique, d'ignorer les répercussions morales, pratiques et sociales qui peuvent se trouver en jeu ». Car le juge n'est pas « le gardien farouche » de la loi, mais « l'interprète intelligent, dans le sens des postulats nouveaux d'équité et de justice »[65]. La troisième idée, celle du progrès, est liée à sa prédilection pour les méthodes historiques et comparatives et à l'atmosphère culturelle de l'époque. Il en résulte une directive herméneutique bien précise pour l'interprète qui « doit avoir conscience du devoir qui lui incombe de concourir au progrès du droit et à la construction juridique de l'avenir ». Cette construction coïncide, notamment, avec le projet d'un « droit commun de l'Europe civilisée », fondé sur l'idée d'une « solidarité

---

[63] R. SALEILLES, *Les méthodes d'enseignement du droit*, *op. cit.*, p. 318-319.
[64] *Ibid.*, pp. 319-321.
[65] *Ibid.*, pp. 324-325.

européenne » et sur un « idéal commun d'humanité et de justice »[66]. Un rêve que l'on avait cru, jusqu'à récemment, avoir réalisé en grande partie et qui, ces dernières années, est de plus en plus contesté et mis en danger par le retour en force du souverainisme, de la xénophobie et des régimes autoritaires et illibéraux.

Cinquante ans plus tard, on retrouve la même tension éthique dans un article, déjà cité, d'André Tunc qui est un vigoureux plaidoyer pour un renouvellement profond de la formation juridique de son époque. Après avoir rappelé la définition de Celsus selon laquelle le droit est « l'art du bon et du juste », Tunc plaide pour une formation juridique qui mette les futurs juristes devant leur responsabilités sociales, politiques et éthiques. Elles consistent, fondamentalement, dans la diminution des « injustices et des tensions sociales », dans l'établissement de « relations bonnes et justes », dans la contribution « à ce terrible problème de la guerre ou de la paix, que nous paraissons résignés à voir non résolu et menaçant périodiquement de nous détruire »[67].

Deux sont les instruments pédagogiques principaux pour atteindre ces objectifs : la connaissance des droits des autres et la méthode comparative, d'une part (l'ouverture au monde) ; l'étude des sciences sociales et l'organisation d'enquêtes sociales, de l'autre (l'ouverture à la réalité sociale). Grâce à l'élargissement des horizons provoqué par l'étude du droit comparé – qui « ne figure pas », se plaint-il, dans « les programmes actuels »[68] – « nos étudiants seront "dépaysés" sauvés du "provincialisme" qui les menace ; ils auront appris à connaître d'autres conceptions, à comprendre d'autres peuples ». L'apport des sciences sociales et, surtout, l'institution

---

[66] *Ibid.*, pp. 321 et 328.

[67] A. TUNC, « Sortir du néolithique », *op. cit.*, p. 71.

[68] On connait toutes les difficultés que l'enseignement du droit comparé a rencontrées pendant tout le siècle dernier (voir, à ce propos, le dossier publié dans le numéro 4 de 1988 de la *Revue internationale de droit comparé* et, en particulier, la contribution de X. BLANC-JOUVAN, « Réflexions sur l'enseignement du droit comparé », *ibid.*, p. 751-763, qui dresse « un bilan assez décevant », soulignant que, sur ce sujet, « le décalage est grand entre les déclarations officielles et les réalisations concrètes ») et qu'il rencontre encore maintenant, notamment dans les pays exportateurs de leur modèle, comme la France, l'Allemagne, l'Angleterre et les États-Unis (en ce qui concerne l'Allemagne, voir, récemment, M. LEHMANN, « L'examen d'État (*Staatsexamen*) en Allemagne : un obstacle insurmontable à la transnationalisation du droit ? », in P. ANCEL et L. HEUSCHLING (dir.), *La transnationalisation de l'enseignement du droit*, Bruxelles, Larcier, 2016, p.167-181). La situation est meilleure pour les pays importateurs de modèles juridiques étrangers, comme l'Italie (en 1995 Rodolfo Sacco pouvait annoncer, avec satisfaction, que l'Italie, « pour une fois », se trouvait « en tête » : R. SACCO, « L'Italie en tête (à propos de l'enseignement du droit comparé) », in *Revue internationale de droit comparé*, 1995, p. 131-133. Voir aussi, du même Auteur, « La formation au droit comparé. L'expérience italienne », in *Revue internationale de droit comparé*, 1996, p. 273-278).

d'enquêtes sociales – qui devraient s'ajouter aux travaux pratiques obligatoires introduits par la réforme de 1954 – permettraient, de leur côté, de « voir les choses personnellement » et assureraient « à nos étudiants une meilleure formation humaine et politique. Connaissant la réalité par expérience directe, il nous semble impossible qu'ils n'en tirent pas à la fois une meilleure aptitude à voir les réformes possibles et utiles et une volonté plus ferme de les réaliser. Comme citoyens, comme chefs d'entreprise, avocats ou magistrats, ils auraient une valeur technique et humaine supérieure à celle des étudiants actuels, trop fermés "dans" nos facultés »[69].

8. La boucle entre choix de valeur, conception du droit et modèle éducatif

Ces propos, qui attribuent des finalités si élevées aux études juridiques (et qui chargent les enseignants d'une si grande responsabilité), relancent la question initiale : quel juriste voulons-nous former ? Un bon technicien du droit, instrument docile dans les mains des vieux et des nouveaux « maîtres du droit », ou bien – comme le souhaitaient Saleilles et Tunc – un juriste libre et responsable, capable, certes de traduire les problèmes et les conflits de la vie en langage juridique correct, mais conscient, surtout, des implications (et des responsabilités) sociales, économiques, politiques et éthiques des choix que le métier de juriste comporte. Un juriste, autrement dit, « résigné à la logique de Humpty Dumpty (pour lequel les mots signifient ce que veut le maître) ou bien un juriste désireux d'élargir l'éventail des possibles et d'imaginer des alternatives ? »[70].

Méthodes et contenus de l'enseignement dépendent en grande partie de la réponse qu'on donne à ces questions d'ordre axiologique, questions qui sont strictement liées à la conception du droit et du savoir juridique qui inspire le modèle éducatif, lequel, comme nous l'a dit de façon incisive Felix Frankfurter, détermine, à son tour, le droit et la science juridique de l'avenir et, donc, leurs prémisses axiologiques ainsi que la figure et le rôle du juriste dans la société de demain.

Dans un texte publié en 1975 dans l'ouvrage déjà cité sur « L'educazione giuridica », Riccardo Orestano met bien en lumière cette relation récursive entre ces trois facteurs : choix de valeur ; conception du droit et du savoir juridique ; contenus et méthodes de l'enseignement du droit.

---

[69] A. TUNC, « Sortir du néolithique », *op. cit.*, p. 72-73 et 75.

[70] P. COSTA, « A che cosa serve la storia del diritto? Un sommesso elogio dell'inutilità », in O. ROSELLI (dir.), *La dimensione sociale del fenomeno giuridico. Storia, lavoro, economia, mobilità e formazione*, Napoli, ESI, 2007, p. 38-39.

En abordant la vieille question, reproposée aujourd'hui avec force[71], de savoir si l'enseignement universitaire du droit doit avoir une finalité théorique (culturelle) ou pratique (professionnalisante), comme si les deux finalités étaient nécessairement opposées, le romaniste palermitain observait que la véritable opposition n'est pas entre enseignement théorique, « qui souvent – dans sa manifestation extérieure – est associé à la leçon *ex cathedra* », ou enseignement pratique, « qui souvent est associé à la méthode casuistique, mais entre conceptions différentes du droit, qui peuvent se présenter sous l'une comme sous l'autre forme d'enseignement ». À ce propos, comme le rappelle aussi Ferdinando Treggiari dans sa contribution sur la méthode des cas dans l'histoire de l'éducation juridique, Orestano fait remarquer que cette méthode peut être au service de conceptions différentes du droit. Celui qui pense que « le droit est un système de principes généraux déterminés par la nature ou par la raison, dont les normes sont des applications particulières, pourra être amené, même dans un enseignement casuistique, à présenter et étudier les cas comme l'exemplification de telles normes et les solutions comme des déductions de tels principes ». Mais même en partant des cas, « si l'on présuppose que leur solution doit être ramenée à des critères prédéterminés et incontournables, l'analyse des cas, et l'étude des normes dont elle est conditionnée, se résume à des opérations inductives par lesquelles on parvient à des principes généraux et à leur composition en système »[72].

Si, au contraire, la méthode des cas est employée dans le cadre d'une conception du droit comme « action », selon la tradition aristotélicienne de la philosophie pratique, suivie par le juriste médiéval et, après la ruptu-

---

[71] Récemment, cette question a été relancée également aux États-Unis, qui connaissent eux aussi une crise de l'enseignement juridique, liée, en grande partie – comme le rappellent Pierre Noreau et Pierre-Olivier Bonin dans leur contribution – à la crise financière de 2008, qui a provoqué, notamment, « la baisse continue du nombre des inscriptions ». Dans un éditorial intitulé *Legal Education Reform*, publié dans le *New York Times* du 25 novembre 2011, l'auteur de l'article, faisant référence à cette crise financière, qui a laissé « many recent law graduates saddled with crushing student loans and bleak job prospects » et s'inspirant d'une conception instrumentale du droit (« a means rather than an end, a tool for solving problems »), plaidait pour une formation juridique « more practice oriented ». À cette conception purement instrumentale du droit et de la raison juridique, Bruce Ackerman a répondu, dans un bref article publié le jour suivant dans le même journal, en soulignant que « to the contrary, law also helps define our fundamental problems : What is the meaning of free speech or equal protection ? Does antitrust law make sense ? What is the best form of environmental regulation ? ». Pour ce genre d'objectifs, poursuit-il, il faut plutôt prendre au sérieux « the teachings of Oliver Wendell Holmes and Benjamin N. Cardozo [...] and enrich the judicial tradition with insights of social science and philosophy to define the legal challenges of the 21st century ».

[72] R. ORESTANO, « Sulla didattica giuridica in Italia tra il XIX e il XX secolo », *op. cit.*, p. 144.

re épistémologique moderne, par le juriste anglais, l'étude des cas ne se réduit pas à un instrument pédagogique comme un autre au service d'une vision du droit qui se fonde sur des présupposés théoriques très différents, *in primis* la dichotomie moderne fait-droit, et qui se construit loin de la réalité et de la pratique (la dichotomie *law in the books – law in action*), mais elle nous révèle la nature profonde du droit, qui est pratique, historique, contextuelle, interprétative, pragmatique et, donc, *casuistique*. Si, dans le cadre de cette conception prémoderne (et postmoderne) du droit, le droit est « action », la science juridique et la méthode d'enseignement ne peuvent qu'être casuistiques : on ne peut pas agir *in abstracto*, mais seulement *ici* et *maintenant* et, faut-il l'ajouter, en vue d'un certain but vers lequel l'action est orientée, but qui, pour Aristote et la science juridique médiévale, était la justice ou « aequitas ».

Le même discours peut être fait à propos de l'enseignement des sciences humaines et sociales dans les facultés de droit. Si le droit est conçu comme un *instrument* pour atteindre des fins qui lui sont posées de l'extérieur (par le pouvoir politique ou économique) et que le juriste, docteur ou praticien, ne peut pas discuter, conformément aux maximes du positivisme légaliste qui ont résonné tout au long du XIXe siècle et de la première moitié du XXe (*ita lex, dura lex sed lex*), l'enseignement du droit visera, d'abord, à former de bons techniciens du droit, capables de traduire en langage juridique efficace les intérêts et les valeurs de ceux qui s'adressent au marché du droit. Dans ce cadre théorique, les sciences humaines et sociales sont reléguées au statut subalterne de « sciences auxiliaires » ou « annexes »[73] ; elles ne sont rien de plus qu'un vernis culturel qui n'a aucun effet sur la manière de concevoir le droit et d'enseigner les matières de droit positif (national), véritable *core business*, aujourd'hui encore, à quelques exceptions près, des facultés de droit.

Si, au contraire, le droit est conçu comme *action* orientée vers l'agir bien, selon justice (*eupráttein*) – comme il l'était jusqu'à la rupture épistémologique moderne, lorsque le droit était conçu comme la juste *relation* entre « *auctoritas* » et « *ratio* » (le but de l'*interpretatio*, qui était l'essence de la science juridique médiévale, était – rappelons-le – la réduction « *de iniquo ad aequum* ») et comme il doit l'être maintenant, après le tournant constitutionnel de l'après Seconde Guerre mondiale (la tâche de tout juriste européen étant de réaliser l'interprétation *conforme* à la Constitution nationale et aux Chartes européennes des droits de l'homme, nouvelle incarnation de l'*aequitas* médiévale, soit la « seconde dimension » du droit) – l'ouverture de l'enseignement du droit aux savoirs qui s'interrogent sur les finalités de l'action juridique et, donc, qui étudient

---

[73] CH. JAMIN, *La cuisine du droit*, *op. cit.*, p. 50 et 155.

l'homme, son histoire et son environnement social et naturel, devient fondamentale[74]. D'autant plus que, à l'aune de la conception aristotélicienne de la science juridique comme « science pratique », cette évaluation des fins de l'action (c'est-à-dire du droit) ne se fait pas seulement *de iure condendo*, mais aussi, et toujours, *de iure condito*.

Dans cette perspective, les normes – qui sont nécessairement générales et abstraites – ne peuvent pas déterminer complètement l'action. Elles ont la valeur de règles de conduite approximatives qui doivent être redéfinies à la lumière de la situation particulière par le sujet agissant (dans le cas du juge, par celui qui doit décider une affaire singulière). Celui-ci ne trouve pas le but de l'action déjà entièrement défini *in abstracto* par le législateur : dans chaque application des règles de conduite une délibération de la part du sujet est nécessairement requise, visant à redéfinir, en fonction de la situation concrète, la finalité de l'action juste[75]. Comme le souligne Gadamer, qui rattache explicitement sa théorie herméneutique à la notion aristotélicienne de science pratique, cette adaptation de la règle aux exigences du contexte ne conduit pas à une réduction de la justice, mais, tout au contraire, lui confère une plénitude encore plus grande[76]. Cette dépendance intime du droit à l'égard du contexte et de la délibération de celui qui agit, implique qu'un usage dogmatique du savoir juridique est impensable. Celui-ci exige une participation active du sujet qui ne peut pas se déresponsabiliser en imputant à la règle le résultat injuste de l'action (*ita lex*). Le savoir pratique, qu'Aristote appelait « *phrónesis* » (sa-

---

[74] Voir, pour une présentation plus approfondie, M. VOGLIOTTI, « Pour une formation juridique interdisciplinaire », in J. J. SUEUR et S. FARHI (dir.), *Pratique(s) et enseignement du droit. L'épreuve du réel*, Actes du colloque organisé les 22 et 23 avril 2015 par la Faculté de droit de l'Université de Toulon, Paris, LGDJ, 2016, p. 277-303.

[75] De cette caractéristique du savoir pratique découle l'impossibilité de séparer nettement l'activité de *connaissance* de la norme (c'est-à-dire l'interprétation dans le sens moderne de description, la plus objective possible, d'une substance sémantique perçue comme étant complètement définie *a priori* par son auteur et opposée au sujet interprétant) de son *application*. Cette séparation est, au contraire, le postulat théorique du modèle syllogistique du raisonnement du juge et est à la base de la conception kelsenienne de l'interprétation de la science juridique : v. H. KELSEN, *La dottrina pura del diritto*, IIe éd., Torino, Einaudi, 1966, p. 381-390 (*Reine Rechtslehre*, IIe éd., Wien, Verlag Franz Deuticke, 1960). Comme l'on sait, le lien étroit entre la compréhension et l'application d'un texte est particulièrement souligné par Gadamer. Selon l'auteur de *Vérité et méthode*, « pour qu'il soit interprété de manière adéquate, c'est à dire conformément à la manière dont il se présente, le texte, que ce soit la loi ou la révélation divine, doit être compris à chaque moment, à savoir dans chaque situation concrète, de manière nouvelle et différente. Comprendre signifie toujours, nécessairement, appliquer » (H. G. GADAMER, *Verità e metodo*, Milano, Bompiani, 1983, p. 360, trad. it. de *Warheit und Methode*, Tübingen, J. C. B. Mohr, 1960).

[76] H. G. GADAMER, *Verità e metodo*, *op. cit.*, p. 370.

voir qui est en même temps une vertu)[77], est donc un savoir nécessairement *relationnel* qui transforme à la fois l'objet et le sujet de la connaissance : l'objet, dans la mesure où les normes doivent être redéfinies à la lumière du projet de la Constitution (la « seconde dimension » du droit) et des particularités du contexte dans lequel on agit, afin que l'action, *hic et nunc*, puisse être reconnue comme étant bonne ; le sujet, car celui qui agit, en agissant de manière juste, devient meilleur.

9. Les conditions institutionnelles pour une nouvelle éducation juridique

Cet ouvrage, nous l'avons déjà évoqué, s'inscrit dans le sillage des nombreux et différents plaidoyers qui ont été prononcés ces dernières années pour une réforme en profondeur de notre modèle d'éducation juridique. Le lecteur y trouvera, d'abord, des contributions qui posent les questions fondamentales relatives à l'enseignement du droit (François Ost et Jacques Chevallier) et qui dénoncent les maux du modèle traditionnel de la formation universitaire au droit (la contribution de Jean Danet, à propos, notamment, du modèle français). Il pourra se confronter, ensuite, à des études et à des propositions de réforme concernant les méthodes (Ferdinando Treggiari et Ruth Sefton-Green, notamment), les finalités (Antoine Bailleux), les contenus (les textes de Sabino Cassese et de Luc Heuschling sur l'internationalisation de l'enseignement du droit)[78] et la durée des études juridiques (Ruth Sefton-Green), sujet étroitement lié à la question du commencement de ces études : sont-elles à commencer après le baccalauréat, selon la tradition des pays de *civil law*, qui confie à des écoles d'application spécifiques la formation aux différentes professions juridiques, ou bien après un premier cycle d'études supérieures, selon le système américain, où l'étudiant rejoint les *law schools* – où il suivra une formation de trois ans qui se veut professionnalisante[79] – après avoir obte-

---

[77] À ce propos, François Ost note, dans sa contribution, que la littérature, en tant que « laboratoire expérimental de l'humain », représente « une excellente éducation à la *prudentia* [*phrónesis*], première vertu attendue du juriste » (*infra*, p. 50).

[78] Je me permets de rappeler ici un travail que j'ai écrit sur le sujet, auquel je renvoie : M. Vogliotti, « L'internationalisation de l'enseignement du droit : son sens et ses enjeux », in Th. Clay, B. Fauvarque-Cosson, F. Renucci, S. Zientara-Logeay (dir.), *États généraux de la recherche sur le droit et la justice*, Actes du colloque tenu à Paris sous l'égide du ministère de la Justice et du ministère de l'Enseignement supérieur et de la Recherche, du 30 janvier au 2 février 2017, Paris, Lexis Nexis, 2018, p. 147-157.

[79] À propos des critiques adressées aux *law schools* par le monde lié au barreau notamment, qui accuse ces écoles de ne pas réussir à former de bons praticiens, critiques qui remontent déjà aux années soixante-dix mais qui sont devenues plus dures et plus insistantes après la crise financière de 2008, qui a rendu plus onéreux pour les cabinets de se charger

nu une licence dans d'autres disciplines que le droit (un modèle dont s'inspire l'École de droit de Sciences Po) ?

Le lecteur pourra, ensuite, prendre connaissance et évaluer des expériences novatrices comme le bachelor transnational de l'Université de Luxembourg (Luc Heuschling) et le parcours d'excellence de l'Université de Rennes 1 (Sylvain Soleil). Enfin, une étude empirique lui sera soumise sur l'évolution de la conception du droit chez les étudiants de la Faculté de droit de l'Université de Montréal pendant leur cursus universitaire (Pierre Noreau et Pierre-Olivier Bonin).

Les auteurs de cet ouvrage ne sont pas naïfs au point de croire que le succès du plaidoyer *pour une nouvelle éducation juridique* ne serait lié qu'à la force de persuasion des arguments qui soutiennent les différentes propositions de réforme, dont certaines, par ailleurs, comme nous l'avons vu, sont loin d'être nouvelles. Pour qu'une véritable rénovation du modèle éducatif puisse se réaliser il faut aussi que d'autres conditions soient présentes.

Nous en avons déjà rappelé une, qui est fondamentale : l'accomplissement de la révolution scientifique tentée tout au long du siècle dernier. Pour qu'un nouveau modèle de formation juridique puisse voir le jour, il est nécessaire que la communauté scientifique des juristes (ou au moins sa majorité) pense le droit, le savoir juridique et le rôle du juriste à l'aune d'un nouveau paradigme scientifique. À ce propos, nous avons avancé l'hypothèse que l'augmentation, ces dernières années, du poids et du nombre des chefs d'accusation qu'une partie croissante de la communauté des juristes porte contre notre modèle de formation juridique peut être interprétée, parmi d'autres symptômes, comme le signe que nous sommes en train d'assister à la phase terminale du paradigme que nous avons hérité de la modernité juridique.

À celle-ci, d'autres doivent s'ajouter.

Il faut d'abord faire face à deux obstacles qui rendent difficile le chemin de toute réforme. Le premier est ancien et tient à la masse des étudiants que même les facultés de taille moyenne doivent gérer. La qualité s'accommode mal de la quantité et il est évident que les méthodes alternatives au cours magistral (*moot courts*, cliniques du droit, ateliers méthodologiques où l'étudiant apprend le savoir-faire du juriste : comprendre des textes scientifiques et normatifs, écrire, parler, mener une recherche, argumenter, appliquer le droit au fait, résoudre des problèmes, négocier…) ne peuvent que s'adresser à un nombre restreint d'étudiants. La solution la plus radicale – chaque fois évoquée et chaque fois consid-

de la formation des jeunes avocats pendant les premières années, voir CH. JAMIN, *La cuisine du droit, op. cit.*, p. 117-123.

érée, pour différentes raisons, impraticable ou irréaliste – serait d'introduire une sélection à l'entrée[80]. Une autre, plus réaliste et démocratique, serait de garder un enseignement du droit ouvert à tous et de reporter la sélection au terme de la première année (François Ost) ou au bout de quatre ou cinq mois, en disant « fermement, sans violence, sans mépris, mais fermement » aux étudiants qui ont montré de graves difficultés ou qui n'ont aucun goût pour ce type d'études « qu'ils doivent se réorienter » (Jean Danet). Une autre solution encore, qui n'est pas une alternative à la précédente, est la voie, pratiquée par certaines universités (le *Collège de droit* de Paris II a joué, à cet égard, le rôle de pionnier), des parcours différenciés sur la base de critères méritocratiques, comme c'est le cas, par exemple, du parcours d'excellence de l'Université de Rennes 1, illustré ici par Sylvain Soleil.

Le second obstacle, que Jean Danet met bien en évidence, est d'ordre économique et est lié à la progressive « dégradation des traitements » des professeurs qui les poussent à des stratégies de « désinvestissement de l'activité d'enseignant », soit en cherchant des rémunérations supplémentaires dans des activités parallèles à leur métier, soit en s'adressant au barreau, soit en se consacrant complètement à l'activité de recherche (plus rémunérative en terme de carrière et de prestige), « supportant leur service d'enseignement comme la contrepartie de la liberté totale qu'ils ont dans leurs activités de chercheurs ». Et, à propos de cette stratégie, il rapporte cette anecdote : « lorsqu'en mai les cours s'arrêtent, il est fréquent d'entendre sur un mode mi-humoristique, mi-désenchanté cette phrase : Ah ! Enfin, on va pouvoir travailler ! ».

Pour motiver les professeurs à s'investir dans l'enseignement et vaincre « la relative lassitude des enseignants-chercheurs, peu enclins à faire un crédit spontané à de nouveaux élans réformateurs »[81], il faut ensuite valoriser cette sœur mal aimée de la recherche qu'est l'enseignement universitaire du droit. Depuis toujours, et aujourd'hui plus que jamais dans un monde comme le nôtre dominé par l'économie, l'argent est un premier, puissant, facteur de valorisation et de motivation. Premièrement, il fau-

[80] Cette idée a été relancée récemment par O. BEAUD, « Universités : "la coupe est pleine" », *op. cit.*, qui la considère, néanmoins, peu réaliste. Une solution plus praticable serait, selon lui, « d'introduire une sélection en entrée du M1 », solution qui « conduirait à re-penser entièrement l'organisation des facultés de droit. Par exemple, l'institution d'une sorte de collège généraliste en trois ans (L1) permettrait de combler les immenses trous de la formation du second cycle scolaire et de donner une culture pluridisciplinaire à des juristes qui n'en ont aucune ».

[81] La citation est tirée du rapport déjà mentionné de la « Commission de Réflexion sur les Études de droit », présidée par Antoine Lyon-Caen, qui continue : « sauf sans doute si les raisons d'être desdites réformes sont expliquées et débattues là où elles doivent être mises en œuvre et si elles sont accompagnées d'encouragements » (p. 7).

drait prévoir des mesures incitatives de type financier pour les professeurs qui consacrent une partie de leur temps et de leurs énergies à concevoir et mettre en œuvre des projets d'innovation de la pédagogie. Ensuite, il faudrait accorder des financements ministériels aux facultés qui réalisent des programmes pédagogiques méritoires et aux équipes de recherche qui montent des projets scientifiques novateurs sur la formation au droit, en attribuant ainsi au sujet de l'enseignement juridique la même dignité scientifique qu'on attribue à d'autres sujets de recherche, comme cela se passe depuis longtemps dans les pays de *common law*. Car la valorisation ne passe pas seulement par l'argent. Le prestige scientifique (le vœu d'Orlando Roselli d'établir une véritable « science de la formation juridique » !) en est un vecteur également important, de même que le sentiment de se consacrer à une mission d'importance fondamentale non seulement pour les étudiants, mais aussi, comme nous l'avons souligné, pour l'avenir du droit, de la science juridique et, finalement, de la société. Pour nourrir ce sentiment, il faut faire en sorte que l'importance de la mission d'enseignement soit reconnue par tous les collègues, qui devraient être obligés de participer à des réunions périodiques pour réfléchir à leur tâche d'enseignement (aux méthodes, aux contenus et aux objectifs de l'éducation juridique), échanger les bonnes pratiques, coordonner les cours d'une même année, concevoir des projets didactiques interdisciplinaires et se confronter régulièrement avec des représentants du monde des professions et des métiers du droit.

Argent et prestige signifient aussi carrière. Or, comme le note Joseph Weiler dans un texte qu'on a déjà rappelé, bien que l'enseignement soit toujours mentionné parmi les indicateurs qui mesurent les progrès académiques, au même titre que les salaires, les promotions, les congès, les recrutements par d'autres (plus prestigieuses) universités, il ne joue, en réalité, aucun rôle sur l'avancement de la carrière. Celle-ci dépend totalement des « produits de la recherche », selon l'étiquette empruntée au monde de l'économie par le jargon de la bureaucratie ministérielle italienne, qui au langage de l'économie s'inspire de plus en plus pour nommer les choses de l'université et, en général, de l'école : « *piano carriera* » (au lieu de l'ancien « *piano di studi* »), « *crediti formativi* » (un indicateur qui mesure la charge de travail demandée à un étudiant pour suivre et préparer un certain cours), « *debiti formativi* » (les lacunes que l'étudiant doit combler), etc. Or, à propos de cette surévaluation des publications (et de leur nombre, conformément à la tendance à privilégier la quantité au détriment de la qualité) par rapport à l'enseignement, Weiler se demande : « est-ce-que quelqu'un, notamment dans notre discipline, s'est vraiment préoccupé d'évaluer le bien public qui revient à la société du poids croissant et, selon moi, excessif attribué à la "production littéraire" d'articles souvent fongibles, dont la moyenne des lecteurs est si basse que cela en est humiliant, et de la perte d'importance de l'enseignement comme objectif central de l'université ? »[82].

Enfin, deux autres conditions, non moins importantes, sont nécessaires pour qu'une véritable réforme de l'enseignement universitaire du droit puisse se réaliser.

La première tient aux marges d'autonomie et de liberté – qui doivent être substantielles – attribuées au corps professoral de chaque université pour imaginer et mettre en place un projet éducatif novateur. Actuellement, en Italie, ces marges sont très restreintes, ce qui constitue un frein puissant à tout élan réformateur. L'importance de ce facteur est bien soulignée par Merryman dans l'article que nous avons rappelé au début de cette introduction. À ses yeux, en effet, c'est justement ce manque d'une véritable liberté (et responsabilité) des enseignants des pays de *civil law* à l'égard de la structure et des objectifs des études juridiques, qui constitue la différence la plus importante entre les deux systèmes. Après avoir dit que la véritable force du système américain « lies in the fact that it is constantly under searching critical review by those responsible for it, the law professors themselves », et que la plupart des professeurs des *law schools* est toujours insatisfaite à l'égard des objectifs, des méthodes et des standards « of contemporary American legal education », il observe que « fortunately, we are in a position to do something about it ; to change, to innovate, to abandon the failed experiment, to take up the brilliant proposal. We, the law teachers, have the power and the responsability to determine the form and substance of legal education. In the end, that may be the most significant difference of all »[83].

La seconde, que je me borne à mentionner car elle seule, de par son importance, mériterait une contribution à part entière, est liée au système de recrutement des enseignants-chercheurs et à leur formation. On connaît les critiques qui sont régulièrement adressées en France, et reprises ici par Jean Danet, à la structure actuelle du concours d'agrégation, responsable, selon les détracteurs, d'être un frein à l'innovation et au dialogue interdisciplinaire, sinon un véritable vecteur de conformisme scientifique. De même que pour la réforme du modèle d'éducation juridique, la réforme de l'agrégation, liée à un paradigme scientifique dépassé, dépend, premièrement, de l'accomplissement de la révolution scientifique dont nous avons parlé maintes fois. Quant à la formation des formateurs, il n'est plus permis, aujourd'hui, de l'abandonner au spontanéisme, au mimétisme ou au charisme de chaque enseignant. Le bon juriste dont parle Jacques Che-

---

[82] J. H. H. WEILER, « Consigli ai giovani ricercatori », *op. cit.*, p. 731.

[83] J. H. MERRYMAN, « Legal Education in Civil Law and Common Law Universities », *op. cit.*, p. 194.

vallier n'est pas nécessairement un bon enseignant. Il faut donc le former aussi à la pédagogie : la formation des futurs juristes est trop importante pour la confier entièrement aux mains de l'enseignant *self-made*.

Comme je l'ai écrit dans un autre travail que je me permets de reprendre ici, en guise de conclusion, « le temps de la navigation de petit cabotage est fini. La formation des juristes de demain a besoin de grands projets. L'utopie d'aujourd'hui est la réalité de demain : il est urgent de l'imaginer et de commencer à l'expérimenter »[84].

---

[84] M. VOGLIOTTI, « Pour une formation juridique interdisciplinaire », *op. cit.*, p. 303.

PREMIÈRE PARTIE

ENJEUX

FORMER DES JURISTES RESPONSABLES : QUATRE PROBLÉMATIQUES ENCHEVÊTRÉES

François Ost

Université Saint-Louis, Bruxelles
Faculté de droit de l'Université de Genève

1. La question de l'enseignement du droit. – 2. La question de la recherche et de la doctrine. – 3. Les professions juridiques, mais aussi non juridiques, dispensatrices de droit. – 4. Mais au juste, de quel droit parlons-nous ?

La question de la formation juridique, qui suscite quantité de débats et de publications aujourd'hui, enchevêtre au moins quatre niveaux d'interrogations distinctes, dont les réponses s'impliquent mutuellement, mais qu'il est cependant nécessaire de différencier : la problématique multifacette de l'enseignement du droit, la question de la recherche et de la doctrine, celle de l'identité et de la fonction des juristes ou des acteurs qui participent à la production du droit, et enfin la réflexion sur les évolutions du droit lui-même. Autrement dit, « quelles formations et quelles recherches pour quels droits et quels juristes ? » – thème d'une recherche collective entamée en septembre 2013 par le *Séminaire interdisciplinaire d'études juridiques* de l'Université Saint-Louis à Bruxelles[1].

Le colloque de l'Institut d'Études Avancées de Paris qui est à l'origine de ce volume, et c'est plutôt une originalité dans le flot immense de littérature consacrée à ces questions, a choisi d'aborder cette thématique à partir des transformations du droit et du savoir juridique. Il est essentiel en effet de ne pas diluer la radicalité de ces interrogations dans une perspective descriptive et une approche simplement gestionnaire relative au *management* des facultés de droit et au *coaching* de la recherche, alors que les enjeux fondamentaux que nous traitons touchent au rôle que nous attendons du droit dans une société, – ce qui confère du reste également à nos questions un volet normatif auquel nous ne pouvons nous soustraire[2] ;

[1] On trouvera dans le numéro 2014.72 (*Enseigner le droit demain*) de la *Revue interdisciplinaire d'études juridiques*, les six premiers textes issus de cette recherche collective. Le numéro 2014.73 de la même revue (*Penser par cas*), présente cinq autres textes qui s'inscrivent dans cette problématique. Les travaux du SIEJ se sont clôturés par la rédaction d'un « manifeste pour la formation en droit », publié dans le numéro 2016.76 de la même revue : « De futurs juristes libres et responsables ! Manifeste pour la formation en droit », p. 169-175

[2] En ce sens, M. VOGLIOTTI, « L'urgence de la question pédagogique pour le droit postmoderne », in *Revue interdisciplinaire d'études juridiques*, 72, 2014, p. 73 s.

ainsi, dans ce volume, Antoine Bailleux plaide pour une formation susceptible d'à la fois « libérer » et « responsabiliser » les étudiants.

Il serait bien naïf cependant de traiter ces questions en apesanteur sociologique et dans l'indifférence à l'égard des conditions concrètes de développement de la recherche et de transmission du savoir. Aussi, je voudrais m'attacher à brosser rapidement le cadre général de notre problématique en listant les questions qui se rattachent aux quatre niveaux d'interrogation que je distinguais. Au moins serons nous avertis, chaque fois que nous avancerons une suggestion relative à la formation juridique, des paramètres de mise en œuvre de ces suggestions, qui sont autant des conditions de possibilité, que des obstacles et des enjeux.

1. La question de l'enseignement du droit

Au moins sept sous-questions se dégagent :

1. *Où* ?, soit la question du cadre institutionnel dans lequel se dispense la formation.

Les facultés de droit ont-elles, comme en Belgique, le monopole de la formation juridique ? Les diplômes qu'elles délivrent sont-elles le seul mode d'accès à certaines professions réglementées comme le barreau, la magistrature et le notariat ? Si l'université détient encore un tel monopole, quelles sont les relations qui s'établissent avec les compléments de formation délivrés par les milieux professionnels concernés ? Et dans ce qui est devenu un vaste « marché » de la formation professionnelle en droit, au sein duquel les universités sont désormais confrontées à une concurrence intense, comment redéfinir son rôle ? Et aussi cette question : quelle place réserver aux stages professionnels durant la durée des études ?

2. La question de l'*orientation générale des études*, très liée à la première question : s'agit-il d'une formation professionalisante (« École de droit »), très liée aux milieux professionnels, comme aux États-Unis, dont on sait combien l'*American Bar Association* détermine directement la formation et l'évaluation des étudiants en droit (notamment sous la forme de l'accréditation des *Law Schools*) ? Ou s'agit-il d'une formation critique, très universitaire et interdisciplinaire, dans l'optique des *humanities*, optique choisie notamment par les *Liberal Arts and Sciences Colleges*, au *King's College* de Londres, ou à l'Université de Middelbourg aux Pays-Bas (*University College Roosevelt*) ?[3]. Dans la suite de la carrière

[3] B. OOMEN, « Orchestrating encounters : teaching law at a Liberal Arts and Sciences College in the Netherlands », in B. VAN KLINK et U. DE VRIES (dir.), *Academic Learning in*

professionnelle, se posera la question de la formation continue, des recyclages et aussi des programmes très spécialisés facilitant les réorientations ; il importe, ici encore, de savoir qui en est responsable et dans quelle optique ces formations sont organisées.

3. La *durée* des études représente un enjeu également. On sait que la réforme de Bologne a beaucoup contribué à imposer un alignement général de la formation des études de droit sur 5 ans. Des études plus courtes, comme les trois ans en Grande Bretagne, ou les deux ans de l'École de droit de Sciences Po à Paris, existent cependant. Généralement, ces formations courtes s'inscrivent plutôt dans une optique professionalisante, mais ce n'est pas nécessairement le cas. Ruth Sefton-Green plaide, dans ce volume, pour une formation ramenée à trois ans qui soit en même temps largement « dédogmatisée » (selon le mot d'ordre « enseigner moins et mieux »).

4. Le *public* visé conditionne beaucoup la nature des programmes offerts. Les étudiants en droit ont-ils fait l'objet d'une sélection, ont-ils déjà suivi une formation universitaire de premier cycle, ou entament-ils ces études sans sélection ni préparation spécifique, comme c'est le cas en Belgique, en Italie ou en Espagne, par exemple ? Université d'élite d'un côté, université de masse, de l'autre ; on conçoit aisément que les questions ne se posent pas dans les mêmes termes dans l'un et l'autre cas.

5. *Contenu* monodisciplinaire ou non des enseignements ? Sans doute la plus fondamentale et la plus récurrente des interrogations. On sait combien les milieux professionnels poussent à l'enseignement de savoirs positifs toujours plus divers et toujours plus spécialisés ; on sait aussi combien les tenants de l'orientation en faveur des *humanities*, au nom des « têtes bien faites » plutôt que des « têtes bien pleines », plaident en faveur d'approches critiques et multidisciplinaires[4]. Ce qui ne manque pas de poser une série de questions délicates sur la nature et la pratique de la multi- inter- ou trans-disciplinarité. À son tour, l'orientation choisie déterminera largement le « style » de l'enseignement : lisse et dogmatique dans

---

Law : Theoretical Positions, Teaching Experiments and Learning Experiences, Cheltenham-Northampton, Edward Elgar Publishing, 2016, p. 201-222.

[4] Cf., parmi une abondante littérature, V. LEMEY, « Trois principes de rénovation tranquille pour l'enseignement du droit », in *Revue interdisciplinaire d'études juridiques*, 72, 2014, p. 27 s. L'Auteure propose les trois principes suivants : enseigner la réflexivité, insuffler la vigilance épistémologique, cultiver la fierté d'une différence épistémologique utile. Voir aussi, M. VOGLIOTTI, « Pour une formation juridique interdisciplinaire », in J. J. SUEUR et S. FARHI (dir.), *Pratique(s) et enseignement du droit : L'épreuve du réel*, Issy-les-Moulineaux, LGDJ, 2016, p. 277-303.

le cas d'un exposé limité aux contenus, dûment ordonnancés, des matières et des branches juridiques, controversé et contextué dans le cas d'une approche par problèmes et par cas d'un « droit en mouvement » et « en contexte ».

6. Dans le cadre de la globalisation du droit et du « village mondial », la question de l'*échelle* du droit enseigné se pose aujourd'hui également avec acuité[5]. Science bien plus nationale que d'autres, au regard de la territorialité encore importante du droit, la science juridique n'échappe cependant pas au double mouvement de la supra-nationalisation et de la déterritorialisation, dès lors notamment que l'État n'a plus le monopole du droit. Dans ces conditions, la question se pose de savoir quelle part accorder au droit comparé, au droit européen, au droit thématique déterritorialisé issu du pluralisme juridique : *lex mercatoria, lex numerica, lex sportiva*...

7. Enfin, les questions pédagogiques, relatives aux *méthodes* d'enseignement ne sont pas les moins importantes. Outre la question classique de savoir quelle part réserver aux enseignements *ex cathedra* et aux travaux pratiques impliquant des recherches personnelles de l'étudiant (question renouvelée aujourd'hui avec l'engouement pour les *moot courts* et les *law clinics*), on peut aussi, grâce à l'angle pédagogique adopté, apporter des réponses originales aux questions précédentes : ainsi un enseignement par cas et par problème permettra plus facilement la pratique d'une interdisciplinarité réelle, tandis qu'un enseignement *transsystémique*, tel celui pratiqué par la Faculté McGill au Québec[6], ou une formation transnationale comme celle du bachelor de la Faculté de droit de l'Université de Luxembourg, par exemple, permettront de dépasser la perspective classique de juxtaposition du droit comparé, pour aborder les problèmes qui se posent à partir des ressources variées, empruntées, sans discrimination, à différents systèmes juridiques.

Toutes ces questions (et bien d'autres encore, non évoquées ici) sont pertinentes, et aucune d'entre elles ne se prête à une réponse univoque ; aussi bien tente-t-on généralement de satisfaire au moins partiellement chacun de leurs enjeux, potentiellement contradictoires, et ce, au prix d'inévitables tensions et de combats académiques incessants. Ainsi l'en-

---

[5] Cf., notamment, I. GIRAUDOU, « *Comparative Study of Law.* Entre dialectique juridique et théorie (élémentaire) du droit global », in *Revue interdisciplinaire d'études juridiques*, 72, 2014, p. 51 s.

[6] J.-G. BELLEY, « Le programme d'enseignement transsystémique du droit à l'Université McGill », in *Jurisprudence. Revue critique*, 2010, p. 93 s.

seignement du droit en Belgique, s'il est largement monopolisé par l'université, multiplie cependant les collaborations avec les milieux professionnels. Si ces universités pratiquent un enseignement de masse, elles ne renoncent pas, bien entendu, à tendre à une certaine excellence en se hissant à un niveau international ; si elles sont à dominante monodisciplinaire, elles entendent cependant réserver une place significative aux sciences humaines et sociales, du moins au niveau des bacheliers, et parfois des doctorats. Si leurs enseignements se déroulent pour la majorité d'entre eux en grands amphithéâtres, ils prennent néanmoins de plus en plus souvent la forme de séminaires et de travaux pratiques. Par ailleurs, des jeux d'options, de mineures, d'orientations spécialisées en deuxième cycle permettent de réduire, au moins partiellement, les tensions que la poursuite de ces objectifs contradictoires génère inévitablement.

À titre personnel, je voudrais dire mon attachement à un enseignement du droit qui reste largement ouvert à tous, tout en se montrant sélectif au terme de la première année; un enseignement critique et aussi généraliste, tant il est vrai, comme je le dirai plus loin, que le droit est appelé à réaliser un arbitrage général des intérêts sociaux en concurrence, et que le métier de juriste, à cet égard, est un métier de traducteur[7], « médiateur », dit Habermas. Dans cette perspective, la Faculté de droit de l'Université Saint-Louis fut pionnière en matière d'interdisciplinarité, en fondant le « Séminaire interdisciplinaire d'études juridiques » en 1973, et la *Revue interdisciplinaire d'études juridiques* en 1978. Aujourd'hui, je pense volontiers qu'il est un autre virage à amorcer, celui qu'inspire le *pragmatic turn*. Un virage pragmatique qui devrait se traduire sous deux formes. Au plan des compétences pratiques à acquérir par les étudiants, je pense qu'il serait judicieux de prévoir des enseignements qui les initieraient à la rédaction juridique, à la légistique, à la négociation, à la rhétorique, l'écoute et la prise de parole. Au plan du fond du raisonnement, la perspective pragmatique souligne le fait que le droit est au moins autant issu du cas que de la règle. Dans cette perspective, il importe de compléter l'étude herméneutique du raisonnement juridique par une perspective narrative qui donne consistance à ce que Kant appelait le « jugement réfléchissant », qui part du cas, par opposition au « jugement déterminant » qui

---

[7] CH. JAMIN et M. XIFARAS, « De la vocation des facultés de droit (françaises) de notre temps pour la science et l'enseignement », in *Revue interdisciplinaire d'études juridiques*, 72, 2014, p. 113 : « Articuler entre eux divers dispositifs formulés dans des idiomes non juridiques (ce qui tombe bien, le droit étant un formidable opérateur de telles articulations) ». Cf. aussi p. 112 : « Pour maîtriser un tant soit peu ces situations complexes mais quotidiennes, il n'est pas inutile d'avoir acquis un peu plus que ces rudiments dans quelques-uns de ces idiomes. C'est même nécessaire si l'on veut articuler les perspectives, opérer les traductions, créer les synergies que bloque la simple juxtaposition de savoirs distincts ».

part de la règle ou du principe. Les cours de « droit et littérature » s'inscrivent très précisément dans cette perspective[8] : en tant que « laboratoire expérimental de l'humain », la littérature représente en effet une excellente éducation à la *prudentia*, première vertu attendue du juriste[9]. Quant à la durée des études, je suis plutôt partisan d'un cursus de cinq ans, de façon à permettre précisément de combiner les approches juridiques et non-juridiques, théoriques et pratiques, tout en invitant les étudiants à une démarche de maturation progressive qui offre aussi le temps nécessaire aux expériences sociales (*law clinics*, engagements citoyens, lectures...) ainsi qu'aux séjours (*Erasmus* notamment) à l'étranger.

2. La question de la recherche et de la doctrine

Traditionnellement, la recherche en droit se ramenait à la *doctrine*[10], réservée aux professeurs de droit, et prenant la forme privilégiée du commentaire d'arrêts et de législations, parfois synthétisés sous la forme de manuels d'enseignements ou d'ambitieux traités. Savoir interne, monodisciplinaire pour l'essentiel, à destination de la seule communauté des juristes.

Cette conception très monolithique, et pour tout dire, mandarinale, de la recherche juridique s'est beaucoup transformée au cours des dernières décennies et ce, sous l'influence de multiples facteurs, à l'origine de nouvelles interrogations :

– dilution de la communauté doctrinale, dès lors que les professeurs ont perdu le monopole de cette production de savoir sur le droit[11] ; qu'il suffise d'évoquer la doctrine administrative du Conseil d'État et de grandes administrations (*ruling* fiscal notamment), ou encore la production de savoir par de puissantes *law firms*, qui dans des domaines spécialisés comme le droit des télécommunications par exemple, exercent non seulement des métiers de conseils et d'arbitres, mais aussi de régulateurs, et de producteurs du savoir concerné. Ce qui ne manque pas de poser des interrogations nouvelles en termes d'indépendance de la recherche ;

---

[8] F. OST, « Penser par cas. La littérature comme laboratoire expérimental de la démarche juridique », in *Revue interdisciplinaire d'études juridiques,* 73, 2014, p. 99 s.

[9] En ce sens, M. NUSSBAUM, *L'art d'être juste,* trad. par S. Chavel, Paris, Climats, 2015. L'Auteure se réfère également au « spectateur impartial » d'Adam Smith, qui s'apparente au critique littéraire et impartiale, et dont le raisonnement constitue à ses yeux le paradigme de la rationalité publique.

[10] CH. JAMIN et PH. JESTAZ, *La doctrine*, Paris, Dalloz, 2004.

[11] F. OST et M. VAN DE KERCHOVE, « La doctrine entre faire-savoir et savoir-faire », in I. HACHEZ, F. OST et ALII (dir.), *Les sources du droit revisitées*, vol. 3, *Normativités concurrentes*, Bruxelles, Presses de l'Université Saint-Louis, 2012, p. 17 s.

– multiplication des recherches « orientées » et subventionnées, dans le cadre de réseaux souvent internationaux, et parfois à propos de problématiques transversales appelant la collaboration d'équipes interdisciplinaires : autant de facteurs qui remettent en cause les manières habituelles de travailler d'une doctrine nationale, traitant sous l'angle exclusivement juridique, des questions académiques, ou alors des questions dont la vocation pratique se limitait pour l'essentiel à des enjeux juridictionnels (par opposition à des enjeux légistiques, ou, plus généralement, des enjeux de vie courante, tout simplement) ;

– multiplication des thèses de doctorat et densification de l'encadrement des doctorants dans le cadre d'« écoles doctorales » dispensant une « formation doctorale » à mi-chemin entre l'enseignement et la recherche. Cette démultiplication des thèses appelle aussi une réorientation de leur nature et leur fonction : dès lors qu'elles ne sont plus le visa attendu des rares disciples appelés à prendre la succession de leurs promoteurs, qu'attendons-nous réellement de ces thèses, et comment les valoriser sur d'autres marchés professionnels que celui des postes académiques ?

Enfin, je voudrais noter également un mouvement qui affecte désormais les sciences juridiques comme les autres disciplines : je veux dire la lame de fond de l'évaluation qui ne manque pas d'entraîner de substantielles transformations de la manière de produire du savoir.

Qu'il suffise ici d'évoquer l'adage « *publish or perish* », ainsi que les indicateurs bibliométriques et les pratiques de *ranking* qui les accompagnent, pour soulever le caractère problématique de cette nouvelle *doxa*.

3. Les professions juridiques, mais aussi non juridiques, dispensatrices de droit

Qu'attendons-nous des futurs juristes que nous formons ?[12]. De bons techniciens du droit et des procédures, sans doute, mais l'exemple tragique du brillant juge Burgaud, à l'origine du drame d'Outreau, révèle qu'il ne suffit pas d'être sorti premier de promotion de l'École nationale de la magistrature pour faire un juge avisé[13]. On sait que les milieux professionnels demandent aux jeunes diplômés qu'ils engagent d'être le plus rapidement opérationnels et donc de bénéficier d'une formation spécialisée

---

[12] A-J. ARNAUD posait déjà cette question en 1975 (*Les juristes face à la société. Du XIXe siècle à nos jours*, Paris, PUF, 1975) et annonçait, après l'ère des « pontifes » (attachés au culte de la loi) et celle des « vigiles » (gardiens de la légalité), l'ère des « managers », soucieux d'efficacité. On plaide ici pour la généralisation de la figure de juristes compétents, responsables et imaginatifs.

[13] En ce sens, A. GARAPON et D. SALAS, *Les nouvelles sorcières de Salem. Leçons d'Outreau*, Paris, Seuil, 2006, p. 140 s.

(encore que cette affirmation mériterait d'être confirmée ; Christophe Jamin la réfute sur la base de ses contacts avec les milieux d'affaires français)[14] ; on peut penser au contraire qu'une formation généraliste aux principes et aux méthodes s'avérera une formation « au long cours », permettant aux jeunes juristes de s'adapter mieux à un environnement professionnel en mutation constante et rapide. Du reste, trop souvent la formation reste hantée sur la seule pratique judiciaire, alors que Pierre Noreau souligne, dans ce volume, que moins d'un juriste sur cinq exerce des professions liées au contentieux. S'il est vrai par ailleurs que nos sociétés se parcellisent en « sous-systèmes » de plus en plus autonomes, comme l'enseigne Luhmann, l'urgence sociétaire est alors de former des hommes et des femmes dépositaires d'un art de la traduction en vue de réaliser la communication, ou mieux la médiation, entre ces mondes distincts ; c'est rien moins que la cohésion du lien social qui est à ce prix.

Il convient par ailleurs d'être attentif à la formation, au moins partiellement juridique, des professionnels du monde de l'entreprise autant que de la fonction publique, appelés par leurs fonctions à produire du droit sans pour autant avoir bénéficié d'une formation juridique complète[15]. Ici encore la tentation pourrait s'imposer de leur proposer un savoir d'autant plus spécialisé et technique que ces professionnels ne sont pas appelés à développer une vision synthétique du droit. Personnellement, je m'inscrirais à nouveau en faux à l'égard de cette option ; plutôt que de poursuivre une illusoire formation réduite à un *digest* de droit administratif, de droit pénal ou de droit des affaires, je pense plus utile d'assurer la formation à ce que j'appellerais la *culture juridique*, qui est la conscience de la spécificité ou de la plus-value liée à l'intervention du droit, et que je ramène ici à cette seule question : qu'est-ce qui change lorsqu'une relation sociale cesse de s'inscrire dans le seul registre « chaud » de l'amour ou de l'amitié, par exemple, ou dans le seul registre, potentiellement violent, d'un rapport d'échanges économique, ou d'un rapport de force politique ? Ces relations primaires ne disparaissent pas pour autant, mais, d'être désormais inscrites aussi sur une autre scène – la scène tierce de l'arbitrage du juge et de la référence à des textes – elles se transforment en profondeur. Comprendre en quoi consiste cette transformation, autrement dit : expliquer la plus-value de la juridicité, ses conditions de possibilité et ses exi-

---

[14] CH. JAMIN, *La cuisine du droit. L'École de droit de Sciences Po : une expérimentation française*, Paris, Lextenso, 2012, p. 125 s.

[15] Sur cette question, cf. L. ISRAËL et R. VANNEUVILLE, « Enquêter sur la formation au droit en France. L'exemple des formations extra-universitaires », in *Revue interdisciplinaire d'études juridiques*, 72, 2014, p. 141 s. On observe que la part réservée aux enseignements juridiques s'est renforcée au cours des dernières années dans toutes les grandes écoles françaises.

gences – ce en quoi consiste la spécificité de la construction juridique des problèmes, soit le *thinking like a lawyer* – me paraît d'un intérêt majeur pour tous ceux qui sont amenés à produire ou traiter du droit incidemment.

4. Mais au juste, de quel droit parlons-nous ?

Ce quatrième niveau problématique, à vrai dire le plus fondamental, est sous-jacent à toutes les questions évoquées précédemment ; aussi me limiterais-je à formuler quelques considérations liées aux transformations profondes dont la juridicité est l'objet. Sur le plan de la forme : un droit qui connaît au moins quatre évolutions décisives : son extension à tous les domaines de la vie sociale, une hyper-spécialisation corrélative, la mondialisation de ses sources et l'accélération de toutes ces transformations. Sur le plan du fond : une concurrence des normativités, et, plus fondamentalement, la perte de son rôle prédominant dans la gouvernance et l'imaginaire de nos sociétés.

Je ferais volontiers à cet égard l'hypothèse que toute société, à chaque époque, présente un régime général, un « tout culturel », qui est un assemblage de récits, de normes, de valeurs, de procédures, liées à des systèmes institutionnels correspondant, générateurs de langages, de positions hiérarchiques, d'épreuves de jugements spécifiques. J'ajoute que ce « régime général » présente toujours, mais en force et prédominance variable, une composante religieuse ou spirituelle, une composante économique, une composante imaginaire, et depuis quelques millénaires, une composante techno-scientifique et une dimension juridique. J'ajoute encore que chaque ère culturelle se caractérise par la dominance d'une de ces dimensions ; avec pour conséquence que, si les autres composantes ne disparaissent pas pour autant, elles se satellisent en présentant un degré plus ou moins élevé d'inféodation à la perspective dominante. Il ne fait guère de doute que la vision religieuse du monde a bénéficié de cette position privilégiée durant l'Ancien Régime, de même que la conception juridique du social l'a emporté à partir de la Révolution française, tandis que, depuis quelques décennies, c'est la perspective économique, liée à l'institution du marché, qui imprime sa marque aux autres perspectives[16].

Il s'en déduit que le droit, sans disparaître le moins du monde, voit sa prééminence se dissoudre, en même temps que la substance même de ses

---

[16] En atteste notamment la perte d'influence des juristes dans les métiers de fabrication du droit au sein des entreprises et de la fonction publique. Voir, en ce sens, M. MAÏRA, C. MAJASRE, O. PAYE et C. XHARDEZRAËL, « Formations et identités professionnelles dans la fabrique de l'action publique : quelle place pour le droit et les juristes ? Regards de politologues », in *Revue interdisciplinaire d'études juridiques*, 73, 2014, p. 195 s.

solutions risque d'être de plus en plus dictée par un souci d'efficience et une logique de calcul qui lui sont extérieurs. « Gouverner par les nombres », écrit Alain Supiot[17].

Inutile de mener des combats d'arrière-garde à l'égard de ces transformations planétaires et séculaires. L'important est d'en prendre la mesure et d'identifier les finalités du droit auxquelles nous restons attachés et que nous entendons défendre, quel que soit le contexte sociétaire dans lequel le droit est appelé à se faire valoir.

Pour ma part, dans mon livre *À quoi sert le droit ?*, j'ai articulé, au titre des finalités irréductibles du droit, les trois objectifs suivants : définir des équilibres régulatoires dynamiques entre tous les intérêts sociaux concurrents ; imposer, par la contrainte le cas échéant, les équilibres ainsi définis ; accepter cependant de les mettre régulièrement en question, par voie procédurale, afin de faire leur place aux conflits et aux dissensus qui caractérisent le lien social au même titre que l'harmonie et le consensus[18].

À bien y réfléchir, je me dis que la combinaison de ces trois finalités (qui évoquent la triade de la balance, du glaive et du bandeau) est de nature à apporter des réponses – des réponses fragiles et engagées, cependant – à la plupart des questions soulevés aux trois niveaux précédents.

---

[17] A. Supiot, *Gouverner par les nombres*, Paris, Fayard 2015. Voir aussi B. Frydman et A. Van Waeyenberge (dir), *Gouverner par les standards et les indicateurs*, Bruxelles, Bruylant, 2014 et P. Lascoumes et P. Le Gales (dir.), *Gouverner par les instruments*, Paris, Presses de Sciences Po, 2004.

[18] F. Ost, *À quoi sert le droit ? Usages, fonctions, finalités*, Bruxelles, Bruylant, 2016.

QU'EST-CE QU'UN « BON JURISTE » ?

Jacques Chevallier

Professeur émérite de l'Université Panthéon-Assas (Paris 2)

1. Qu'entend-on par « être un bon juriste » ? – 2. À quoi reconnaît-on un « bon juriste » ? – 3. Comment former un « bon juriste » ?

La question du contenu de la formation juridique n'a de sens que rapportée à la *représentation* qu'on se fait de ce qu'est un « bon juriste » : c'est en fonction de cette représentation que les études juridiques seront organisées, à la fois en ce qui concerne les matières à enseigner et la pédagogie à utiliser ; les réformes dont elles seront périodiquement l'objet viseront à permettre de mieux atteindre l'idéal ainsi défini.

Les conceptions en la matière sont à première vue marquées du sceau de la *diversité*. D'une part, les qualités requises de la part des juristes, et par suite l'aménagement de leur formation, varient selon les traditions juridiques propres à chaque pays : la prégnance de la tradition romano-germanique ou de celle de la *common law* implique des visions différentes du rôle imparti aux juristes ; et le contexte historique dans lequel le système juridique s'est édifié pèse, comme le montre l'exemple français, sur l'image du juriste. D'autre part, l'évolution de la place du droit dans la vie sociale et des conditions d'emploi de la technique juridique ne saurait manquer d'influer sur la fonction et le statut des juristes : alors que le culte de la loi a contribué pendant longtemps à asseoir l'autorité des juristes, l'instrumentalisation du droit, consécutive à l'avènement de l'État providence, a entraîné l'érosion de leur position sociale et leur transformation en « techniciens » ou « artisans », au service de l'efficacité du droit[1]. Le mouvement actuel de juridicisation que connaissent les sociétés contemporaines tend à redonner une importance nouvelle au savoir juridique : on assisterait à la « montée en puissance du juriste-interprète, architecte de l'ordre juridique »[2], capable de faire face aux défis nouveaux auxquels

---

[1] André-Jean Arnaud a bien décrit cette évolution : après avoir été successivement des « pontifes », attachés au culte de la loi, puis des « vigiles » ; gardiens sourcilleux d'une légalité menacée, enfin des mandarins », attachés aux rites et aux signes extérieurs de puissance, les juristes auraient perdu, au stade de l'État providence, leur prééminence sociale et leur hégémonie idéologique, au profit des managers, soucieux d'efficacité (A-J. ARNAUD, *Les juristes face à la société. Du XIXe siècle à nos jours,* Paris, PUF, 1975).

[2] M. VOGLIOTTI, « L'urgence de la question pédagogique pour le droit post-moderne », in *Revue interdisciplinaire d'études juridiques*, 72, 2014, p. 73 s.

sont confrontées les sociétés contemporaines[3]. Le « bon juriste » n'existe donc pas en soi, mais seulement par référence à un lieu et à un temps donnés.

Néanmoins, par-delà cette diversité et cette dynamique d'évolution, se profilent certains dénominateurs communs : si les attentes dont il est l'objet varient selon les différentes configurations sociales, le juriste est dans tous les cas un professionnel du droit, porteur d'un savoir ; le bon juriste est celui qui, disposant d'une maîtrise particulière de la technique juridique, voit sa capacité d'expertise socialement reconnue.

Après avoir précisé les implications du *qualificatif* (qu'entend-on par être un bon juriste ?), il conviendra de cerner les *qualités* requises (à quoi reconnaît-on un bon juriste ?), avant d'évoquer les procédés visant à obtenir les *qualifications* nécessaires (comment former de bons juristes ?).

1. Qu'entend-on par « être un bon juriste » ?

1. Parler de bon juriste revient à mettre l'accent sur ce qui réunit les juristes, sur ce qui constitue le socle de leur identité commune, à savoir la *pratique du droit* : parlant le langage du droit, tous les juristes sont censés partager une même culture juridique, faite d'un « ensemble de valeurs, de savoirs et de savoir-faire qui orientent, donnent sens et cohérence aux activités des différents professionnels du droit »[4] ; par-delà la diversité des activités qu'ils sont amenés à exercer, il existerait une « *communauté de juristes* », qui se reconnaissent et s'identifient par la « *compétence* » dont ils disposent dans le domaine du droit, compétence qui serait mobilisée « dans l'intérêt d'autrui », en étant source d'obligations déontologiques spécifiques[5]. Comme le disait le Conseil national du droit[6], « être juriste, est d'abord une identité caractérisée par une éthique commune et la maîtrise d'un ensemble de connaissances, de méthodes et de techniques. C'est ensuite un métier qui peut être exercé sous des statuts très variés et dans les institutions très diverses ».

Le *commun dénominateur* de la compétence juridique, qui est au principe de l'appellation de bon juriste, est ainsi assorti d'*autres critères d'ex-*

---

[3] O. ROSELLI, « Formation, culture juridique, rôle du juriste et des opérateurs du droit à l'époque contemporaine de transition », in *Revue interdisciplinaire d'études juridiques,* 72, 2014, p. 87 s.

[4] F. AUDREN et J.-L HALPERIN, *La culture juridique française. Entre mythes et réalités. XIXe-XXe siècles,* Paris, CNRS Editions, 2013, p. 8.

[5] En ce sens, J. MORET-BAILLY et D. TRUCHET, *Déontologie des juristes*, Paris, PUF, 2010 et *Pour une autre déontologie des juristes,* Paris, PUF, 2014. Le fonds commun de cette déontologie consisterait dans la probité, l'indépendance professionnelle, la qualité du travail, le secret et la discrétion professionnelle, la prohibition des conflits d'intérêts.

[6] Rapport 2009.

cellence, qui varient selon les différentes professions juridiques[7] : l'existence d'une « communauté de juristes » n'exclut pas l'existence de *cultures professionnelles* spécifiques[8], mettant l'accent sur d'autres exigences ; être un bon juriste n'est pas suffisant pour être un bon avocat, un bon magistrat[9] ou un bon enseignant, tous métiers exigeant la possession d'un ensemble de qualités et de compétences allant au-delà du droit.

2. Le qualificatif de bon juriste ne saurait dès lors être rapporté au *critère d'excellence académique,* à l'aune duquel sont évalués universitaires et chercheurs. Chargés de connaître et de faire connaître le droit, responsables de l'approfondissement, de la diffusion et de la transmission du savoir juridique, ceux-ci occupent en effet une position spécifique au sein de la communauté des juristes : la renommée qui est la leur, l'autorité dont ils disposent sont liées à la qualité de leurs analyses des phénomènes juridiques – que la perspective retenue soit de nature « doctrinale », en contribuant au bon fonctionnement de l'ordre juridique, ou de nature « scientifique », à travers l'adoption d'un point de vue réflexif et critique sur le droit[10] ; s'appuyant sur la possession de titres universitaires, cette autorité doit être conquise et en permanence consolidée par des travaux et publications qui contribueront à les distinguer de leurs pairs. Cette hiérarchisation trouve son couronnement dans la figure du « *grand juriste* »[11], reconnu comme tel par la communauté scientifique : le grand juriste n'est pas seulement un bon technicien, doté d'une solide compétence juridique ; il aurait encore démontré son aptitude à édifier un système de pensée juridique personnel et cohérent, en s'appuyant sur une connaissance fine de la société.

On mesure par là tout ce qui sépare l'activité de réflexion critique sur le droit, inhérente à la démarche universitaire, de celle d'activation et de mise à l'épreuve du dispositif juridique qui incombe aux autres juristes : définir les attributs du grand juriste ne saurait être pour autant « une mani-

---

[7] Ecartée par le Rapport Darrois sur les professions du droit (mars 2009), l'idée de création d'une « profession de droit unique » était bien évidemment illusoire.

[8] Selon F. AUDREN et J.-L HALPERIN, *La culture juridique française*, *op. cit*., p. 286, il conviendrait de « préférer le pluriel » au singulier.

[9] A. BOIGEOL, « Quel droit pour quel magistrat ? Evolution de la place du droit dans la formation des magistrats français : 1958-2005 », in *Droit et Société,* 83, 2013, p. 17 s., montre que la place accordée au droit dans la formation des magistrats a fortement évolué au cours des dernières décennies.

[10] J. CHEVALLIER, « Doctrine juridique et science juridique », in *Droit et Société*, 50, 2002, p. 107 s.

[11] L. FONTAINE, *Qu'est-ce qu'un « grand » juriste ? Essai sur les juristes et la pensée juridique moderne,* Paris, Lextenso, 2012.

ère de prescrire ce que pourrait être, ou devrait être, tout juriste »[12] ; même si c'est toujours de pratique du droit dont il s'agit, les référentiels des uns et des autres ne sont pas de même nature.

La responsabilité de former de bons juristes qui incombe aux universitaires conduit donc, non pas à leur inculquer le modèle d'excellence académique, mais à les initier à la pratique du droit, commun dénominateur des diverses professions juridiques.

2. À quoi reconnaît-on un « bon juriste » ?

Si une *compétence particulière* en matière juridique est l'attribut du bon juriste, encore faut-il définir les critères qui permettent de l'établir : la maîtrise de la *technique* juridique ne peut à elle seule suffire ; le bon juriste est encore celui qui maîtrise l'*art* juridique, en utilisant avec virtuosité toute la gamme des possibilités offertes ou ouvertes par le droit existant.

1. *La maîtrise de la technique juridique* va au-delà de la simple connaissance des normes juridiques : le bon juriste n'est pas celui qui se prévaut d'un savoir encyclopédique, par essence fragile et voué à être dépassé, mais parvient à se repérer dans le maquis des textes, dans le dédale des jurisprudences, en mobilisant les données nécessaires à la solution du problème auquel il est confronté, et met en œuvre, pour y parvenir, des méthodes rigoureuses d'analyse et de raisonnement[13].

Les juristes sont ainsi conduits à un travail d'*interprétation* visant, par le recours à des méthodes diverses[14], à démêler l'écheveau des significations possibles des énoncés juridiques, à dégager de l'enchevêtrement des textes certains fils conducteurs, à dénouer les contradictions éventuelles qu'ils recèlent. Puis il s'agira, par la construction d'un argumentaire, passant là encore par des procédés variés[15], à tenter de convaincre les autres acteurs (destinataires, partenaires, adversaires...) du bien-fondé des réponses apportées : la maîtrise des techniques d'*argumentation*, qui

---

[12] *Ibid.*, p. 61.
[13] La « méthodologie juridique » est ainsi entendue comme « l'étude des procédés et des méthodes que les juristes sont amenés à pratiquer dans leurs activités de recherche, de création et d'application du droit et, plus généralement, pour parvenir à la solution des problèmes juridiques » (J-L. BERGEL, *Méthodologie juridique*, Paris, PUF, 2001, p. 18).
[14] V. CHAMPEIL-DESPLATS, *Méthodologie du droit et des sciences du droit*, Paris, Dalloz, 2014, p. 379 s.
[15] *Ibid.*, p. 354 s.

sont au cœur de l'activité des juristes[16], tout juriste étant, quelle que soit sa sphère d'activité professionnelle, censé être « capable de mener une construction, une argumentation, à partir de faits et de règles qu'il lui faut connaître »[17], constituera un élément déterminant dans l'évaluation des qualités des intéressés et pour leur accès à la réputation de bon juriste.

2. Si elle est une condition nécessaire, la maîtrise de la technique juridique n'est cependant pas suffisante. Le bon juriste ne peut être un simple technicien, s'interdisant tout prise de distance par rapport au droit existant, qu'il se bornerait à appliquer (magistrats), utiliser (avocats) ou enseigner (universitaires) : l'activité qu'il exerce en tant que juriste comporte nécessairement une part plus ou moins large de *créativité*, d'*inventivité*. Sous couvert d'interprétation et en utilisant pleinement les ressources argumentaires, il est amené à prendre une part active au processus de production du droit : les interprétations qu'il avance ne sont pas seulement encadrées par des contraintes institutionnelles, sociologiques ou discursives, mais encore guidées par certaines valeurs, qui vont parfois jusqu'à prévaloir sur l'intention des auteurs des textes[18] ; et elles peuvent contribuer à faire évoluer le droit positif, en allant au-delà des règles en vigueur, par un effort d'extrapolation et d'anticipation utilisant les ressorts de l'imagination[19], et en produisant des représentations nouvelles dotées de force agissante. Pour jouer ce rôle, le bon juriste est tenu de disposer, non seulement d'une culture juridique étendue, historique et comparative, permettant une prise de distance par rapport au droit positif, mais encore d'une culture générale[20] débordant les frontières du droit et s'appuyant sur les acquis des sciences sociales.

Cette dimension a pris une importance toute particulière, compte tenu des mutations actuelles du droit : le déclin d'un positivisme juridique reposant sur l'idée de suprématie de la loi[21] donnerait aux juristes des responsabilités nouvelles ; les sociétés contemporaines ne pourraient plus se

---

[16] CH. PERELMAN, *Logique juridique, nouvelle rhétorique,* Paris, Dalloz, 1976. Voir aussi, du même Auteur, « L'argumentation des juristes et ses contraintes », in *Droits*, 54 et 55, 2011.

[17] Rapport du Conseil national du droit, 2009, préc.

[18] « Sur-déterminant » cette intention : en ce sens G. TIMSIT, *Les figures du jugement*, Paris, PUF, 1993.

[19] M. DOAT et GILLES DARCY (dir.), *L'imaginaire en droit*, Bruxelles, Bruylant, 2011.

[20] Pour J. MORET-BAILLY et D. TRUCHET, *Déontologie des juristes, op. cit.*, p. 126, « la culture générale fait partie de la culture du juriste et est indispensable à l'exercice des professions du droit ».

[21] Comme le souligne le Rapport Darrois (préc., p. 8), « la prééminence de la loi, supposée claire, stable, facilement interprétable sous le contrôle du juge a limité le rôle des juristes, réduits à des tâches subalternes de mise en forme des décisions prises ».

contenter de « juristes experts », maîtrisant la technique juridique, mais aurait toujours davantage besoin de juristes capables de prendre la mesure de la complexité du réel[22], « esprits agiles, imaginatifs et conscients des responsabilités liées au travail juridique »[23]. Ce besoin se ferait sentir dans toutes les sphères du droit et pour toutes les professions juridiques : les cabinets d'avocats d'affaires feraient ainsi appel à des juristes « créatifs, imaginatifs, curieux et dynamiques »[24] ; et les universitaires et chercheurs sont contraints de se doter d'outils conceptuels nouveaux pour penser les mutations en cours des systèmes juridiques.

Reste à savoir comment les dispositifs doivent être conçus pour prendre en compte ces exigences.

3. Comment former un « bon juriste » ?

Former de bons juristes consiste à former de *bons professionnels du droit*, qui feront du droit leur métier.

1. Cette mission incombe dans tous les pays à des *facultés ou écoles de droit,* conçues comme des lieux d'enseignement spécialisés à finalité professionnelle, qui étaient traditionnellement investis d'une position privilégiée, voire dotés d'un privilège d'exclusivité comme en France, dans la formation des juristes. Cette question doit être distinguée de celle de l'enseignement du droit. Les facultés de droit n'ont jamais disposé, même en France, d'un monopole sur l'enseignement du droit : utilisé comme complément de formation, le droit a toujours été enseigné dans d'autres lieux, dans les grandes écoles scientifiques ou commerciales et au sein de l'École libre des sciences politiques ; et ce mouvement s'est amplifié au cours des dernières années, compte tenu de la place toujours plus importante occupée par le droit dans la vie sociale[25]. Par ailleurs, les études juridiques elles-mêmes ont toujours préparé à l'exercice de professions variées : l'augmentation dans les facultés de droit françaises du nombre des étudiants ne se destinant pas au monde du droit a été l'une des raisons de

[22] M. VOGLIOTTI, « L'urgence de la question pédagogique », *op. cit.*

[23] Présentation du colloque par M. Vogliotti, disponible en ligne sur le site de l'IEA de Paris (www.paris-iea.fr/fr/liste-des-residents/massimo-vogliotti).

[24] R. VANNEUVILLE, « La formation contemporaine des avocats, aiguillon d'une recomposition de l'enseignement du droit en France ? », *Droit et Société*, 83, 2013, p. 67.

[25] La place accordée aux enseignements juridiques s'est renforcée au cours des dernières années dans toutes les grandes écoles. Voir, sur l'enquête menée dans le cadre du projet Elidroit, L. ISRAËL et R. VANNEUVILLE, « Enquête sur la formation au droit en France. L'exemple des formations extra-universitaires », in *Revue interdisciplinaire d'études juridiques*, 72, 2014, p. 141 s.

la réforme de 1954, entraînant l'ouverture des enseignements vers d'autres savoirs[26].

Le privilège d'exclusivité dont disposaient les facultés de droit en ce qui concerne la formation des juristes est désormais caduc : celle-ci est devenue, en France aussi, un *vaste marché* dans lequel les universités subissent la concurrence d'autres opérateurs ; l'entrée de l'Institut d'Études Politiques de Paris sur ce terrain, via la création en son sein d'une « école de droit »[27], en dépit de l'argument avancé par les opposants selon lequel seule l'université serait capable de former correctement les juristes en les dotant d'une « solide culture juridique »[28], en est la manifestation emblématique.

Comme le montre l'exemple français sur lequel on s'appuiera, cette pression concurrentielle contraint les établissements universitaires à un effort d'adaptation, en les conduisant à *repenser le contenu* de la formation des juristes.

2. Il s'agit d'abord de déterminer la *place* que les universités doivent occuper dans le processus de professionnalisation qui conditionne l'accès au statut de bon juriste.

La finalité professionnelle des études juridiques ne saurait conduire les facultés de droit, même rebaptisées en « écoles de droit », à se convertir en simples « écoles professionnelles », dispensant des savoirs directement opératoires ; les études universitaires, et les études de droit aussi, servent à donner aux étudiants des *connaissances fondamentales*, suffisamment générales pour permettre des adaptations et réorientations ultérieures ; ces connaissances sont ensuite appelées à être concrétisées, en fonction des exigences propres aux métiers, de plus en plus diversifiés, auxquelles elles conduisent.

La préparation directe à l'exercice du métier de juriste passe dès lors par l'intervention, après la formation juridique de base donnée par les universités, d'instituts ou d'écoles spécialisés relevant des différents milieux professionnels concernés. Le rapport Darrois souhaitait cependant que ce dispositif soit complété par la création d' « écoles de profession-

[26] J. GATTI-MONTAIN, « Le droit et son enseignement : un demi-siècle de réflexion », in *Droits*, 4, 1986, p. 121 s. et *Le système d'enseignement du droit en France*, Presses Universitaires de Lyon, 1987 ; C. MOREAU DE BELLAING, « Un bon juriste est un juriste qui ne s'arrête pas au droit. Controverses autour de la réforme de la licence en droit de 1954 », in *Droit et Société*, 83, 2013, p. 83 s.

[27] CH. JAMIN, *La cuisine du droit. L'École de droit de Sciences Po : une expérimentation française*, Paris, Lextenso, 2012. Sur cette expérience, voir les analyses de F. BELLIVIER et de L. ISRAËL, in *Grief*, 1, 2014.

[28] M. AIT-AOUDIA, « Le droit dans la concurrence. Mobilisation universitaire contre la création de diplômes de droit à Sciences Po Paris », in *Droit et Société*, 83, 2013, p. 99 s.

nels du droit », points de passage entre les universités et les écoles d'application, dispensant une formation commune aux principaux métiers du droit et contribuant par-là même à l'inculcation d'une culture commune à l'ensemble des juristes[29]. Ce même souci conduit à refuser l'idée d'une « spécialisation précoce »[30] et à mettre l'accent sur l'exigence, au cours des premières années universitaires, d'un « *tronc commun* » d'enseignements suivis par tous les étudiants et leur permettant d'acquérir le « savoir fondamental nécessaire à tous les juristes »[31], ainsi que « les outils de base du raisonnement juridique »[32]. Cette volonté d'unité et d'homogénéité de la formation juridique tend cependant à être contredite par la mise en place dans les universités, sous la pression de la concurrence, de filières sélectives visant à forger, au nom de l'impératif d'excellence, une *élite de bons juristes*.

3. Reste à savoir *comment* la formation doit être conçue pour atteindre cet objectif, en permettant de valoriser les qualités qui sont censées être celles d'un bon juriste. Cette question comporte *deux facettes* distinctes, bien qu'étroitement liées.

D'abord, celle du *contenu* de l'enseignement. La conception traditionnelle, telle qu'elle a longtemps prévalu en France, a été dominée par un « positivisme techniciste »[33] s'attachant à restituer le plus fidèlement et le plus complètement possible l'état du droit existant[34], l'accent étant mis « sur l'acquisition d'un savoir technique beaucoup plus que sur la maîtrise d'outils de raisonnement »[35] : les enseignements consistent pour l'essentiel en une présentation ordonnée et systématique du droit positif, à partir de « matières », agencées de manière cohérente et progressive, dont les étudiants sont invités à apprendre le contenu ; si cette présentation n'interdit pas un effort d'abstraction, illustré par la recherche de « principes », et l'adoption d'un point de vue critique sur le droit existant[36], l'enseignement ainsi conçu s'inscrit clairement, à l'opposition de la conception do-

---

[29] Rapport précité, p. 71. Dans le même sens, le Rapport Teyssié, relatif à « la mise en place d'une formation commune afin qu'émerge une communauté de juristes cohérente et de haut niveau » » (Conseil national du droit, 1er mars 2010).
[30] Rapport Darrois, p. 69.
[31] Rapport Truchet, préc., p. 14.
[32] Rapport Durry, Commission de réflexion droit-science politique, février 2000, p. 9.
[33] J. CAILLOSSE, *Introduire au droit,* Paris, Montchrestien, IIe éd., 1995, p. 15.
[34] Voir G. RICHARD, *Enseigner le droit public à Paris sous la Troisième République*, Paris, Dalloz, 2015, p. 419 s.
[35] Rapport Lyon-Caen, Commission de réflexion sur les études de droit, avril 2002, p. 12.
[36] L'enseignement du droit a cependant été amené en France, au fil des réformes imposées par le pouvoir politique à des universitaires réticents, à faire progressivement place à des disciplines non juridiques — notamment l'économie politique (1905), les sciences politiques (1954).

minante dans les pays anglo-saxons, dans la perspective de la *dogmatique juridique*.

Cette conception, indissociable de la figure du « juriste technicien », « doté d'une connaissance précise de règles régissant tel ou tel domaine mais peu à même d'en relativiser le contenu »[37], ne saurait contribuer à former de bons juristes : la maîtrise de la technique juridique exige un apprentissage méthodologique, ainsi qu'une prise de distance par rapport au droit positif[38], passant par l'introduction d'enseignements de philosophie, sociologie ou théorie du droit, mais aussi par une large ouverture aux sciences sociales ; l'école de droit de l'Institut d'Études Politiques de Paris l'a bien compris, en réduisant la part accordée à l'exposé du droit positif et en s'efforçant d'« ouvrir les portes de la cuisine du droit afin de faire entrer l'éclairage des sciences sociales »[39]. L'évolution est plus lente et plus prudente dans les facultés de droit : s'il est souhaité qu'une « place plus importante » soit donnée à des matières non juridiques[40], le « tronc commun » précité devrait toujours être consacré « principalement aux matières fondamentales pour la formation des juristes », c'est-à-dire celles portant sur le droit positif et celles nécessaires à la « bonne intelligibilité » de ce dernier, les autres étant reléguées au rang de disciplines « accessoires »[41].

Ensuite, celle de la *pédagogie*. Visant à transmettre un savoir, l'enseignement a été traditionnellement conçu dans les facultés de droit françaises sous la forme du « cours magistral », consistant en un exposé systématique, *ex cathedra*, par un professeur de l'état du droit positif devant un public étudiant. Privilégiant le critère d'excellence académique[42], ce modèle pédagogique, s'il peut assurer une bonne connaissance des règles en vigueur, ne saurait contribuer à forger des qualités telles que l'intelligence des problèmes, l'aptitude argumentaire, la capacité de créativi-

[37] Rapport Lyon-Caen, précité.

[38] Pour V. LEMAY, « Trois principes de rénovation tranquille pour l'enseignement du droit. L'avantage d'un retour du souci méthodologique et épistémologique », in *Revue interdisciplinaire d'études juridiques,* 72, 2014, p. 27 s., il conviendrait d'ajouter à l'enseignement classique des savoirs juridiques « la plus-value de la réflexivité », qui crée le « besoin d'histoire » et favorise une « maturité épistémologique ».

[39] CH. JAMIN, *La cuisine du droit*, *op. cit.*

[40] Rapport Darrois, précité, p. 10.

[41] Rapport Durry, précité, p. 14 ; Rapport Truchet, précité, p. 14.

[42] Selon J.-L. CARBASSE, « Professeurs à la faculté de droit », in D. ALLAND et S. RIALS (dir.), *Dictionnaire de la culture juridique*, Paris, PUF, 2003, p. 1245, « longuement élaboré dans le silence d'un cabinet de travail, le cours magistral permet au professeur d'exprimer des conceptions originales, une interprétation personnelle, pour les meilleurs une doctrine, dans la plus totale liberté à l'égard des modes et du 'prêt-à-porter' ambiant ».

té, qui permettent d'identifier un bon juriste[43] : or, si ce modèle, qui a fait l'objet de critiques anciennes[44], a été infléchi par l'introduction d'enseignements de nature pratique[45], le cours magistral reste la règle dans les facultés de droit, où il est encore considéré comme « le meilleur moyen d'accès aux principes essentiels d'une matière juridique »[46] ; là encore, l'école de droit de l'Institut d'Études Politiques de Paris a entendu prendre le contrepied de cette conception, en mettant l'accent sur la dimension pratique de l'enseignement, mieux encore en cherchant, en prenant exemple sur le modèle anglo-saxon, à « prendre pour point de départ de tout enseignement le droit tel qu'il se pratique réellement »[47]. L' « enseignement clinique du droit », passant par l'étude de « cas concrets », apparaît comme étant de nature à favoriser un meilleur apprentissage du droit, en apprenant aux étudiants à se servir de leur intelligence et en développant leur réactivité[48], conditions nécessaires pour prétendre devenir un bon juriste.

L'inflexion de la place du droit et des juristes dans les sociétés contemporaines conduit ainsi à une meilleure perception des qualités requises pour être un bon juriste, qui induit des changements corrélatifs dans l'aménagement de la formation juridique. Ces changements concernent pour l'essentiel les pays de tradition romano-germanique, et notamment la France : la conception rigide d'un enseignement du droit conçu comme dispositif de transmission d'un savoir juridique reposant sur l'étude du droit positif ne coïncide plus avec ce qui est désormais attendu des juristes ; l'évolution en cours peut dès lors être interprétée comme le signe de la diffusion de la vision anglo-saxonne de la fonction et du statut des juristes, diffusion qui se heurte cependant à la force des traditions et au poids des institutions.

---

[43] R. SEFTON-GREEN (dir.), « *'Démoulages'. Du carcan de l'enseignement du droit vers une éducation juridique,* Paris, Société de législation comparée, 2015.

[44] Dès 1900, l'organisation de séminaires dans les études de droit avait été préconisée : Maurice Hauriou s'en était pris notamment à « une sorte de despotisme du cours », dispensant les étudiants de tout travail de réflexion personnelle et préconisait l'introduction de « conférences » dans le cursus juridique, sur le modèle qu'il expérimentait à la Faculté de droit de Toulouse (voir J-M. BLANQUER et M. MILET, *L'invention de l'État. Léon Duguit, Maurice Hauriou et la naissance du droit public moderne*, Paris, Odile Jacob, 2015, p. 139-140).

[45] Introduction de séances de « travaux dirigés » en 1954 ; d'unités d'enseignement de méthodologie du travail universitaire en 1997.

[46] Rapport Durry, précité, p. 9. Le Rapport Truchet, précité, juge le modèle cours magistral-travaux dirigés « bien adapté à l'enseignement du droit » (p. 16).

[47] CH. JAMIN, *Semaine juridique*, n° 16, 15 avril 2013.

[48] S. HENNETTE et D. ROMAN, « Pour un enseignement clinique du droit », in *Les Petites Affiches*, 1-2 novembre 2006, p. 3-7.

POUR UNE ÉDUCATION JURIDIQUE UNIVERSALISTE

Sabino Cassese

Professeur émérite de l'École Normale Supérieure de Pise
Ancien juge de la Cour constitutionnelle italienne

1. Une normativité universelle sans éducation juridique universelle. – 2. Une recherche juridique universelle sans éducation juridique globale. – 3. La nécessité d'un renouvellement de la pédagogie juridique.

1. Une normativité universelle sans éducation juridique universelle

Tous les jours, des centaines de juristes de différents pays se rencontrent à Bruxelles, dans les bureaux de l'Union européenne, à Genève, dans les bureaux de l'Organisation mondiale du commerce ou de l'Organisation internationale du travail, ou à New York, dans l'Organisation des Nations Unies, ou bien à Los Angeles, dans les bureaux de l'« Internet Corporation for Assigned Names and Numbers », pour adopter des instruments juridiques qui ne sont pas des lois, ni des règlements, qui ne procèdent pas des États, et qui ont pourtant une valeur juridique, car ils s'adressent à des millions de personnes et sont contraignants.

D'autres juristes se rencontrent dans les mêmes lieux ou dans d'autres villes et d'autres pays pour juger de l'admissibilité des questions posées par des États ou par des individus, les entendre pendant une procédure contentieuse, prendre des décisions judiciaires ou quasi-judiciaires envers des États, des individus ou des entreprises.

Tant les règles que les jugements produits par ces organes ont une efficacité qui va bien au-delà des États, une efficacité universelle ou supra-nationale.

Mais ces juristes ont une formation exclusivement nationale : ils ont étudié aux États-Unis, en France, en Allemagne. On leur a enseigné un droit national. On leur a enseigné que le droit ne peut être que national et que l'on peut aller au-delà des frontières seulement pour étudier les jonctions entre ordres juridiques (le droit qu'on appelle international), ou bien pour faire des comparaisons, ce qui renforce l'approche « nationaliste » de la connaissance et de l'enseignement du droit. Ils ont souvent appris que la culture juridique de leur pays a dialogué dans le passé et dialogue à présent avec d'autres cultures juridiques, que l'anglais Albert Venn Dicey était en contact avec le français Maurice Hauriou, que l'italien Vittorio Emanuele Orlando avait été influencé par l'allemand Friedrich von Savigny, mais que ces relations étaient purement intellectuelles, car ces chercheurs n'étaient intéressés que par les « doctrines » du droit. Ayant souvent étudié dans un pays étranger, ils connaissent aussi le droit d'un autre pays et savent le comparer au droit de leur propre pays. Mais ce sont des « juristes de pays autosuffisants »[1], prisonniers du « positivisme mystique »[2] et ils appartiennent à des cultures juridiques nationales différentes qui dialoguent seulement pour se comparer et pour affirmer leurs différences.

Il y a donc une activité juridique normative et judiciaire universelle, mais elle s'exerce sans un enseignement juridique universel. On peut donc dire que les juristes travaillant au-delà de l'État sont comme les premiers juristes romains : nul ne leur avait enseigné le droit, et pourtant ils étaient de bons juristes.

On peut, en second lieu, conclure qu'il y a deux niveaux. Un niveau étatique national, où recherche, éducation, activités professionnelles (du législateur, du juge, de l'administrateur) se développent en parallèle. Un niveau global, où l'intense activité des juristes n'a pas été précédée d'une éducation juridique et où le développement d'une recherche scientifique « ad hoc » n'est que très récent.

Troisième conclusion : entre les deux niveaux il n'y a pas de lien, ou bien les liens sont occasionnels.

2. Une recherche juridique universelle sans éducation juridique globale

Au premier paradoxe (normativité juridique universelle sans un développement parallèle d'une éducation juridique) s'ajoute un second paradoxe, celui d'une recherche juridique en développement au niveau mondial sans un enseignement juridique parallèle.

Pendant plus d'un siècle on a observé ou déploré la crise de l'État et de la normativité nationale[3]. Puis, pendant une période très courte, de vingt ans à peine, s'est développée une recherche juridique qui porte sur des institutions non étatiques, traite de problèmes qui ne sont pas spécifiques à

[1] R. SACCO, *L'internationalisation de la formation juridique*, SIRD, *Rapports nationaux italiens au XIXe congrès international de droit comparé*, Vienne 2014, Milano, Giuffrè, 2014, p. 67-68.

[2] R. SALEILLES, *Introduction à l'étude du droit allemand*, Paris, Pichon, 1904, p. 11.

[3] Récemment M. VOGLIOTTI, « La fine del "grande stile" e la ricerca di una nuova identità per la scienza giuridica », in V. BARSOTTI (dir.), *L'identità delle scienze giuridiche in ordinamenti multilivello*, Santarcangelo di Romagna, Maggioli, 2013, p. 118 s.

une nation, mais au contraire communs à toutes, et s'exprime dans une langue commune[4].

Deux constatations sont à la base de cette recherche juridique. D'une part, celle d'une scission entre l'État et le droit : l'État n'a plus le monopole de la production du droit. D'autre part, celle d'une scission entre le citoyen et la nation : il y a actuellement des personnes qui sont des citoyens de multiples organisations politiques et certains droits de l'homme se sont affirmés indépendamment des États.

Donc la recherche juridique a abandonné l'approche nationaliste. Elle est aussi allée à la recherche des antécédents non nationalistes des droits nationaux, comme, par exemple, le principe de la « lex alius loci »[5].

Mais la recherche en droit global rencontre des difficultés qu'il faut surmonter.

La première difficulté est celle de la dogmatique ou du conceptualisme. L'idée qu'il y a des institutions ou des concepts juridiques immuables dans le temps et dans l'espace, qui deviennent des paradigmes, n'est pas seulement anti-historique, mais aussi contraire à l'approche nécessairement relativiste du chercheur en droit global, car ce droit se compose soit de normes, comportements, jugements d'un niveau supranational, soit d'une juridicité de niveau local (national).

Donc, il faut s'affranchir du concept du droit comme règne de la stabilité, sinon de la perpétuité, et de l'absolu. Il ne faut absolument pas croire qu'il suffit d'un Savigny qui s'exprime en anglais[6].

Il faut abandonner l'idée d'une « méthode juridique » unitaire et exclusive en faveur du pluralisme méthodologique : il y a des sujets qu'on peut étudier en suivant une méthode « réaliste », d'autres selon une méthode économique, d'autre pour lesquels on préférera une méthode « constructiviste », d'autres encore qui se prêtent à une méthode historique.

La deuxième difficulté est celle de l'étude de la jurisprudence. L'étude des décisions judiciaires, à l'américaine, malgré les différents usages du « case law »[7], ne suffit pas dans le cas du droit global, car la juridicité uni-

---

[4] S. CASSESE, « Global Administrative Law: the State of the Art », in *ICON*, 13, 2015, p. 465-468. Voir aussi S. CASSESE, « New Paths for Administrative Law: A Manifesto », in *ICON*, 10, 2012, p. 630-613.

[5] Voir G. GORLA, « Il ricorso alla legge di un "luogo più vicino" nell'ambito del diritto comune europeo », in ID., *Diritto comparato e diritto comune europeo*, Milano, Giuffè, 1981, p. 619.

[6] C. LUZZATI, « Il giurista che cambia e non cambia », in *Diritto pubblico*, 2013, n° 2, p. 397. Voir aussi J. BENEDIKT, « Savigny ist tot! », in *Juristenzeitung*, 18 novembre 2011, p. 1073.

[7] Pour proposer une solution, ou bien pour faire comprendre que les solutions juridiques sont ouvertes, voir C. MOLLERS et H. BIRKENKOTTER, « Towards a New Conceptualism in

verselle se manifeste principalement à travers les négociations, les accords, les procédures non contentieuses engageant la participation des États, des entreprises, des privés, les décisions semi-contentieuses des organes quasi-judiciaires. Donc, il y a une autre « réalité » juridique à considérer.

Une fois qu'on a surmonté ces difficultés, il faut considérer que ce que l'on appelle droit global n'est pas seulement global, car il comprend aussi les droits étatiques : ces droits sont (au moins partiellement) « inclus » dans l'« enveloppe » globale. Les relations entre États et espace juridique global sont beaucoup plus compliquées qu'un simple équilibre entre l'un, qui avance, et l'autre qui fait marche arrière. L'identification des sources (est-ce qu'une « policy » de la Banque Mondiale est une source de droit ?) et leur hiérarchie (est-ce que la Convention européenne des droits de l'homme est une source de droit supérieure à la « Grundgesetz » allemande ?) sont difficiles à établir. Il n'y a pas de moyens précis d'exécution des normes. Il faut donc remettre en cause certains des principes les plus importants qu'a développés la science juridique « nationaliste » : rapports entre ordres juridiques différents, système des sources du droit, moyens d'exécution.

Par conséquent, le droit global n'est pas un « droit sans l'État » (selon la formule que Laurent Cohen-Tanugi attribuait aux États-Unis)[8]. Et les chercheurs qui travaillent sur le droit global doivent étudier comment ce nouveau droit universaliste s'enchaîne aux droits nationaux, étatiques et positifs ; une tâche assez semblable à celle des premiers juristes du XIXe siècle qui ont étudié comment les nouveaux droits positifs, étatiques, se rattachaient à l'ancien droit naturel.

En conclusion, les institutions globales ne sont pas un niveau distinct du niveau étatique : au contraire, les deux niveaux s'influencent réciproquement. La gouvernance globale n'influence pas seulement, dans une direction verticale, les ordres juridiques nationaux, mais elle a aussi un effet horizontal, car elle permet la circulation des institutions et des cultures juridiques.

L'ouverture du droit, le déclin de la souveraineté, la crise de l'approche « nationaliste » du droit, la fin de l'ancrage du droit à l'État et le jeu des différents ordres juridiques imposent un changement de fonction aux juristes, qui ne doivent pas seulement connaître les lois positives, mais doivent aussi équilibrer ces lois avec d'autres lois, établir la loi applicable sur la base d'une argumentation fondée sur le critère premier de la ra-

---

Comparative Constitutional Law, or Reviving the German Tradition of the Lehrbuch », in *ICON*, 12, 2014, p. 611.

[8] L. Cohen-Tanugi, *Le droit sans l'État. De la démocratie en France et en Amérique*, Paris, PUF, 1985.

tionalité (« reasonableness »)[9], motiver ces choix sur la base des valeurs considérées. Par exemple, les juristes de la Cour de Strasbourg doivent s'orienter entre le droit national et le droit de la Convention, considérer plusieurs ordres juridiques (« doctrine du consensus »), établir des hiérarchies, avant de prendre des décisions.

Finalement, le juriste "non-nationaliste" doit savoir replacer chaque norme dans son contexte, connaître l'histoire des institutions, savoir comparer.

Malgré ses faiblesses, cette nouvelle culture juridique pourrait même devenir l'objet d'une transmission, à travers l'enseignement. Au contraire, enseignement juridique, étude du droit, contrôle de l'apprentissage et des études ont conservé leur empreinte nationaliste.

3. La nécessité d'un renouvellement de la pédagogie juridique

Après tant de changements de la juridicité, est-il possible de continuer à enseigner le droit de la même façon que pendant les deux derniers siècles, après la crise du jusnaturalisme et l'affirmation des droits étatiques ?

Il faut – à mon avis – renouveler en profondeur la pédagogie juridique, changer la manière dont on enseigne le droit.

En Europe on a reconnu que, s'il y a un espace juridique européen et une science juridique européenne (on a même parlé d'une « europäische Methodenlehre »)[10], il doit y avoir aussi une éducation juridique européenne. Il existe des institutions dans lesquelles on enseigne ce droit européen (Institut universitaire européen de Florence, Collège de Bruges). Pourquoi, donc, ne pas se poser la même question pour le droit global ?

---

[9] Selon M. Vogliotti, « L'urgence de la question pédagogique pour le droit postmoderne », in *Revue interdisciplinaire d'études juridiques*, 72, 2014, p. 82, « le juriste doit savoir tisser les "justes" relations parmi les différents matériaux juridiques », « reconnaître un texte comme étant juridique », « établir la "juste" position de la source ainsi validée sur la carte du droit, de plus en plus traversées par des hiérarchies enchevêtrées et par des relations récursives ».

[10] Voir H. Fleischer, « Europäische Methodenlehre: Stand und Perspektiven », in *RabelsZeitschrift*, 75, 2011, p. 700-729; A. von Bogdandy, « La science juridique dans l'espace juridique européen, une réflexion à partir de l'exemple allemand », in *Dalloz*, 2011, 24 novembre, n° 41, p. 2816-2822. Voir aussi M. Brutti, « Per una scienza giuridica europea (riflessioni su un dibattito in corso) », in *Rivista trimestrale di diritto pubblico*, 2012, p. 905 s. Le "Wissenschftsrat" allemand a suggéré que « German legal scholarship should closely follow and actively participate in European and international academic debates" and that German scholars should "publish more frequently in foreign journals and integrate foreign literature into their own disciplinary discourses » (*Prospects of Legal Scholarship in Germany. Current Situation, Analyses, Recommendations*, Hamburg, 9. 11. 2012, p. 15).

Mais comment peut-on enseigner et étudier de manière non-nationaliste un droit non-national, dans lequel sont pourtant inclus des droits nationaux ?

Tout d'abord, il faut enseigner comment les ordres juridiques se rattachent les uns aux autres, quelles sont les relations entre les systèmes juridiques, comment on peut établir des règles uniformes en respectant les diversités. C'est un travail pédagogique à faire, qui a des précédents dans le droit international, le droit des relations entre États et Églises, les droits des systèmes impériaux du passé (l'Empire Ottoman, l'Empire Autrichien, par exemple).

Deuxièmement, il faut savoir enseigner les interdépendances et les traditions communes en évolution dans le monde. Il y a des principes qui sont bien développés (mais moins bien observés) dans le droit global, comme le respect des « droits de l'homme», la transparence, la participation aux décisions, l'accès aux juges. Il y a donc des lois universelles qu'on peut enseigner partout, au même titre que le théorème de Pythagore ou les lois de la thermodynamique.

Troisièmement, il faut savoir enseigner que le droit est en mouvement : par exemple l'Union européenne est une « Union sans cesse plus étroite».

Mais il faut encore tenir compte d'une difficulté : les universités, qui étaient nées comme des institutions universelles, à partir du XVIIe siècle sont devenues des institutions étatiques. Donc il leur est difficile de s'internationaliser. Malgré cette difficulté, il y a maintenant des Écoles de droit américaines fréquentées dans presque la moitié des cas par des étudiants étrangers. Mais on leur enseigne toujours un droit national, selon une approche « nationaliste ». Et on enseigne toujours dans une seule langue, la langue universelle, l'anglais, alors que pour un enseignement vraiment universel il faudrait savoir enseigner au moins dans deux ou trois langues[11].

Y a-t-il des expériences d'enseignement universel? On peut mentionner trois écoles, aux États-Unis, en Inde et au Portugal, et deux programmes insérés dans des écoles nationales de droit, en Belgique et aux États-Unis. Les écoles sont la « Hauser Global Law School » de la New York University Law School, la « Jindal Global Law School » de l'Université de Sonipat, et la « Catolica Global School of Law » à Lisbonne. Les programmes sont le « Global Law School Program » de l'Université de KU Leuven University, le « transsystemic curriculum » de la Faculté

[11] Sur les relations entre langues et internationalisation, M. GIOVANNINI, « Internazionalizzazione e lingua degli insegnamenti universitari. La desiderata autonomia delle università italiane », in *Rivista trimestrale di diritto pubblico*, 2015, p. 139-175.

de droit de la McGill University[12] et le « Global Law Pro-gram » de la Northeastern University.

À côté des écoles et des programmes, il faut mentionner les cours de droit global dans les écoles de droit, à NYU, Rome, Singapore, Paris, Lisbonne, La Haye, Istanbul, à la Universidad Nacional de la Patagonia Austral.

Le défi des écoles de droit global est de fusionner l'enseignement du droit « déterritorialisé » et des droits nationaux, car États et organisations internationales sont mêlés. Donc l'alternative entre commencer par former des juristes qui maitrisent leur propre tradition juridique avant d'aborder l'étude d'un droit mondial et commencer par l'enseignement du droit global pour passer ensuite à l'étude du droit interne[13] constitue un faux problème.

---

[12] Voir R. JUKIER, « The Impact of "Stateless Law" on Legal Pedagogy », in H. DEREK et S. VAN PREAACH (dir.), *Stateless Law. Evolving Boundaries of a Discipline*, Farnham, Ashgate, 2015, p. 201 s.

[13] CH. JAMIN, *La cuisine du droit. L'École de Droit de Sciences Po: une expérimentation française*, Paris, LGDJ, 2012, p. 231-232.

QUELLE CASUISTIQUE? LA MÉTHODE DES CAS DANS L'HISTOIRE DE L'ÉDUCATION JURIDIQUE

Ferdinando Treggiari

Université de Pérouse

Ne fût-ce que dans ses grandes lignes, une esquisse de ce que la tradition juridique anglo-américaine désigne par *case-method*, c'est-à-dire une technique d'enseignement à partir de *casus* juridiques, peut contribuer à mettre en valeur l'importance de cette méthode dans la tradition européenne. L'esquisse se concentrera sur sa matrice médiévale et sur quelques-unes seulement des expériences nationales les plus caractéristiques des débuts de l'époque contemporaine.

Mes principales thèses sont que l'enseignement du droit à travers l'analyse de cas pratiques :

a) *n'est pas une technique neutre*, et cela, pour deux raisons : premièrement parce qu'elle est inhérente à un système normatif dont elle entend favoriser le 'métabolisme didactique'; ensuite parce qu'elle suppose une conception du droit qui l'oriente vers des objectifs de connaissance bien déterminés ;

b) *n'est pas une technique univoque*, parce qu'elle peut viser à satisfaire des exigences scientifiques aussi bien que professionnelles ;

c) *n'est pas une technique propre à certains ordres juridiques* : sa géographie traverse en effet l'atlas des systèmes juridiques de *civil law* (la tradition romano-canonique) et de *common law*, en faisant apparaître entre l'une et l'autre des diversités, des divergences marquées, mais aussi des convergences insoupçonnées.

1. La matrice médiévale

Prenons comme point de départ l'expérience didactique médiévale, matrice de multiples expériences ultérieures. À ce propos, il convient de rappeler une donnée, souvent oubliée, à savoir que c'est la science du droit qui a été produite par l'enseignement et non l'inverse. La science juridique qui s'est développée à Bologne entre la fin du XIe siècle et le début du XIIe, et qui est à la base de la tradition culturelle des juristes européens, est née en effet dans le cadre de l'enseignement du droit et de la formation des juristes[1].

Des premières années de l'apprentissage scolaire à celles de la maturité professionnelle, la formation du juriste reposait fondamentalement sur le contact personnel entre le maître et ses élèves, c'est-à-dire entre celui qui possédait déjà un métier et ceux qui aspiraient à l'apprendre. Le contexte restreint de la vie citadine, d'une part, et le coût extrêmement élevé des livres, de l'autre, resserraient considérablement ces liens, qui mûrissaient au cours des leçons orales, des conversations et des débats quotidiens[2].

C'est dans ce contexte pédagogique que se développa l'étude du système normatif médiéval. Un système complexe, composé à partir de nombreuses sources difficiles à harmoniser, comportant des sources universelles (comme le droit romain et le droit canonique) et des sources particulières (comme les droits locaux et des formations sociales). Les juristes du moyen âge étudiaient et appliquaient, en tant que 'droit commun' (*ius commune*), des textes repris dans des compilations anciennes (les *libri legales* de Justinien), datant de plus d'un demi millénaire et dont l'interprétation requérait une méthode d'analyse et de synthèse. Cette méthode parvenait à coordonner les lois entre elles, à combler les lacunes et à résoudre les contradictions internes. Elle réussissait en somme à recomposer harmonieusement les milliers de préceptes normatifs anciens afin de les adapter aux exigences pratiques de la vie médiévale[3].

Le processus d'adaptation de l'ancien au nouveau imposait l'application d'arguments dialectiques. La dialectique du juriste était au service d'une logique pratique, qui mûrissait grâce à une tension constante entre l'autorité intangible du texte législatif ancien et le dynamisme de l'expérience quotidienne. La logique pratique du juriste était aussi la logique de l'*inventio*, puisqu'elle visait à la recherche de la discipline juridique de normes qui n'étaient pas textuellement définies dans le *corpus iuris*[4].

---

[1] Cf. H. J. BERMAN, *Law and Revolution. The Formation of the Western Legal Tradition*, Cambridge (Mass.)-London, Harvard University Press, 1983, p. 131 (*Droit et Révolution*, Librairie de l'Université d'Aix-en-Provence, 2002, p. 144 : « La science, l'érudition dérivèrent de la méthode d'enseignement et non pas vice versa »).

[2] M. BELLOMO, *Legere, repetere, disputare. Introduzione ad una ricerca sulle « quaestiones » civilistiche* (1974), in ID., *Medioevo edito e inedito*, I. *Scholae, Universitates, Studia*, Roma, Il Cigno, 1997, p. 51-97.

[3] F. TREGGIARI, *La "vera philosophia" dei giuristi medievali*, in A. PIERETTI (dir.), *Presenze filosofiche in Umbria*, II. *Dal Medioevo all'età contemporanea*, Milano-Udine, Mimesis, 2012, p. 11-26.

[4] S. CAPRIOLI, *Modi arguendi. Testi per lo studio della retorica nel sistema del diritto comune*, Spoleto, Centro italiano di studi sull'Alto Medioevo, 2006 ; E. CORTESE, *Meccanismi logici dei giuristi medievali e creazione del diritto comune*, in M. G. DI RENZO VILLATA (dir.), *Il diritto fra scoperta e creazione. Giudici e giuristi nella storia della giustizia civile*, Napoli, Jovene, 2003, p. 329-355 ; A. PADOVANI, *Modernità degli antichi. Breviario*

Le procédé dialectique le plus approprié appliqué par les juristes du moyen âge pour comprendre les textes justiniens et en résoudre les contradictions internes consistait à découvrir la vérité par le biais des objections (*per contraria et oppositiones*). On abordait chacun des cas difficiles en confrontant des solutions divergentes. L'argumentation dite « brocardique »[5] – qui consistait à poser le problème juridique à travers l'illustration de plusieurs séries de sources normatives contradictoires – reposait davantage sur le raisonnement que sur la mémoire. Elle incitait l'étudiant à dégager le principe de la norme et à en discuter l'applicabilité au cas proposé, en comparant les arguments normatifs favorables et contraires. Un travail mental qui le préparait efficacement aux compétences nécessaires à sa future activité professionnelle, dans un cadre pédagogique et scientifique fondé sur une continuité entre théorie et pratique. Ainsi structuré, le processus de formation du juriste ne connaissait pas de fracture et, de même, le système de normativité positive ne connaissait pas de lacunes.

Le procédé *per contraria et oppositiones* était commun aux *lecturae* (les leçons) et aux *disputationes* (les discussions à propos de thèmes controversés, organisées dans le cadre de l'enseignement universitaire). Au cours de la *lectura*, le *doctor* illustrait le texte de droit romain : il en divisait le contenu en parties distinctes, mentionnait les textes parallèles concernant des cas analogues, analysait les arguments *pro* et *contra* et recherchait ainsi la signification de la norme et du champ des cas qu'elle était susceptible de réglementer ; et il mettait enfin en lumière les questions dignes d'un débat (*quaestiones disputabiles*) qui, le lendemain, faisaient l'objet de la dispute scolastique. Les doutes liés à l'interprétation étaient donc déjà présentés pendant les leçons sous forme de *quaestiones*, qu'il fallait résoudre en confrontant des arguments contradictoires. Du fait qu'elle n'était pas illustrée par la norme (par le *casus legis*), la solution devait être recherchée d'une manière dialectique (*argumentis*) et, pour le maître également, elle assumait la valeur d'une vérité qui n'était que probable et qu'un examen approfondi ultérieur pouvait encore amender[6].

---

di argomentazione forense, Bologna, Bononia University Press, 2006 ; G. OTTE, *Dialektik und Jurisprudenz. Untersuchungen zur Methode der Glossatoren*, Frankfurt am Main, Klostermann, 1971 ; A. GIULIANI, *La controversia. Contributo alla logica giuridica*, Pavia, Tipografia del libro, 1966 ; E. GARIN, *Dialettica e retorica dal XII al XVI secolo*, in ID., *L'età nuova. Ricerche di storia della cultura dal XII al XVI secolo*, Napoli, Morano, 1969, pp. 43-79.

[5] P. WEIMAR, « Argumenta brocardica », in *Studia Gratiana*, 14 (1967 = *Collectanea Stephan Kuttner*), p. 91-123 ; E. CORTESE, *Le grandi linee della storia giuridica medievale*, Roma, Il Cigno, 2000, p. 298.

[6] M. BELLOMO, *Quaestiones in iure civili disputatae. Didattica e prassi colta nel sistema del diritto comune fra Duecento e Trecento*, Roma, Istituto storico italiano per il Medio

À l'université, les *quaestiones* (annoncées par le professeur quelques jours avant la date fixée pour la *disputatio in scholiis* ou publique) faisaient chaque semaine l'objet de discussions entre étudiants. Ces discussions étaient organisées et dirigées par le professeur selon le schéma brocardique (*pro – contra – solutio*). Les discussions les plus animées éclataient au sujet des *quaestiones ex facto emergentes*, c'est-à-dire des cas imaginaires ou réels, issus de la pratique quotidienne. Le professeur soumettait à la discussion un véritable conflit d'intérêts, qu'il fallait résoudre par le biais de preuves et de présomptions (*quaestio facti*) ou de lois et d'interprétations (*quaestio iuris*). La *quaestio* pouvait constituer le noyau d'un *consilium sapientis*, adressé au juge d'un litige en cours, ou faire l'objet d'une consultation à fournir à un client en dehors d'un procès. Il y avait généralement deux étudiants, ou plus, pour incarner et représenter les parties opposées, qui intervenaient à tour de rôle avec des arguments favorables ou défavorables à une hypothétique solution. Après avoir écouté les nombreux *argumenta pro et contra*, le professeur, fort de son autorité, exposait la *solutio*, répliquant de manière conclusive aux positions contraires[7].

D'une part, les *disputationes* mettaient les étudiants en contact avec l'univers pluraliste des sources normatives (les incertitudes provenaient surtout du champ du *ius proprium*, c'est-à-dire de la nouvelle réglementation citadine et locale et de sa capacité à déroger au *ius commune*) ; de

Evo, 2008 ; A. ERRERA, *Forme letterarie e metodologie didattiche nella scuola bolognese dei glossatori civilisti : tra evoluzione ed innovazione*, in F. LIOTTA (dir.), *Studi di storia del diritto medievale e moderno*, Bologna, Monduzzi, 1999, p. 33-106 (p. 77 s.) ; ID., « La "quaestio" medievale e i glossatori bolognesi », in *Studi senesi*, 108, 1996, p. 490-530 ; H. KANTOROWICZ, *The Quaestiones Disputatae of the Glossators* (1939), in ID., *Rechtshistorische Schriften*, Karlsruhe, Müller, 1970, p. 137-185.

[7] Trois exemples tirés du recueil de M. BELLOMO, *Quaestiones in iure civili disputatae*, *op. cit.*, p. 31, 239, 271 : « Continetur in statuto communis Bononie quod potestas habeat arbitrium in homicidiis suo tempore perpetratis. Contigit quod tempore preterite potestatis fuit aliquis vulneratus. Moritur ex illo vulnere tempore presentis potestatis. Modo queritur nunquid preteritus potestas tantum habuerit arbitrium an presens tantum habeat an ambo an nullus. [...] Et istas ultimas allegationes, scilicet quod potestas preteritus non habuit arbitrium nec presens, puto veriores et pro solutione prefate questionis habendas, salvo semper meliori consilio et saniori » (Iacobus de Ygnano). « Pone, quidam erat carceratus Florentie pro eo quod debebat Titio C. ex causa mutui. Iste carceratus veniens ad verba cum quodam alio carcerato occidit eum. Potestas Florentie vult ipsum decapitare ratione homicidii. Dicis Titius creditor : 'Non decapitatis eum, nisi solvat mihi C. que debet, vel si decapitare solvatis mihi de publico illud quod habeo recepere'. Queritur an sit audiendum iste Titius » (Dynus de Mugello). « Civitatis Padue statuto cavetur quod banniti de malleficio in civitate et eius districtu habitare non possint. Quidam banniti habitant post illud statutum Lendenarie que non erat de districtu paduano. Adiecta est dicta terra Lendenarie. Modo queritur an illi banniti habitare ibi possint impune ut olim faciebant » (Rycardus Malumbra).

plus, elles établissaient un pont solide entre le monde universitaire et celui de la pratique judiciaire. Cette liaison était sans aucun doute favorisée par le fait que les professeurs de droit, qui avaient tous bénéficiés d'une parfaite formation académique (on parle d'une époque – les siècles XIIIe-XVe – où l'on obtenait la *licentia docendi in iure civili* après avoir fréquenté le *Studium* pendant au moins sept ou huit ans)[8] étaient toujours non seulement des professeurs mais aussi des avocats, des juges, des consultants. Il serait anachronique de chercher une figure de professeur de droit 'à plein temps', que ce soit au moyen âge, ou sous l'ancien régime[9].

2. En Angleterre

La pratique du *liberaliter disputare* ne se référait pas seulement à un aspect positif de l'expérience universitaire médiévale, c'est-à-dire à la « sociabilité de la discussion »[10] (établie, comme on a pu le voir, sur le principe des positions controversées à résoudre par une *solutio*). Elle présupposait la conception du droit en tant que champ de vérités qui n'étaient que probables. L'efficacité pédagogique de l'étude des cas était donc liée à une certaine perspective scientifique. Au long de son parcours à travers la modernité, l'expérience juridique continentale a progressivement abandonné cette perspective pour se réfugier derrière le paradigme de la certitude de la loi.

Le droit conçu comme un ensemble de problèmes pratiques et enseigné par le biais de techniques basées sur la controverse a, en revanche, jeté de solides bases dans la *common law*. Avec des protagonistes bien entendu très différents par rapport à l'expérience continentale, qui ne sont pas les universités (dont l'Angleterre s'est longtemps passée) mais les écoles professionnelles organisées à l'intérieur des « Inns of Court » londoniens, la « troisième université d'Angleterre », selon la fameuse expression de George Buc (1612)[11]. Aujourd'hui encore, les deux corporations juridi-

---

[8] M. BELLOMO, *Saggio sull'Università nell'età del diritto comune*, Roma, Il Cigno, 1992, p. 230-232; A. L. TROMBETTI BUDRIESI, « L'esame di laurea presso lo Studio bolognese. Laureati in diritto civile nel secolo XV », in G. P. BRIZZI et A. I. PINI (dir.), *Studenti e università degli studenti dal XII al XIX secolo*, Bologna, Istituto per la Storia dell'Università, 1988, p. 137-191.

[9] F. TREGGIARI, « Collegi di doctores e di advocati a Perugia tra Quattro e Cinquecento. Con l'edizione di tre matricole », in G. ANGELOZZI, M. T. GUERRINI et G. OLMI (dir.), *Università e formazione dei ceti dirigenti. Per Gian Paolo Brizzi, pellegrino dei saperi*, Bologna, Bononia University Press, 2015, p. 121-149.

[10] A. GIULIANI, *Il concetto di prova. Contributo alla logica giuridica*, Giuffrè, Milano, 1961, p. 117; M. BELLOMO, *Legere, repetere, disputare*, *op. cit.*, p. 65.

[11] G. B[UC], *The Third Universitie of England [...]* (1612), in J. STOW, *The Annales, or Generall Chronicle of England*, Londini, Edmund Howes, Adams, 1615, p. 961-988 (p. 966), cité in J. BAKER, *Legal Education in London 1250-1850*, London, Selden Society,

ques (la « Law Society », fondée en 1825 pour les *solicitors* et le « Council of Legal Education », institué en 1852 pour les *barristers*) maintiennent le contrôle de la formation universitaire des futurs juristes, en prescrivant la réussite de certains examens universitaires considérés comme fondamentaux pour acquérir la qualification nécessaire permettant d'accéder à la formation postuniversitaire[12].

Au sein des Inns, la didactique était essentiellement orale et centrée sur deux activités principales: les *readings* et les *moots*, qui ressemblent étonnamment au binôme *lecturae / disputationes* en usage au moyen âge dans les universités continentales. Les *readings* étaient des leçons sur les plus grandes lois (*statutes)* en vigueur, qui, deux fois par an, étaient tenues par des *readers* élus chaque année par les *benchers* (les avocats vétérans, membres de l'Inn jouissant d'une plus grande ancienneté et autorité). Au cours de ces leçons, le *reader* exposait le contenu de la loi et envisageait aussi les doutes interprétatifs, les problèmes et les cas pratiques ; de plus, chaque leçon était suivie d'une discussion, qui donnait l'occasion d'affiner les techniques de l'argumentation juridique.

Plus centrée sur la formation professionnelle, l'autre modalité principale de formation, le *mooting*, consistait en un procès simulé relatif à un cas concret, proposé par un *inner* ou par un *utter-barrister*[13]. Le débat contradictoire portait sur des cas hypothétiques ou authentiques, déjà discutés dans les tribunaux de Westminster ou tirés des *Year Books*. L'objectif de ces *moots* était de faire acquérir une certaine familiarité avec la pratique du *pleading*, c'est-à-dire la discussion de l'affaire en audience, moment central du procès de *common law*. Les étudiants rédigeaient les brefs (*writs*), destinés à amorcer la défense de chacune des positions adverses, et préparaient les mémoires des parties en cause. Les *benchers* et les *utter-barristers* intervenaient et exprimaient leur opinion au sujet des stratégies juridiques conçues par les *mooters* au cours du faux procès. Dans le recueil des *Moots and readers' cases* réalisé pour la Selden So-

---

2007, p. 3, note 3. Voir aussi J. H. BAKER, *The Legal Professions and the Common Law. Historical Essays*, London and Ronceverte, The Hambledon Press, 1986; ID., « The Third University of England: the Inns of Court and the Common Law Tradition » (1990), in ID., *The Common Law Tradition: Lawyers, Books and the Law*, London, The Hambledon Press, 2000, pp. 3-28; D. FREDA, « "La terza Università d'Inghilterra". La formazione dei giuristi inglesi tra medioevo ed età moderna », in P. MAFFEI et G. M. VARANINI, *Honos alit artes. Studi per il settantesimo compleanno di Mario Ascheri*, I, Firenze University Press, 2014, p. 201-210.

[12] F. TREGGIARI, « 'Pericle e l'idraulico'. La formazione e la professione del giurista nelle giurisdizioni anglofone », in O. ROSELLI (dir.), *Osservatorio sulla formazione giuridica 2006*, Napoli, ESI, 2007, p. 149-195 (p. 152-170).

[13] Sur l'histoire de cette pratique didactique, voir W. S. HOLDSWORTH, *A History of English Law*, éd. par A. L. GOODHART et H. G. HANBURY, vol. 6, London, Methuen & Co.– Sweet and Maxwell, 1971, p. 481 ss.

ciety, sous la direction de Samuel Thorne (1949) et de John Baker (1990), on trouve un précieux échantillonnage de ces séances didactiques, tiré des *moot books* conservés aux archives des Inns[14]. Développés d'une manière exhaustive dans la partie relative aux faits, les cas à résoudre étaient toujours conclus par la formule, en *Law French*, « Ceux que droit » (« qu'en est-il du droit »), correspondant au « Quid iuris » continental[15].

Aujourd'hui, la didactique de simulation des tribunaux a refait son apparition dans les facultés de droit anglaises. On trouve dans le commerce des manuels de *mooting*, qui illustrent les *standards* de cette technique ; certaines salles des universités anglaises sont équipées de caméras et de studios d'enregistrement pour qu'on puisse revoir les prestations des adversaires ; des compétitions nationales et internationales de *mooting* sont périodiquement organisées, entre certaines universités du Commonwealth et entre des universités de la Communauté européenne. Aujourd'hui, le *mooting* se fait normalement à cinq : deux étudiants pour représenter chacune des deux parties et un cinquième acteur (généralement un avocat expert dans la matière) qui assume le rôle du juge. Les parties doivent discuter le cas controversé d'une manière qui reproduise le plus

[14] *Readings and Moots at the Inns of Court in the Fifteenth Century*, vol. I (éd. par S. E. THORNE); vol. II (éd. par J. H. BAKER), London, Selden Society, 1954 et 1990. Très instructive est l'introduction de John H. Baker au IIe volume.

[15] Un célèbre *moot case* est celui intitulé *Cat in the Pan*: « A villein purchases a carucate of land unto him and his lord and their heirs; the lord has issue three daughters; the eldest releases to the villein [all the right that she has], with warranty; the villein aliens a moicty [of the carucate by metes and bounds] to the youngest daughter and her heirs begotten on the body of the villein, and the other half to the same person for term of the life of B. and of his heirs and assigns; then B. purchases an acre of land in fee, marries, has issue a son, and dies; the son enters and aliens to a stranger [in fee]; the villein marries; they have issue a daughter; the wife dies; he marries the youngest daughter; they have issue another daughter; the youngest aliens a moiety [of the land *par my et par tout*] to a stranger in fee, and is disseised of the other moiety by the same person; the middle daughter marries; [she and her husband] have issue a son, and the husband dies; the woman releases [all the right that she has] to the disseisor, with warranty, and dies; then the disseisor aliens a moiety to the villein for term of his life, and aliens the other moiety to a stranger in fee; then the disseisor brings a feigned action against the villein, and recovers by action tried; then the disseisor purchases an acre of land unto him and is heirs female begotten of his body; then he marries, [he and his wife] have issue a daughter, and he dies; the son enters in the recovered land, and the daughter enters in the purchased land; the lord dies; the villein and his wife die; the youngest daughter dies seised of an advowson [of a church] in gross [without issue of her body]. *Ceux que droit* ». J. H. BAKER, *Introduction* à *Readings and Moots*, II, p. XLII-XLIII: « To turn 'cat in pan' [...]. Its settled meaning in later times was to change sides or become a turncoat [...]; but in earlier times it may have been associated with the kind of subtle reasoning which led to a surprise conclusion ».

fidèlement possible la plaidoirie qu'un avocat, dans la réalité judiciaire, présenterait devant une juridiction[16].

3. En Allemagne

Revenons sur le continent. Au cours des deux derniers siècles, ce sont les facultés de droit allemandes (c'est-à-dire l'empire de la Science des Pandectes et du *Professorenrecht*) qui ont permis à la didactique des cas pratiques de jouir d'un nouvel engouement et de connaître un grand succès. Ce succès a été soutenu par l'apparition de livres universitaires faits sur mesure: des manuels d'exercices, destinés aux étudiants et présentant des cas juridiques « sans solutions ». À lui seul, Rudolf von Jhering (1818-1892) en rédigea deux (1847 et 1870), basés sur des systèmes différents et qui bénéficièrent, l'un et l'autre, de nombreuses réimpressions chez plusieurs éditeurs[17]. Le père du droit commercial, Levin Goldschmidt (1829-1897), publia le sien en 1882[18]. Un grand nombre de recueils ont été publiés par la suite et se sont également multipliés au siècle suivant, caractérisant la physionomie des cours de droit en Allemagne et contribuant à leur succès en Europe et au-delà de ses frontières[19].

Cependant, dans l'expérience didactique allemande, la méthode des cas était au service d'une pédagogie bien différente de celle qui l'avait précédé. Comme l'a observé von Jhering dans son manuel de 1847 (*Civilrechtsfälle ohne Entscheidungen*), son but était de faciliter l'apprentissage dogmatique. L'enseignant, affirmait-il, doit aider l'étudiant à se « familiariser avec les concepts juridiques, comme s'il s'agissait d'objets concrets ». Pour atteindre ce résultat, les concepts ne doivent pas être présentés à l'étudiant sous une forme abstraite, « nue et pure », mais être au contraire « incorporés » dans des cas pratiques, qui en favoriseront le métabolisme. Afin de satisfaire à cette exigence, les cas concrets ne pouvaient jamais être controversés et devaient être construits en quelque sorte comme le travestissement pratique de questions théoriques, dont la so-

---

[16] J. SNAPE-GARY WATT, *How to Moot : a Student Guide to Mooting*, Oxford University Press, 2004.

[17] R. VON JHERING, *Civilrechtsfälle ohne Entscheidungen*, Leipzig, Breitkopf und Härtel, 1847 ; Id., *Die Jurisprudenz im täglichen Leben*, Jena, Mauke, 1870.

[18] L. GOLDSCHMIDT, *Privatrechtsfälle. Zum Gebrauch für praktische Übungen mitgetheilt*, Berlin, Unger, 1882.

[19] Références in F. TREGGIARI, *Sistematica e metodo del caso come tecniche complementari d'istruzione giuridica: maestri tedeschi ed epigoni italiani dell'Ottocento*, in N. PICARDI, B. SASSANI et F. TREGGIARI (dir.), *Diritto e processo. Studi in memoria di Alessandro Giuliani*, I, Napoli, ESI, 2001, p. 431-457 (aussi in V. CERULLI IRELLI et O. ROSELLI (dir.), *Per una riflessione sulla didattica del diritto*, Milano, Franco Angeli, 2000, p. 105-131).

lution est univoque et qui doivent, selon la très efficace expression de von Jhering, avoir la fonction de simples « instruments mnémotechniques »[20].

Vingt-cinq ans après la publication de *Civilrechtsfälle ohne Entscheidungen*, von Jhering publia un deuxième recueil de cas pratiques, qui s'inspirait d'une nouvelle philosophie casuistique, développée suite à son éloignement par rapport à Puchta et aux abstractions de la *konstruktive Jurisprudenz*. Orientée beaucoup plus vers la pratique et les problèmes, cette deuxième phase de la méthode casuistique de von Jhering prit corps dans son second manuel des cas intitulé *Die Jurisprudenz des täglichen Lebens* (1870). Pour ce nouveau recueil, il avait sélectionné uniquement des cas concrets, tirés de la pratique judiciaire, qui n'étaient ni reliés à quelque prémisse théorico-dogmatique, ni rattachés *a priori* à quelque paragraphe de manuels institutionnels mais qui, en revanche, invitaient à l'exercice et à une réélaboration personnelle de la part des étudiants, qui devaient les discuter et les résoudre. L'entraînement sur des cas pratiques ne représentait donc plus un simple contrepoids à l'aridité de l'enseignement théorique, ni même une « voie secondaire » visant au métabolisme des concepts juridiques[21] ; il s'ouvrait, au contraire, aux problèmes et stimulait sur ce terrain nouveau l'indépendance intellectuelle des étudiants[22].

---

[20] R. VON JHERING, *Civilrechtsfälle ohne Entscheidungen*, *op. cit.*, p. VIII-X. Dans la première édition (1847) de cet ouvrage, Jhering avait inclu 36 cas inédits de Georg Friedrich Puchta (1798-1846), caractérisés par une structure bien expliquée par cet exemple (cas IV, pp. 151-152) : « X, der Sohn des A und B ist von seinem väterlichen Grossvater C dem Bruder desselben D in Adoption gegeben worden, der ein leibliches Kind E hat. X stirbt in der Adoption, und hinterlässt ausser den genannten Personen einen leiblichen Bruder F. In welcher Ordnung sind diese Personen intestaterberechtigt? [...] ». Les 36 cas de Puchta ne seront plus inclus dans les éditions ultérieures des *Civilrechtsfälle ohne Entscheidungen*.

[21] R. VON JHERING, *Civilrechtsfälle ohne Entscheidungen*, *op. cit.*, p. IX : « Dieser scheinbare Abweg führt gerade am schnellsten und sichersten zum Ziel, denn das benutzte Hülfsmittel setzt ihn bald in der Stand, dasselbe zu entbehren und mit den Rechtsbegriffen ohne weitere Vermittlung zu verkehren ».

[22] R. VON JHERING, *Die Jurisprudenz des täglichen Lebens*, zweite vermehrte Auflage, Jena, Mauke's Verlag, 1873, p. 37 (cas XI) : « *Auf der Strasse*. [...] 10. Durch einen vom Dache fallenden Ziegel ist ein Vorübergehender so schwer beschädigt worden, dass man sich genöthigt gesehen hat, ihn ins nächste Haus zu schaffen und schleunigst einen Arzt zu rufen. An wen hat letzterer sich seines Honorars wegen zu halten, an denjenigen, der ihn herbeigerufen oder an den Verwundeten? 11. Lässt sich nicht annehmen, dass der Arzt seine Hülfe aus allgemeiner Menschenliebe geleistet habe? 12. Kann der Verletzte selber ihm nicht entgegensetzen, dass er seinerseits ihn nicht ausgefordert habe, und dass er sich an denjenigen halten möge, der ihn gerufen habe? 13. Angenommen, es war kein angestellter Arzt, sondern ein noch die Universität besuchender älterer Student der Medicin, kann auch er ein Honorar fordern? ».

4. Aux États-Unis d'Amérique

Les deux versions de la méthode casuistique – la version 'dogmatique' et la version 'problématique' – élaborées par von Jhering connurent un écho respectivement aux États-Unis d'Amérique et en Italie.

En Amérique, l'œuvre de von Jhering inspira la première révolution didactique des *law schools* nord-américaines, qui, comme on le sait, coïncide avec la publication en 1871 du *casebook* (*A Selection of Cases on the Law of Contracts*) de Christopher Columbus Langdell (1826-1906), juriste de Harvard, qui avait à peine huit ans de moins que von Jhering[23].

La méthode casuistique introduite par Langdell à Harvard cherchait à égaler celle de type pandectique expérimentée dans les universités allemandes au milieu du XIXe siècle. L'entraînement à partir des cas devait, là aussi, conduire à la découverte logique des principes du droit 'dissimulés' dans les décisions de justice et préparer l'étudiant à en extraire la doctrine. Si « le droit considéré comme une science consiste en des principes ou en des théories », écrivait Langdell, reprenant presque mot pour mot le premier texte de von Jhering, « le meilleur moyen, si ce n'est le seul, et le plus rapide de maîtriser la théorie, c'est d'étudier les cas dans lesquels elle est incorporée »[24]. L'idée du cas pratique, qui « incorpore » le principe théorique et lui sert de véhicule didactique, jetait ainsi un pont inédit entre deux mondes lointains.

Oliver Wendell Holmes (1841-1935), professeur lui aussi à Harvard et longtemps juge de la Cour suprême des États-Unis, réagit durement contre la germanophilie de Langdell et de son *casebook*[25]. La polémique du réalisme juridique américain concernant le divorce entre *law in books* et *law in action*, paradoxalement accentué par la *case-method*, déboucha sur une mise à l'écart de l'orthodoxie langdellienne. Elle ouvrit la voie à des cours, visant à la professionnalisation et à ce que Jerome Frank appelait, en 1933, l'enseignement de « l'art de la pratique légale », tels que les *legal clinics* et les *moot courts* ainsi qu'à des cours universitaires de *professional skills* et de *lawyering skills*, structurés de façon à préparer les étudiants à des compétences professionnelles grâce à un contexte simulé[26].

---

[23] CH. C. LANGDELL, *A Selection of Cases on the Law of Contracts*, Boston, Little, Brown & Co., 1871. Voir maintenant D. R. COQUILLETTE et B. A. KIMBALL, *On the Battlefield of Merit. Harvard Law School, the First Century*, Cambridge (Mass.), Harvard University Press, 2015.

[24] CH. C. LANGDELL, *A Selection of Cases*, *op. cit.*, p. VIII.

[25] Son compte rendu du livre de Langdell, sorti dans l'*American Law Review*, 1880, a été publié aussi dans M. LYON LEVINE (dir.), *Legal Education*, Dartmouth, Aldershot, 1993, p. 25-27.

[26] Voir F. TREGGIARI, « *'Pericle e l'idraulico'* », *op. cit.*, p. 175 s.; CH. JAMIN, *La cuisine du droit. L'École de Droit de Sciences Po: une expérimentation française*, Paris, Lextenso,

5. En Italie

En même temps qu'il effectuait sa traversée de l'océan, le modèle allemand de didactique des cas migrait également vers l'Italie. Déjà traduite en italien en 1871[27], la *Jurisprudenz des täglichen Lebens* de von Jhering suscita une admiration particulière dans les milieux napolitains, où était encore vive l'expérience des écoles de droit privées et des centres d'instruction, fortement en symbiose avec le monde des tribunaux[28]. C'est au civiliste Emanuele Gianturco (1857-1907) que revient le mérite du succès, aussi bref fut-il, que connut le livre des cas en Italie. Dédiée à von Jhering, sa *Crestomazia di casi giuridici in uso accademico* (1884) absorbait totalement les première et deuxième leçons du maître allemand. Conçu comme un utile « complément de la théorie » exposé dans son manuel d'*Istituzioni di diritto civile italiano* (également publié en 1884), le recueil, de même que celui de von Jhering au début, excluait les cas qui rappelaient des « thèses de droit controversé », et ne présentait au contraire que des « hypothèses concrètes, à la résolution desquelles suffisaient les principes exposés » dans le manuel des *Istituzioni*[29]. Ce manuel s'enrichissait de certaines variantes empiriques (en associant des cas juridiques 'réels' à des cas pratiques de nature hypothétique) et de variantes historico-érudites (avec l'ajout de certaines *quaestiones disputatae* d'époque médiévale). Gianturco nous rapporte dans le détail l'organisation des séances didactiques avec ses étudiants. Les problèmes étaient donnés un dimanche puis disputés et résolus par les étudiants le dimanche suivant : « J'écoutais l'opinion de sept ou huit d'entre eux – écrivait-il – et je les mettais en contradiction : quand la discussion me semblait assez exhaustive, j'exposais mon propre point de vue, alléguant les raisons qui l'appuyaient, contre celle des jeunes, qui n'allaient pas dans le même sens »[30].

2012, p. 105-123; D. M. Rabban, *Law's History. American Legal Thought and the Transatlantic Turn to History*, New York, Cambridge University Press, 2013.

[27] R. VON JHERING, *La giurisprudenza della vita quotidiana*, Bologna, Fava e Garagnani, 1971.

[28] Références en F. TREGGIARI, *L'istruzione giuridica a Napoli e la riforma Gianturco*, in ID. (dir.), *Emanuele Gianturco. Nuovi studi per i centenari*, Avigliano, Pisani, 2013, p. 183-197.

[29] E. GIANTURCO, *Crestomazia di casi in uso accademico*, Napoli, Salvati, 1884, p. 16.

[30] E. GIANTURCO, *Crestomazia di casi in uso accademico*, *op. cit.*, p. 16-17. Voir F. TREGGIARI, *Itinerari della casistica.* « La Crestomazia di Emanuele Gianturco fra modelli illustri e nuove istanze », in E. GIANTURCO, *Crestomazia di casi giuridici in uso accademico*, Bologna, Forni, 1989, p. V-XLVII ; G. CIANFEROTTI, « Emanuele Gianturco: giuslavoristi e romanisti alla ricerca dell'identità », in *Rivista trimestrale di diritto e procedura civile*, 61, 2007, p. 1065-1082.

6. Conclusion

Pour conclure, après avoir rapidement passé en revue quelques aspects de l'expérience historique, je reviens brièvement à mes thèses initiales.

L'instruction juridique par le biais des cas pratiques est une technique visant à favoriser la connaissance et l'application du droit. C'est donc une technique instrumentale relative à un objectif et pour cela subordonnée aux convictions épistémologiques, à la nature du système des sources et au rôle que la société attribue au juriste. C'est en relation avec ces prémisses que l'adjectif « pratique », que l'on associe au « cas » et à la « méthode », révèle sa variabilité sémantique, donnant peut-être un peu raison au réalisme sceptique de Humpty Dumpty[31].

[31] « 'When *I* use a word', Humpty Dumpty said in rather a scornful tone, 'it means just what I choose it to mean – neither more nor less.' / 'The question is', said Alice, 'whether you *can* make words mean so many different things.' / 'The question is', said Humpty Dumpty, 'which is to be master – that's all' » (L. CARROLL, *Through the Looking Glass and What Alice Found There*, in ID., *Alice's Adventures in Wonderland and Through the Looking Glass*, Harmondsworth, Penguin Books, 1976, p. 274, cité par M. VOGLIOTTI, *La fine del "grande stile" e la ricerca di una nuova identità per la scienza giuridica*, in V. BARSOTTI (dir.), *L'identità delle scienze giuridiche in ordinamenti multilivello*, Santarcangelo di Romagna, Maggioli, 2014, p. 145).

DEUXIÈME PARTIE

PERSPECTIVES ET EXPÉRIENCES NATIONALES

SUR LA FORCE D'INERTIE DES FACULTÉS DE DROIT EN FRANCE

Jean Danet

Membre du Conseil Supérieur de la Magistrature
Université de Nantes

1. À quoi tient l'inertie qui empêche la prise de conscience de l'importance de la question de l'enseignement du droit ? – 2. Pourquoi y a-t-il de grands risques à cette inertie ? – 3. À quelles conditions institutionnelles l'enseignement du droit peut-il évoluer ? – 4. Pourquoi et en quoi la prise en charge de la question de la formation au droit intéresse-t-elle au-delà des universitaires, et même au-delà du monde judiciaire, les politiques et la société civile ?

La présente contribution[1] se propose de répondre à quatre questions :

1. à quoi tient l'inertie qui empêche de débattre davantage en France de la question de l'enseignement du droit, alors que les profondes transformations du droit et des métiers des juristes devraient la placer au premier point de l'ordre du jour de la communauté des facultés et de leurs diverses instances ?

2. pourquoi y a-t-il de grands risques à cette inertie?

3. à quelles conditions institutionnelles l'enseignement du droit peut-il évoluer?

4. pourquoi et en quoi la prise en charge de la question de la formation en droit intéresse-t-elle, au-delà des universitaires, et même au-delà du monde judiciaire, les politiques et la société civile ?

Bien entendu, la France n'est pas un monolithe et, ces dernières années, le labyrinthe du silence a été percé : les grandes universités parisiennes se sont mises un peu en mouvement sous l'aiguillon, notamment, des initiatives de Sciences Po Paris, des rapports ont été remis sur le sujet et des publications et des colloques ont abordé la question de la formation juridique, en pointant le doigt sur les carences du système actuel. Et pour-

---

[1] Ce réquisitoire contre le statu quo de l'enseignement du droit en France pourra déplaire. Et pourtant – vu l'importance de la question du statut et du rôle de l'enseignant universitaire et l'urgence à réformer un modèle d'enseignement qui n'est plus en phase avec l'expérience juridique contemporaine (de plus en plus complexe et déstructurée) et qui ne correspond plus, partant, aux exigences de la société actuelle et aux attentes du marché du travail – il est nécessaire. Si l'inertie des facultés de droit, si leur impuissance à penser la question des conséquences sur l'enseignement du droit des transformations du droit et des métiers et professions juridiques sont aussi fortes qu'on le pense ici, alors, comme il va être dit, leur avenir est en jeu, et tous ceux qui sont sincèrement attachés au service public ne peuvent cacher leur déception et leur inquiétude. Pire : ils doivent le dire clair et fort.

tant, on est encore très loin du compte. Et l'on doit bien encore parler d'une inertie profonde sous peine de s'illusionner sur la situation réelle[2].

1. À quoi tient l'inertie qui empêche la prise de conscience de l'importance de la question de l'enseignement du droit ?

L'organisation générale des facultés de droit dans leur ensemble explique cette inertie. Elle résulte des effets conjugués de multiples facteurs.

Les facultés de droit françaises ont connu sur les trois ou quatre dernières décennies une augmentation des étudiants très importante. Cette « massification » a mobilisé et mobilise encore toutes les énergies sans qu'à aucun moment les autres facteurs d'évolution qui peuvent amener à une autre conception de l'enseignement du droit puissent vraiment peser en tant que tels sur leur organisation. Tout se passe un peu comme si dans les tribunaux on avait voulu absorber l'immense augmentation des affaires pénales poursuivables sur les quarante dernières années sans que jamais ne soit posée la question de la manière dont on allait traiter ces délits.

La conception générale des études de droit est demeurée sur cette période quasi inchangée. La réorganisation des cycles d'études en licence (3 ans), master (2 ans) et doctorat déjà ancienne n'a pas été effective. Il existe très peu de licences professionnelles ainsi que la Cour des comptes l'a déploré en 2012[3]. La sélection est inexistante en fin de licence et elle est restée en place en fin de master 1 (M1) ce qui n'a aucun sens en plus d'être juridiquement contestable comme vient de le décider le Conseil d'État[4]. Seuls les étudiants ont tiré les conséquences de cette réforme : ils cherchent de plus en plus à effectuer le M1 et le M2 dans la même faculté. Mais les facultés de droit ne se résignent pas à tenir compte de l'architecture des cycles et elles s'efforcent d'obtenir qu'à titre d'exception elles puissent continuer de procéder à la sélection sur dossier à l'entrée des masters 2[5].

---

[2] Un exemple pour tous tiré de mon expérience personnelle. Un colloque organisé le 15 juin 2015 par l'Université de Nantes, et le plus précisément par le Service Universitaire de Pédagogie, sur le thème de l'innovation pédagogique, a réuni 200 collègues enseignants-chercheurs, des médecins, des scientifiques, des enseignants de polytechnique, de lettres etc. On y comptait les juristes sur les doigts d'une main. Chacun a une bonne raison de n'avoir pu y assister mais on sait bien ce que ce concours de bonnes raisons trahit sur le fond.

[3] Cour des comptes, 20 juin 2012, référé 64148

[4] Voir conseil-etat.fr., actualités, 10 février 2016, avis contentieux, communiqué et décision.

[5] À la suite de cet avis, la conférence des doyens envisageait trois réponses possibles : i) attendre sans « bouger » un projet de décret du ministre en espérant qu'il ouvre le plus lar-

Le rapport entre les heures de cours et les séances de travaux dirigés (TD) n'a pratiquement pas évolué depuis les années 1970. Les amphis et les salles de TD sont les mêmes qu'autrefois, trop souvent organisés au plan du mobilier comme les classes d'école de la troisième République ce qui ne favorise guère les échanges et l'interactivité, et avec de maigres équipements permettant d'utiliser les ressources des nouvelles technologies. Le service des enseignants n'a pas varié depuis plus de trente ans (192 heures « équivalent TD », soit 128 heures de cours magistral puisqu'une heure de cours magistral vaut une heure trente de TD). Ce rapport ne fixe pas seulement l'obligation de service, il fixe aussi le rapport en termes de rémunération entre cours et TD. Une heure de cours est rémunérée l'équivalent d'une heure trente de TD. Ce système a conduit les titulaires et, au sein des titulaires, les professeurs à choisir d'assurer les cours magistraux et à déserter les TD. La rémunération des enseignants-chercheurs repose toujours sur le seul nombre d'heures d'enseignements effectuées[6]. Peu de fonctions administratives et d'encadrement sont rémunérées et lorsqu'elles le sont, c'est très insuffisamment.

La dégradation des traitements sur les deux dernières décennies amène la rémunération des enseignants chercheurs très en deçà de la grille de rémunérations des magistrats et comparables à celles des greffiers. Très en deçà aussi de certains de leurs collègues européens. Cette dégradation s'est accompagnée d'un relatif tassement des droits d'auteur et rémunérations consenties par les maisons d'édition.

Devant cette situation de paupérisation progressive[7], les stratégies sont diverses.

Les uns multiplient autant que faire se peut les heures complémentaires, les autres recherchent des rémunérations annexes dans des activités parallèles à leur métier (la formation continue, les quelques travaux éditoriaux du type fascicules de répertoire et de juris-classeurs, etc.). De plus en plus, on voit des collègues maîtres de conférences ou professeurs s'inscrire au barreau. Les facultés de droit jusque-là les moins touchées par le phénomène le sont à leur tour.

---

gement et si possible à tous les masters 2 la faculté de sélection à l'entrée des masters 2, ii) accepter une proposition jugée insuffisante du ministère en estimant qu'elle est à prendre ou à laisser, et enfin iii) s'opposer frontalement, exiger un décret instituant tous les masters comme sélectifs et, pour faire pression, démissionner collectivement de tous les postes de directeurs de masters ou d'école doctorale comme le proposait un éminent professeur. Cf. mail de Madame Sandrine Clavel présidente de la conférence des doyens transmis aux enseignants-chercheurs par leurs doyens respectifs.

[6] Un maître de conférences commence sa carrière avec une rémunération à 1753 euros nets par mois, pour atteindre 3138 euros nets au bout de 18 à 21 ans selon les cas.

[7] Voir http://www.tentillier.fr

D'autres, enfin, qui font une croix sur la recherche d'une plus juste rémunération investissent intellectuellement l'activité de recherche supportant leur service d'enseignement comme la contrepartie de la liberté totale qu'ils ont dans leurs activités de chercheurs.

Le résultat conjoint de ces multiples stratégies tient dans le désinvestissement de l'activité d'enseignement. Lorsqu'en mai les cours s'arrêtent, il est fréquent d'entendre sur un mode mi-humoristique, mi-désenchanté cette phrase : Ah ! Enfin, on va pouvoir travailler !

Le désenchantement est profond et peu verbalisé.

Au contraire du monde de la magistrature judiciaire où les conditions de travail se sont dégradées mais où elles sont dénoncées, débattues dans les instances de dialogue social existantes, relayées par les syndicats au sein même des juridictions, le monde universitaire est peu et mal syndiqué. Les syndicats sont trop investis dans la gestion des carrières via la composition du Conseil national des universités (CNU) ce qui favorise des comportements claniques. Ils ne sont pas assez présents ni investis dans la réflexion concrète sur l'évolution de l'enseignement, préférant s'en tenir à la question de la gouvernance de l'Université et à celle des moyens. Finalement, il en ressort un corporatisme que la situation tout aussi médiocre des syndicats étudiants ne contrebalance aucunement.

Parmi ce corps enseignant, la question de l'argent est taboue alors qu'elle est présente à tous les esprits. Chacun bricole dans son coin et plus les conditions économiques et humaines d'accomplissement dans le métier se dégradent, et plus les occasions d'échanger se font rares.

Pire, elles sont évitées, même lorsqu'il s'agit de débattre sur le fond du métier. Il est notable que dans nombre de facultés, le livre de Christophe Jamin – *La cuisine du droit* – n'a pas été débattu[8]. J'ai pu vérifier que beaucoup de collègues ne l'ont même pas lu. Les mauvaises langues disent qu'invité dans certaines facultés par des collègues, l'auteur s'est vu boycotté par le reste du corps enseignant. Cet aveuglement, ce déni, ce mépris sont irresponsables.

Beaucoup tentent de fuir les réunions que des collègues courageux initient sur telle ou telle question. Ils y parviennent très bien. Il n'est pas rare qu'on reste deux ans sans voir un collègue dans un établissement qui compte 80 enseignants chercheurs.

Le bon juriste s'interroge Jacques Chevallier ? Songeant à nos collègues et à la représentation qu'ils en ont, je serais tenté de dire que pour beaucoup d'enseignants c'est celui qui ne perd pas de temps à la faculté,

---

[8] CH. JAMIN, *La cuisine du droit. L'École de Droit de Sciences Po : une expérimentation française*, Paris, Lextenso, 2012.

qui travaille chez lui et en toutes sortes d'autres lieux où il va cultiver sa ré-putation et pour certains s'assurer des revenus.

Ainsi va un corps d'enseignants-chercheurs dont les modes de recrutement, d'évaluation, d'avancement des carrières contribuent à toutes sortes de déséquilibres, de dysfonctionnements, de désenchantements.

Soyons clair : la gestion des ressources humaines n'existe pas dans les facultés de droit.

Le concours d'agrégation et l'emprise du CNU sur toutes les nominations de professeurs sont aujourd'hui en contradiction flagrante avec l'autonomie des universités. Au prétexte d'éviter le danger de localisme[9], les facultés de droit lui préfèrent un concours dont on peut dire que son organisation ne plaide pas en faveur d'une apparence d'impartialité. Le constat maintes fois effectué de la méconnaissance, hormis dans le microcosme, des conditions étranges de ce concours nous amène ici à rappeler qu'il présente deux particularités : le président désigné par le ministre choisit seul les membres du jury et n'est aucunement astreint à y assurer le pluralisme de la pensée. Aucune des épreuves de ce concours n'est anonyme. À partir de là, tout a été dit sur le formatage excessif qu'induit ce concours, pensé au surplus comme la voie d'accès privilégiée au professorat, et sur les étranges « biais » et surreprésentations auxquels il aboutit.

Le fonctionnement du CNU, ses critères de qualification aux fonctions de maître de conférences, les conditions dans lesquelles il exerce ses missions font l'objet chaque année de critiques, d'incompréhensions. Ils font largement obstacle à l'interdisciplinarité, privilégient à l'excès des parcours très classiques de juristes positivistes, de techniciens, favorisent certains profils et certaines disciplines au détriment d'autres.

De ces modes de recrutement et de gestion des carrières résulte une situation de plus en plus tendue que personne n'a le courage d'affronter.

Dans nombre de facultés de province, de jeunes professeurs agrégés, inscrits au Barreau de Paris, pressés chaque semaine de rejoindre l'île de France, et d'y retourner définitivement trois ans plus tard, croisent au détour d'un cours, et deux ou trois fois par an dans une réunion mal gérée, des maîtres de conférences quinquagénaires qui n'attendent plus rien, n'espèrent plus rien et ressassent leurs déceptions. Les professeurs installés dans ces facultés, plus âgés, sont, quant à eux, souvent réfugiés dans les activités parallèles qu'au fil du temps ils se sont construits pour échapper à une ambiance dégradée.

Dans l'entre deux, s'agitent, mais pour leur compte, ceux qui y croient encore. Recrutés après la thèse et souvent désormais après une année de

---

[9] Largement évité et évitable par la constitution des commissions de spécialistes où siègent comme c'est déjà le cas des membres extérieurs à la faculté qui recrute.

« post doc », vers 31 ou 32 ans en moyenne, ils préparent une agrégation externe pendant deux ans, quatre ans, six ans et s'en iront de la faculté qui les a recrutés quand ils auront décroché, s'ils le décrochent, le concours auquel ils ont sacrifié parfois huit ans de leur vie et qui leur donnera accès à la reconnaissance de leur pairs[10]. Si d'aventure ils habitent Créteil et sont nommés à Toulon, soit ils déménagent, cas bien rare, soit ils paieront leurs frais de transport. On comprend alors qu'ils s'inscrivent au barreau... Reste qu'il n'est guère acceptable qu'un fonctionnaire payé à temps plein puisse exercer une activité libérale à plein temps.

Enfin, un petit nombre de maîtres de conférences jeunes ou moins jeunes acceptent encore de « faire tourner la maison » sans aucun espoir de promotion ou d'évolution de carrière. Jusqu'à quand ? Le nombre de demandes d'intégration dans la magistrature aurait de quoi inquiéter.

Bien sûr, j'entends déjà les cris d'orfraie ! J'oublie les jeunes génies qui soutiennent leur thèse à 28 ans, décrochent « l'agrég » à 30 et s'engagent dans la voie royale du professorat des universités ? C'est vrai ! Au fait, combien sont-ils dans cette situation décrite comme merveilleuse ?[11]. Combien sont restés plus de trois ans dans une fac de province ? Pourquoi les retrouve-t-on tous dans des activités professionnelles parallèles ?

On me dira que je m'égare. Que ces considérations bassement financières n'ont rien à voir avec le sujet. Certains me diront que c'est connu et qu'il est inutile d'y revenir. Je ne le crois pas.

D'abord, il est faux de dire qu'on en parle, au sens où on s'intéresserait aux effets dévastateurs de ce contexte matériel sur le fonctionnement des facultés de droit. Jamais aucune étude, aucun audit, à ma connaissance, n'a été fait sur ces sujets brûlants. Ensuite la posture consistant à dire que ces questions triviales n'intéressent pas ces grands esprits que sont les professeurs de droit relève de la stratégie du prince Fabrizio dans le Guépard. On feint de se croire le sel de la terre pour mieux cacher le déclin vécu chaque année plus douloureusement. Et, pour le reste, surtout que rien ne bouge !

Qui peut d'ailleurs soutenir que ce contexte n'a rien à voir avec le constat qui suit ? Le Conseil supérieur de la magistrature voit de plus en

[10] Et, à 38 ou 40 ans, à bac plus 10, au traitement de 3 046 euros brut par mois soit 2515 euros nets, traitement d'un professeur de seconde classe au premier échelon !

[11] Ce qui est tout à fait relatif lorsqu'on sait que dans cette hypothèse, sept ans et demi plus tard, ils émargeront au mirifique salaire brut de 3 593 euros par mois soit 3138 euros par mois ! Pensez-donc ! Et comparez avec le traitement des magistrats et les revenus d'avocats qui réussissent normalement. Un magistrat recruté à 23 ans sorti de l'école à 25 ans passe au premier grade en très grande majorité sept ans plus tard à 32 ans. À 37 ans son traitement dépasse les 5300 euros nets.

plus de maîtres de conférences et professeurs solliciter leur intégration comme magistrat.

Qui peut soutenir que ce désordre et le clanisme qui l'accompagne et qui discrédite les procédures archaïques de recrutement et d'évolution de carrière comparées par exemple aux procédures en vigueur dans la magistrature, n'ont aucune conséquence systémique sur le fonctionnement des facultés de droit, sur leur capacité à penser les évolutions de l'enseignement du droit ?

À ces constats, ajoutons encore les paramètres suivants.

Les facultés de droit sont des lieux qui recrutent leurs enseignants sans les former à la pédagogie et sans s'assurer de la capacité minimale de ceux qu'elles recrutent à enseigner. Le corps très majoritaire des maîtres de conférences est recruté sur ses seuls travaux de recherche et principalement sur la thèse et il n'est pas sérieux de soutenir que le concours d'agrégation garantit des capacités pédagogiques. Les facultés de droit sont des lieux où les enseignants ne sont jamais évalués sur leur activité d'enseignement en cours de carrière. L'activité d'enseignement n'a aucune conséquence sur l'avancement. Il n'existe aucune réunion pédagogique par an qui soit obligatoire ni par année, ni pour l'ensemble de l'établissement. Rien n'oblige les enseignants d'une même année à réfléchir une seule fois par an au planning, au contenu des cours, aux méthodes d'enseignement, aux éventuels doublons souhaitables ou inutiles, ni, sauf exception, aux modalités d'examen. Rien n'oblige les enseignants à se soumettre à une évaluation des étudiants.

Et comme rien ne les oblige à tout cela et qu'ils vivent dans le climat décrit ci-dessus, ils ne le font pas dans l'immense majorité des cas.

Au nom de la sacro-sainte indépendance, chacun fait comme il lui plait. Ce qui est sûr c'est que cette indépendance n'est pourtant pas source d'inventivité. Les cours « magistraux », en fait, le plus souvent, des dictées sans fin, sont pensés par le plus grand nombre comme « la méthode » exclusive et naturelle d'enseignement. Quelques enseignants savent encore mettre en scène un tel cours magistral et leur cours, en raison du spectacle, cesse d'être ennuyeux[12]. Ils sont rares. D'autres lisent leur petit manuel en cours ! Les autres cours, les plus nombreux, en dépit du concours d'agrégation, sont ternes, ennuyeux et les meilleurs juristes, ceux qui deviennent de grands magistrats ou avocats déplorent, cinq ans, dix ans, vingt ans après, l'ennui qui régnait dans les amphis. Chacun le sait et le déplore en privé. Mais en public, chacun voudra sauver les apparences. J'ai conscience de briser la loi du silence. Je m'en fais un devoir.

[12] Ce qui ne veut pas dire qu'il soit efficace.

La justification de cette généralisation du cours magistral prend parfois la forme caricaturale de l'affirmation péremptoire d'un lien nécessaire avec notre droit. Les choses pour ceux-là sont simples : le cours magistral est à notre système de droit romano-germanique, ce que la clinique du droit est à la *common law*[13]. Le défendre serait donc en ce cas un enjeu culturel majeur. Cette présentation des choses évite toute remise en question comme si, entre le cours magistral et la clinique du droit, il n'existait pas d'autres manières d'enseigner telle que la « classe inversée » pour n'en citer qu'une seule[14]. Les étudiants qui vont à l'étranger au titre d'Erasmus découvrent ces autres méthodes d'enseignement et au retour disent leur incompréhension devant une pédagogie obsolète quand elle est trop exclusivement pratiquée.

Le résultat de tout ceci, c'est que la question de la réorientation des études de droit n'est pas posée. Avec une telle inertie, non seulement les facultés de droit françaises n'ont pas choisi entre les formations professionnalisantes et les formations critiques, très universitaires et interdisciplinaires, mais jusqu'au master 1, elles n'assurent, très souvent, ni les unes ni les autres. Ni professionnalisantes, ni critiques et encore moins interdisciplinaires, elles continuent de former des juristes selon les méthodes du début des années 70.

Les encadrants, les doyens ou présidents d'UFR, n'ont pas été formés aux ressources humaines ni aux tâches d'animation et de coordination. Leurs talents pour mobiliser les enseignants et fonctionnaires sont, disons, « contrastés »... Les directeurs de laboratoires et de départements (droit privé, droit public, histoire du droit, science politique) ne sont pas davantage formés à ces tâches d'encadrement. Là encore la comparaison avec la manière dont les fonctions d'encadrement sont assurées dans la magistrature (après formation continue, évaluation biannuelle, etc.) est affligeante pour l'Université. Les savoirs-faire minimum pour organiser et tenir une réunion, organiser un ordre du jour, animer, encadrer un débat, or-

---

[13] Cf., en ce sens, B. MATHIEU, *Justice et politique: la déchirure ?*, Paris, LGDJ, 2015, p. 37.

[14] Je la pratique pour ma part depuis dix ans sur le schéma suivant : notes de cours en ligne (sur le modèle d'un cours magistral) ainsi que des documents pédagogiques de nature diverse (décisions, extraits de rapports, études doctrinales, etc.), indications avant chaque cours de ce qui doit être lu par les étudiants, cours interactif passant par la réponse à toutes les questions, examen et travail en cours sur des documents pédagogiques, débat, analyse des pratiques. Les évaluations anonymes du cours par les étudiants en fin d'année démontrent que ce système est approuvé par la quasi-totalité des étudiants qui disent mieux assimiler et de façon plus stable et définitive les connaissances et ne pas avoir besoin de bachoter. Je sais pour ma part passer beaucoup plus de connaissances par ce système que par un cours magistral. Les TD sont alors vraiment des séances de travaux dirigés durant lesquels les étudiants peuvent faire de véritables exposés et on peut y prendre le temps de travailler sérieusement la méthodologie.

ganiser une prise de notes et un relevé de décisions ne sont même pas toujours au rendez-vous. De telles carences ne donnent pas envie de participer à quelque réunion que ce soit. Tout juste commence-t-on de voir quelques universités proposer des formations en gestion des ressources humaines.

À l'occasion des rendez-vous quinquennaux, rendez-vous qui devraient être des moments forts où les universitaires sur la base d'évaluations sérieuses et de travaux menés en amont dans des commissions permanentes réfléchiraient à l'adaptation de l'enseignement et des maquettes de diplômes aux évolutions du droit, on se contente, dans la plupart des facultés de droit, de ripoliner un peu les diplômes, de s'en tirer au mieux au regard des contraintes de moyens humains et de budgets, chacun tentant de défendre ses intérêts catégoriels.

La situation à bien des égards dégradée des facultés de droit, les paramètres liés au recrutement et à tous les aspects du développement de carrière des enseignants-chercheurs, les difficultés croissantes pour trouver des enseignants vacataires, chargés de TD, sur le malaise desquels il y aurait beaucoup à dire, la culture dévoyée de l'indépendance, la mauvaise organisation de l'encadrement, l'absence de toute culture pédagogique, tous ces paramètres suffisent, hélas, à expliquer que le débat sur les transformations du droit et du savoir juridique et ses conséquences sur l'enseignement du droit ne se tienne pas.

2. Pourquoi y a-t-il de grands risques à cette inertie?

Le roi est nu. Les difficultés des facultés de droit commencent d'être mises sur la place publique.

En 2010, déjà, Louis Vogel appelait l'Université au changement et nombre de ses exemples tirés de la filière droit en dressaient un constat sévère[15].

Côté barreau, depuis déjà quelques années le ton se durcit. Un avocat qui a occupé des fonctions éminentes au sein de la profession s'exclame devant l'assemblée générale d'un grand barreau de province, en juin 2015 : « Notre premier handicap c'est d'avoir été formé dans les facultés de droit ». Croit-on que ce genre de constat restera éternellement sans conséquence ? Croit-on que Sciences Po a obtenu, par un miracle ou un accident, le droit de préparer à l'examen d'entrée dans la profession d'avocat et qu'on en restera là ?

Ce qui va bientôt être en cause c'est la représentation faussée de l'excellence à laquelle les facultés de droit continuent de s'accrocher. Le

[15] L. VOGEL, *L'université, une chance pour la France*, Paris, PUF, 2010.

syllogisme des plus radicaux est le suivant : nous sommes les meilleurs, toutes vos critiques sont vaines. La preuve, ceux-là mêmes qui nous critiquent sortent de chez nous. Nous produisons les professeurs agrégés qui sont les meilleurs spécialistes de leur matière. Ils intègrent sans peine les grands cabinets d'avocats, ils deviennent « la doctrine ».

C'est vrai.

À ceci près : si les facultés de droit ont le monopole de la fabrication des agrégés, elles ont grand tort de croire que ces agrégés sont à eux seuls toute l'excellence.

Le concours, verrouillé comme il l'est, n'assure que très mal la diversité des profils recrutés. Au surplus, l'excellence en droit, le grand juriste n'est pas réductible au seul prof de droit. Ni non plus à certaines formes de recherche, mono-disciplinaires et limitées aux commentaires de la loi et des arrêts et à la rédaction de manuels. Il est d'autres formes d'excellence parmi les juristes, chez les magistrats, chez les avocats et d'autres encore. Or, les facultés délaissent de plus en plus leur formation. Les facultés de droit françaises qui sont devenues, depuis 40 ans déjà, des établissements en charge d'un enseignement de masse qu'elles n'ont pas su gérer, se comportent trop souvent comme si elles n'avaient en charge que la reproduction d'une élite d'enseignants.

La plupart des Instituts d'études judiciaires (IEJ) ne sont plus que l'ombre d'eux-mêmes[16]. Les bons étudiants en droit qui réussissent le concours de la magistrature disent à qui veut les entendre que c'est telle ou telle prépa privée ou la classe préparatoire intégrée de l'ENM qui leur a permis de réussir le concours et non pas l'IEJ. Les grands cabinets d'avocats vont de plus en plus puiser vers Sciences Po ou HEC (École des hautes études commerciales de Paris) pour trouver ceux dont ils ont besoin.

La vision autocentrée de l'excellence qu'ont les facultés de droit les mène dans le mur. Elle les dispense d'évoluer pensent-elles. Et elles ne s'aperçoivent pas que pendant ce temps « l'atelier du droit » évolue très vite, que d'autres institutions d'enseignement tiennent compte de ces évolutions pour repenser l'enseignement du droit, que leurs réponses correspondent bien mieux aux besoins de l'ensemble des praticiens (bien au-delà des seuls barreaux et magistrature pris ici pour exemple). À terme, tout est prêt pour que le monopole de la délivrance des diplômes de droit qui a déjà été enfoncé, cède complètement sous la pression des critiques et des besoins. Et si la concurrence tardait à s'installer au plan national, c'est

---

[16] Je renvoie ici à J. DANET « Libres propos sur l'enseignement du droit, la représentation de l'excellence et le gâchis », in V. BOUCHARD et B. FEUILLET-LIGER, *Mélanges en l'honneur de Francis Kernaleguen*, Presses de l'Université de Rennes, 2016, p. 237 s.

à la concurrence massive des universités européennes que les facultés de droit seront (sont ?) confrontées.

3. À quelles conditions institutionnelles l'enseignement du droit peut-il évoluer?

La manière de traiter la masse d'étudiants, le recrutement et le déroulement de la carrière des universitaires, et enfin l'organisation des facultés constituent les trois niveaux essentiels qui doivent être traités, et ensemble. S'en tenir à un seul de ces registres, c'est se condamner à échouer parce que les deux autres niveaux restés inchangés gripperont tous les efforts de réforme qui seraient menés sur un seul plan.

La masse des étudiants qui arrivent en première année, dont certains (aux alentours de 30% sans doute) n'arriveront jamais quelques soient les efforts qu'on déploie à mener à bien des études de droit ne doivent plus être laissés seuls face à leur échec. On pense ici à ceux qui, démunis au plan culturel, ont des difficultés de lecture et qui n'ont au surplus pour cet exercice aucun gout, et qui, enfin, sont dans de grandes difficultés au plan de l'expression orale et écrite (orthographe, syntaxe, vocabulaire). Il ne s'agit plus de leur donner l'illusion que, peut-être, ils vont y arriver en leur proposant des tuteurs. Il ne s'agit pas de leur laisser la responsabilité de choisir le redoublement et parfois les redoublements successifs en première et deuxième année jusqu'à un échec au bout de quatre ans. Ces procédés ne sont plus de mise quand on voit l'évolution de notre public. Il s'agit de leur dire, dès qu'on le peut, c'est-à-dire si le système est organisé normalement au bout de quatre mois, cinq mois au plus, qu'ils doivent se réorienter. Le leur dire fermement, sans violence, sans mépris, mais fermement. Toute autre attitude est démagogique. Sans donc nécessairement passer par une sélection à l'entrée dont l'efficacité est loin d'être acquise, cette sélection doit être faite. Mais on n'échappera pas à un débat de principe sur la question de la sélection, la question des droits d'inscription et des systèmes de bourse véritablement protecteurs de l'égalité d'accès aux études supérieures quand les Instituts d'études politiques, Dauphine ou d'autres sélectionnent leurs étudiants et sont maîtres de leurs tarifs.

Le reste des étudiants pourrait alors être pris en charge dans de meilleures conditions, conditions qu'il faut repenser depuis la construction de l'arborescence disciplinaire et aussi la création d'ateliers où les connaissances fragmentées puissent être mises en relation, en passant par des ateliers méthodologiques où travailler jusqu'à l'excellence les outils fondamentaux du juriste : lire, écrire, écouter, parler, mener une recherche, argumenter, opérer la balance entre des droits, trancher, négocier... L'articulation des cours et TD et la répartition de ces types d'enseignement, de leurs fonctions respectives, doivent être repensées après avoir diversifié les modes d'enseignement. Le cours magistral peut bien entendu avoir sa place, et dès la première année, mais à la double condition qu'il ne soit pas la forme exclusive de l'enseignement et que les étudiants puissent, dans des ateliers méthodologiques, apprendre, s'exercer et se corriger sur les bonnes manières de prendre des notes. Alors, à partir de là, on peut et on doit repenser la progression pédagogique et les examens.

Les juristes universitaires ont besoin d'être formés et de réfléchir en formation continue à leur tâche d'enseignement, à leur méthode, les savoir-faire et les savoir-être qu'ils nécessitent pour être efficaces tout comme les magistrats doivent réfléchir, à leur éthique, à leur savoir être en audience, à la manière dont ils expliquent une décision de justice, dont ils la rédigent. Les magistrats le font. Au nom de quoi les universitaires en seraient-ils dispensés ? Est-il raisonnable de considérer que les enseignants-chercheurs devraient être toute leur vie, chaque année, à demi-enseignants et à demi-chercheurs, leur carrière depuis le recrutement jusqu'au plus haut niveau n'étant appréciée que sur leur seul travail de recherche, tandis qu'ils ne sont rémunérés que sur le compte de leurs heures d'enseignements ?

Il faut rebâtir les modalités de recrutement, le déroulement des carrières en y intégrant vraiment l'évaluation des diverses activités d'enseignement, d'administration, et de recherche. En l'état, le CNU se refuse à évoluer et se contente de pétitionner contre le suivi de carrière.

Il est urgent de sortir du modèle actuel dans lequel les chargés de TD sont un petit personnel sous-payé, corvéable à merci, de quoi décourager nombre de professionnels qui ont quelque gout pour l'enseignement. Il faut ouvrir davantage les facultés de droit aux professionnels. Et aux meilleurs. Ce sont eux qui peuvent apporter le souffle frais des évolutions du savoir juridique. Mais en revanche les universitaires qui veulent exercer en même temps que leur profession d'enseignant-chercheur une activité de consultant ou d'avocat doivent être considérés comme des fonctionnaires à temps partiel. Le contrat doit être clair entre les universités et ceux-là et il doit bien sûr pouvoir évoluer dans le temps d'une carrière. Les seuls « congés recherche » d'aujourd'hui sont très insuffisants à assumer cette diversification des parcours.

Il faut sortir les facultés de droit de leur isolement pédagogique en organisant vraiment les relations en amont avec les lycées et en aval avec les diverses écoles d'application professionnelle. Combien d'enseignants en droit, professeurs ou maître de conférences savent comment les études sont organisées dans les écoles d'applications, à l'École nationale de la magistrature (ENM), à l'École nationale des greffes (ENG) ? Combien savent le nombre de leurs étudiants qui passent, réussissent, échouent à chaque type de concours et ce que sont les épreuves de ces concours ? Tandis que certains sont capables en revanche de vous réciter la liste des admis à chaque concours d'agrégation depuis dix ans ! Ce nombrilisme est révélateur.

Les enseignants-chercheurs, quels que soient leur niveau et leur ancienneté, devraient être régulièrement évalués sur l'ensemble des tâches qu'ils doivent acquitter. La communauté des enseignants-chercheurs doit être organisée de telle sorte qu'au sein des laboratoires, des diplômes, une réflexion permanente sur l'enseignement, fond et forme, puisse être menée avec les professionnels et notamment avec ceux qui interviennent dans la faculté à leurs côtés. Ceux qui aspirent à prendre en charge les tâches de gestion des « UFR droit » doivent être formés à ces fonctions au titre de la formation continue.

Les modes de recrutement et de sélection doivent être repensés et des études précises doivent guider les recrutements. Elles doivent permettre d'appréhender les questions de mobilité géographique, d'évolution de carrière mais aussi les besoins des différentes facultés en termes d'encadrement.

Alors, les facultés de droit seraient en situation de faire face aux mutations du paysage juridique contemporain et aux attentes du marché de travail et de la société. De se poser les questions de l'orientation des études, de leur organisation, de leur durée, de la méthode et des contenus de l'enseignement, de l'échelle de droit enseignée aujourd'hui. Et aussi bien sûr de la manière dont elles doivent former les futurs enseignants. Mais si auparavant elles ne se sont pas elles-mêmes profondément remises en cause, n'y comptons pas.

4. Pourquoi et en quoi la prise en charge de la question de la formation au droit intéresse-t-elle au-delà des universitaires, et même au-delà du monde judiciaire, les politiques et la société civile ?

Les politiques qui, de droite ou de gauche, sont au fait de la situation des facultés de droit sont inquiets de leur situation. Les hauts-magistrats qui connaissent l'envers du décor le sont tout autant. Ils savent que les facultés de droit ne remplissent plus leur fonction sociale.

Bien sûr, les bons étudiants, ceux qui, quelles que soient les « méthodes pédagogiques » subies réussiront leurs études, s'en sortent. Disons d'abord que dans des facs réformées, ils seraient encore bien meilleurs. Et si dans les facultés de droit, beaucoup ne manquent pas de se rassurer par le constat qui précède, ils oublient l'immense gâchis que constitue cette population de jeunes gens et jeunes filles qui avaient les capacités, et qui ont décrochés ou échoués de peu, faute d'avoir compris par des méthodes pédagogiques adaptées ce qu'on attendait d'eux. Gâchis humain et gâchis de l'argent public.

L'archaïsme disciplinaire ne permet pas de préparer les étudiants comme il convient aux métiers du droit, ni même aux métiers du judiciaire et encore moins aux défis de notre société. La conférence de consensus sur la prévention de la récidive fut par exemple l'occasion de constater à quel point les études de droit telles qu'elles sont conçues ne préparent pas bien aux fonctions de conseiller d'insertion et de probation. On pourrait multiplier les exemples. Les facultés de droit, on l'a dit, ne préparent même plus comme il convient à la magistrature et au barreau. Comment accepter dans le monde d'aujourd'hui, avec l'enjeu colossal des migrations de toute nature que le droit des étrangers et le droit de la nationalité ne soient enseignés que dans quelques masters 2 ?

Les études de droit doivent être repensées avec les universitaires mais aussi avec les ministères concernés et plus largement avec toutes les professions qui sont intéressées par la qualité de leur enseignement parce qu'elles attendent qu'on y forme les compétences dont la société a besoin. La représentation nationale ne peut se détourner d'un enjeu aussi capital pour l'État comme pour le secteur privé. Que ce soit la Cour des comptes qui, dans le rapport déjà cité[17], ait tiré le signal d'alarme sur le défaut de professionnalisation des études de droit n'est pas satisfaisant même si son analyse est tout à fait instructive. C'est un des points d'entrée du débat, ce n'est pas le seul. C'est une approche, ce n'est pas la seule. Nous avons besoin de travaux de toute nature, de rapports parlementaires – pourquoi pas ? – menés sans concession pour le lobby des professeurs de droit.

Dans *L'étrange défaite*, Marc Bloch analyse en quelques pages l'état de délabrement intellectuel des universités avant 1940. Comparaison n'est pas raison certes, mais l'état actuel des facultés de droit au moment où montent, de tout côté, les discours démagogues, les discours de rupture, de violence, les intégrismes en tout genre, cet état doit nous inquiéter : nos facultés ne savent pas préparer comme il le faudrait les juristes de demain, ceux dont l'État de droit a plus que jamais besoin.

[17] Cour des comptes, 20 juin 2012, référé 64148.

LA LICENCE PARCOURS D'EXCELLENCE DE L'UNIVERSITÉ DE RENNES 1. RETOUR SUR 10 ANS D'INNOVATIONS PÉDAGOGIQUES

Sylvain Soleil

Université de Rennes 1

1. Leçons & Conférences. Adopter un double regard sur les thèmes traités. – 2. Concours & Ateliers. Acquérir des compétences juridiques nouvelles. – 3. Colloques et *Alumni*. Recueillir les fruits de l'expérience. – Annexe. Programme d'étude au sein du Parcours d'excellence.

En 2008, l'Université de Rennes 1 votait la création d'un Pôle d'excellence au sein de la Faculté de Droit et de Science politique. Profitant des ouvertures offertes par la politique de Valérie Pécresse en faveur des universités, le plan Réussite en Licence de la Faculté réservait 90% du budget alloué aux étudiants en difficulté et les 10% restants aux meilleurs étudiants. L'idée était de prendre enfin en considération les attentes des étudiants brillants, de réunir, après les jurys de fin d'année, les vingt étudiants les plus méritants de Licence première, deuxième et troisième année, et de leur offrir une sorte d'université de printemps où, débarrassés des notes, des examens et des contraintes diverses, ils pourraient approfondir certains thèmes, avec leurs professeurs et des praticiens de haut niveau, selon des modalités différentes des méthodes traditionnelles.

En 2015, l'élection d'une nouvelle équipe à la tête de la Faculté s'est accompagnée de la transformation du Pôle d'excellence de fin d'année en une Licence Parcours d'excellence à part entière. Il s'agit d'un parcours sélectif, construit en six semestres, offrant aux meilleurs étudiants de Licence un ensemble cohérent de leçons, de conférences et d'ateliers – nous y reviendrons. Le modèle, reprenant l'essentiel du système antérieur, consiste à sélectionner vingt candidats avant le début du semestre 1 de Licence, puis à agréger, selon l'ordre du mérite, de nouveaux étudiants aux semestres suivants : dix nouveaux étudiants au début du semestre 2, lesquels s'ajoutent aux vingt premiers étudiants, puis trente-deux (semestre 3), trente-quatre (semestre 4), trente-six (semestre 5) et trente-huit (semestre 6). Concrètement, les étudiants ne constituent pas un groupe à part. Ils suivent, avec les autres étudiants, les mêmes cours, les mêmes travaux dirigés et les mêmes enseignements de langue. Ils ne se retrouvent que pour suivre leurs enseignements propres, soit 45h par semestre de leçons, de conférences et d'ateliers (voir *Annexe*). Un étudiant demeure au sein du Parcours, d'une année sur l'autre, dans la mesure où il répond aux exigences du Parcours et où il obtient, lors des examens ordinaires de Licence, la mention *assez bien*, ce qui, au vu de l'expérience, constitue un bon équilibre entre une juste émulation – permettre à de nouveaux étudiants d'intégrer le Parcours – et une trop forte pression qui pèserait sur les étudiants déjà membres du Parcours. À la fin de chaque semestre, les étudiants reçoivent une attestation spéciale qui, au terme des trois années, s'ajoute à leur diplôme de Licence.

Cet article a pour objet de présenter les innovations pédagogiques qui ont peu à peu été expérimentées, appréciées, rectifiées, au sein du Parcours. Toutefois, pour saisir la façon dont le système peut participer à la réflexion collective sur l'éducation juridique, trois remarques préalables s'imposent.

Tout d'abord, il s'agit d'un Parcours qui assume le fait de *s'adresser à un groupe particulier d'étudiants en formation initiale* et qui, comme toute démarche comparable, a ses soutiens et ses contradicteurs. Les fondateurs sont partis d'un double constat. D'un côté, en France, l'honneur des facultés de droit est d'accueillir tout lycéen diplômé du baccalauréat, sans distinction de niveau scolaire antérieur, de moyens financiers ou de milieu culturel, le premier critère étant parfois la traduction des deux suivants. Les professeurs de droit ont pour vocation – et quelle vocation ! – d'offrir à tous les lycéens qui les rejoignent de réaliser des rêves professionnels qui leur seraient inaccessibles dans un contexte exclusivement sélectif. De l'autre, l'intérêt respectif des facultés de droit, de leurs étudiants et des professions juridiques est aussi d'offrir des parcours diversifiés en fonction des ambitions et des capacités de chacun, lesquelles peuvent évoluer, dans un sens ou dans l'autre, avec le temps.

Le projet de Pôle, puis de Parcours, a été longuement réfléchi et a été accompagné par un large groupe de praticiens locaux. C'est donc ensemble que les objectifs principaux ont été fixés : 1/ Attirer les meilleurs lycéens dont les parents réfléchissent surtout en fonction des filières dites sélectives. Beaucoup estiment qu'il est plus prestigieux, pour leur enfant lycéen, d'intégrer une prépa ou une grande école, simplement parce que l'entrée à l'université n'est pas sélective. Le Parcours d'excellence a pour première vocation de renverser cette logique : tout en défendant l'accès pour tous à la faculté, les directeurs du parcours d'excellence veulent aussi s'adresser aux étudiants qui se détournent de la faculté à cause de la non-sélection à l'entrée. 2/ Offrir plus et différemment à ceux qui veulent et peuvent aller plus loin dans la réflexion et la charge de travail, le tout dans le cadre d'une émulation équitable et d'une intégration croissante, puisque le Parcours passe de vingt étudiants, au premier semestre, à trente-huit étudiants, au dernier semestre de Licence. 3/ Attirer des conférenciers et des praticiens de très haut niveau, qui, d'expérience, ne se déplacent à Rennes que dans deux cas précis de figure : lorsqu'ils sont certains que l'amphithéâtre sera comble ou lorsqu'ils s'adressent à un groupe d'étudiants pour lesquels les prérequis sont superflus et le jeu de questions/réponses facile et immédiat. 4/ Conserver certains excellents étudiants au sein des Masters rennais et du bassin d'emplois breton. L'expérience montre que l'attrait de la capitale et des Masters parisiens concernait plus de trois-quarts des meilleurs licenciés rennais ; la proportion s'est désormais inversée, puisque trois-quarts de ces mêmes étudiants demeurent à Rennes. 5/ Attirer certains excellents étudiants vers la recherche, le doctorat et l'enseignement supérieur ; à l'heure actuelle, trois étudiants issus du Parcours d'excellence sont inscrits en thèse à Rennes 1 et Paris II, le premier en droit patrimonial, la deuxième en histoire du droit, le troisième en droit des affaires. 6/ Créer, sur dix ans, un groupe d'*alumni* qui, à son tour, pourra offrir, aux étudiants de la Faculté de Rennes, des stages, des recommandations, voire des embauches, et, aux directeurs du Parcours, de futurs conférenciers.

Ensuite – et ceci explique en partie cela –, le Parcours n'a *jamais été conçu comme une alternative à l'éducation juridique classique*. Puisqu'il consiste à offrir plus et différemment à ceux qui veulent et peuvent aller plus loin dans la réflexion et la charge de travail, il n'a pas vocation à proposer une révolution pédagogique. Il peut, tout au plus, servir de laboratoire à telle ou telle innovation qui, fonctionnant avec de petits groupes d'excellents étudiants, pourrait être adaptée, sous certaines conditions, à des centaines d'étudiants de niveaux hétérogènes. Il est d'ailleurs vraisemblable que certaines des innovations ici décrites fonctionnent déjà ailleurs, sans doute avec de très bons résultats, peut-être même au sein de parcours ordinaires de Licence.

Enfin, *la procédure adoptée a toujours été inductive et non déductive*. Les fondateurs du Parcours n'ont pas appliqué de nouvelles recettes imaginées par des spécialistes de la pédagogie universitaire. Ils n'ont participé à aucun colloque sur l'avenir des facultés de droit françaises. Ils n'ont pas répondu à un appel d'offre ministériel ou universitaire. Pour construire leur projet, ils sont partis de leur expérience personnelle, de leurs lectures et des contacts qu'ils avaient noués avec leurs étudiants, leurs collègues français ou étrangers et leurs amis praticiens – on entendra désormais ce terme de *praticiens* dans un sens très large : non seulement les magistrats (des juridictions françaises, européennes et internationales), les avocats, les notaires et les juristes d'entreprise, d'ONG ou d'association, mais aussi les juristes des administrations de l'État et des autorités administratives indépendantes. Le parcours est donc le fruit d'une méthode en trois étapes : *l'idée, le débat, l'évaluation*. 1/ Chacun des quatre directeurs est appelé à imaginer de nouvelles idées pour construire le programme et les ateliers des semestres à venir. 2/ Les directeurs mettent en commun et discutent chaque proposition, les uns jouant le rôle de l'*optimiste* – « tel projet ne peut que marcher et les étudiants en tireront tel et tel fruits » –, les autres incarnant celui du *pessimiste* – « selon le scénario le pire, cela peut aussi échouer à cause de tel et tel facteur », tous acceptant en définitive d'appliquer au mieux la décision commune. 3/ À l'issue de chaque année universitaire, les étudiants sont conduits à évaluer l'ensemble du programme, d'une part de façon individuelle – une mauvaise évaluation unanime (et sans concertation préalable entre étudiants) d'une leçon, d'une conférence ou d'un atelier, signale un problème et, si le reproche apparaît fondé, la séance est remplacée l'année suivante –, d'autre part de façon collective : les étudiants se réunissent, ensemble et à part, pour discuter et répondre collectivement à la question suivante : « s'il y avait une chose à améliorer, à propos de l'année qui s'achève, ce serait ? », ce qui conduit les directeurs, pour l'année qui suit, à rechercher de nouvelles idées et à associer leurs étudiants au programme réaménagé. Cette logique inductive explique que, dans les pages qui suivent, on ne trouvera ni comparaison, ni prise de position, ni références bibliographiques. Ceci peut paraître étrange dans un article universitaire, mais s'explique aisément : les fondateurs du Pôle / Parcours n'ont tracé leur route – nous reviendrons aussi sur ce point – qu'à l'aide des collègues, des étudiants et des praticiens qui leur faisaient confiance.

Ces trois préalables étant posés, les innovations peuvent être présentées en termes de connaissances, de compétences et d'expériences.

1. Leçons & Conférences. Adopter un double regard sur les thèmes traités

1.1. *Les thèmes annuels*

En France, la Licence en droit a été pensée comme une progression : la première année, au-delà des matières fondamentales avec travaux dirigés (le droit constitutionnel, le droit civil des biens ou des personnes et de la famille, parfois l'histoire du droit et des institutions), vise à maîtriser, selon des modalités variables d'une faculté à l'autre, l'environnement institutionnel dans lequel le jeune juriste va évoluer par la suite. On l'introduit donc aux notions juridiques, aux institutions administratives, juridictionnelles, européennes, etc. Afin d'interroger cet environnement, sans empiéter sur les enseignements traditionnels de Licence 1, le Parcours propose comme thème d'année *La fabrique du droit* : il s'agit, pour l'étudiant, de comprendre non seulement comment l'on fabrique un traité, une norme européenne, une loi, un règlement, mais aussi une jurisprudence, voire une doctrine. L'idée est à la fois de connaître les principes conducteurs, les mécanismes ou la légistique, et de pénétrer les arcanes de la fabrication : le travail des commissions, les expertises, les débats, les rapports de force.

En deuxième année, la Licence introduit l'étudiant au droit des obligations (contrat et responsabilité), au droit administratif, au droit pénal, au droit des affaires. À ces enseignements de base, s'ajoutent, toujours selon des modalités diverses, plusieurs enseignements complémentaires (ex. : finances publiques, science politique, macro ou micro-économie, histoire du droit). Le Parcours propose comme thème d'année *La controverse juridique*. Le thème permet, tout d'abord, d'interroger chacune des matières fondamentales de deuxième année sous l'angle d'une controverse qui a vocation à se traduire sur le plan juridique.

Par exemple : la controverse autour des clauses abusives dans les contrats d'adhésion ; la controverse portant sur les pourparlers préliminaires en droit des affaires ; la controverse sur l'application du principe de neutralité dans la fonction publique. Ce thème permet aussi d'approfondir des thèmes qui ont pu être abordées, de loin, en première année de Licence (ex. : les controverses sur la fin de vie ou sur la déontotologie des élus) ou même d'aborder des matières qui ne seront traitées qu'en troisième année (ex. : les controverses sur le travail dominical ou sur la réforme du droit d'asile). Ce thème permet, enfin, d'aborder chaque année de nouveaux thèmes, en fonction de l'actualité, des spécialités des professeurs rennais ou des professeurs étrangers présents à Rennes pour une mission universitaire (ex., en 2016-2017 : les controverses sur la disparition de la cause dans la réforme du droit des contrats ou les modalités du *brexit*).

En troisième année, la Licence dessine les contours d'une spécialisation en offrant un éventail plus large de matières, assorties ou non de travaux dirigés. L'idée est que l'étudiant doit, à la fin du semestre 6, pouvoir choisir sa spécialité de Master en connaissance de cause. Il optera, par exemple, pour un Master en droit des affaires parce qu'en Licence 3, il aura goûté les cours de droit des sociétés et de droit fiscal plutôt que les cours de droit international public et de droit de la fonction publique, et inversement. Le Parcours propose comme thème d'année *Le contentieux*, parce qu'à l'Université de Rennes 1, c'est en Licence 3 que les étudiants suivent les trois cours de procédure civile, de procédure pénale, de contentieux administratif et qu'ils abordent le contentieux international et européen. Ce thème permet de conserver l'unité du groupe d'étudiants autour d'une problématique commune, malgré leurs choix d'options (qui à Rennes sont nombreuses). Il permet aussi d'associer étroitement des avocats, des magistrats des deux ordres de juridictions, des juges de la CJUE, de la CEDH ou d'autres juridictions internationales et aux étudiants de pouvoir travailler de véritables dossiers anonymés : conclusions d'avocat, expertises, dossiers de jugement.

1.2. *La logique Leçons / Conférences*

Selon les trois thèmes annuels retenus (*la fabrique, la controverse, le contentieux*), le travail des directeurs consiste à organiser des conférences de culture juridique – des doctorants et des collègues étrangers peuvent ainsi être conviés à animer une séance sur une thèse en préparation ou sur un thème de droit étranger –, mais surtout à choisir des binômes : un universitaire et un praticien. Le premier se charge, en deux heures, d'expliquer de façon académique, les données essentielles de la leçon, puis de donner des pistes de réflexion doctrinale, tandis que le second, en deux heures, sur le même sujet, vient partager son expérience et faire découvrir l'un de ses dossiers, avant d'entamer un dialogue avec les étudiants (voir *Annexe*). Prenons trois exemples. En première année (*la fabrique*), un collègue administrativiste explique les règles et les mécanismes qui président à la fabrique d'un règlement, tandis qu'un conseiller d'État, membre d'un cabinet ministériel, vient raconter comment lui et son équipe s'y sont pris pour mettre au point tel arrêté ministériel. En deuxième année (*la controverse*), un universitaire spécialiste de droit du travail expose les arguments de ceux qui prônent le travail dominical, puis de ceux qui s'y opposent, avant d'expliquer le contenu du droit en vigueur, tandis qu'un avocat intervient, en présentant une convention collective négociée entre partenaires sociaux et en racontant comment la controverse autour du travail dominical, dans tel espace urbain particulier, a été conduite de part et d'autre, et comment les exigences des uns et des autres ont été traduites dans la convention collective. En troisième année (*le contentieux*), un professeur explique comment sont organisés les types de référés devant les juridictions administratives, tandis que le président de la section du contentieux du Conseil d'État vient partager son expérience en la matière.

On mesure immédiatement l'intérêt pédagogique de ce double regard. 1/ Dans un sens, le partage d'expérience du praticien ne tombe en terre fertile que s'il est précédé par les prérequis nécessaires donnés par l'universitaire ; c'est à ce prix que les étudiants peuvent instantanément entrer dans la logique du praticien, car ils connaissent les principes, les règles, les mécanismes, lesquels ont été resitués dans un environnement juridique cohérent et dans un ensemble doctrinal et jurisprudentiel expliqué. 2/ Dans l'autre sens, la leçon fondamentale prend toute sa saveur parce que les étudiants savent qu'ils ont deux heures pour comprendre les tenants et les aboutissants d'une problématique qui va se matérialiser par la suite lors de la conférence du praticien. L'expérience, sur ce point, a conduit les directeurs à demander à l'universitaire de ne pas assister à la conférence, non seulement pour que le praticien soit très libre d'expliquer les choses comme il l'entend, y compris, peut-être, en prenant certaines distances avec les propos de l'universitaire, mais aussi pour que les étudiants soient à leur tour très libres de poser les questions qu'ils n'oseraient peut-être pas aborder en présence d'un professeur. 3/ Plus globalement, cette double approche anéantit l'accusation assez fréquente et, somme toute, assez injuste faite aux facultés de droit de former des licenciés hors-sol. Au sein du Parcours, une parité parfaite est observée entre universitaires et praticiens, au bénéfice des uns et des autres – l'universitaire choisit souvent le praticien avec lequel il souhaite travailler –, au bénéfice surtout des étudiants et de la cohérence des trois thèmes annuels. À la fin du Parcours de Licence 1, un étudiant, qui a suivi 25 à 30 heures de leçons et de conférences sur la fabrique du droit, sait à peu près comment les institutions créent leurs normes respectives et comment s'articule la hiérarchie ou le réseau des normes. À la fin du Parcours de Licence 2, un étudiant sait comment réfléchir un sujet donné, comment aborder une controverse sur le plan juridique, comment l'élargir à un ensemble qui mêle les questions éthiques, économiques, sociales, politiques, sociétales, etc., et comment la traduire sur le plan rhétorique. À la fin du Parcours de Licence 3, un étudiant sait comment se matérialisent, dans le quotidien des tribunaux, des services juridiques et des cabinets d'avocats, quelques-unes des règles majeures de procédure.

1.3. *Risques et réaménagements*

Toutefois, l'expérience et les évaluations respectives ont permis d'identifier trois risques : le premier, lorsque l'universitaire se contente de dupliquer ce qu'il a déjà vu en cours, sans approfondir le thème, ni mesurer l'attente des étudiants du Parcours d'excellence ; le deuxième, lorsque le praticien cherche à faire une leçon universitaire plutôt qu'un partage d'expérience, ce qui non seulement fait double-emploi, mais surtout empiète sur des compétences qui sont moins les siennes que celles de l'universitaire ; le troisième, lorsque l'universitaire et le praticien ne prennent pas le temps, en amont, de se concerter sur leurs propos respectifs. En quelque sorte, les directeurs revivent, chaque année, les joies et les peines des organisateurs de colloque.

Le résultat est toujours à la hauteur des attentes lorsque tout le monde joue sa partition en fonction du projet de l'organisateur. Le résultat est souvent décevant lorsque chacun vient proposer sa recherche du moment, indépendamment du projet collectif. Toutefois, la méthode inductive en trois temps, suivie au sein du Parcours, permet d'atténuer les trois risques identifiés. Les étudiants sont en effet invités à évaluer anonymement chacune des interventions, donc à signaler les leçons, les conférences ou les binômes qui n'ont pas répondu au projet initial. Les directeurs en tirent les conséquences pour l'année suivante, ce qui concoure aussi à réaménager les programmes et à inviter sans cesse de nouveaux intervenants, praticiens des divers métiers du droit et universitaires français ou étrangers.

2. Concours & Ateliers. Acquérir des compétences juridiques nouvelles

En complément des leçons et des conférences, les étudiants sont conduits à travailler au sein d'ateliers, avec une notation individuelle, chaque étudiant demeurant au sein du Parcours s'il obtient la mention *assez bien* à l'année et s'il obtient la moyenne à l'issue de l'atelier. Les six semestres offrent six ateliers imaginés comme une progression grâce aux exercices proposés (voir *Annexe*) : 1/ au semestre 1, l'art de l'exposé oral – chaque étudiant présente, en 7 minutes, le compte-rendu d'un procès célèbre, puis d'un ouvrage dont la lecture lui était imposée –, 2/ l'art du jeu constitutionnel et politique (semestre 2), 3/ l'art de la synthèse (semestre 3), 4/ l'art de la controverse (semestre 4), 5/ l'art de la négociation contractuelle (semestre 5) – les étudiants, par équipe, incarnent un fournisseur et un client qui doivent, selon le protocole prévu par l'un des directeurs, négocier, puis rédiger les clauses d'un contrat –, 6/ l'art de la plaidoirie (semestre 6). Seuls sont présentés ici en détail les ateliers des semestres pairs.

2.1. *L'art du jeu constitutionnel et politique (L1)*

Conçu, animé et amélioré chaque année par un juge du Tribunal Administratif de Rennes qui a travaillé au sein d'un ministère, l'atelier est organisé comme un *war game* où chaque étudiant, seul ou en équipe, incarne une institution constitutionnelle. L'idée est de mettre l'étudiant dans une situation où les problématiques politiques et les règles juridiques s'éclairent les unes les autres. L'atelier commence par une campagne présidentielle où deux, trois ou quatre étudiants proposent un programme politique cohérent en fonction des thèmes un peu farfelus imposés par l'animateur du jeu : promouvoir ou non le spectacle de rue, instituer ou non une remédiation en orthographe pour les adultes déficients, imposer ou non la réimplantation du loup en Bretagne. En fonction de ces thèmes (choisis et assumés pour éviter de vrais clivages politiques qui mettraient en péril la bonne entente au sein du groupe), les étudiants organisent l'élection en suivant les règles imposées par la constitution et le code électoral. Ensuite, le président choisit son premier ministre. Selon la coutume, ils choisissent ensemble les ministres, puis les autres étudiants sont répartis au sein de la majorité et de l'opposition, à l'Assemblée nationale et au Sénat. Chacun, du haut en bas de l'édifice, reçoit une mission particulière qui reste secrète : préparer tel projet de loi, faire voter tel amendement, susciter un remaniement ministériel.

L'intérêt est évident pour celui qui observe les étudiants au travail : non seulement le cours de droit constitutionnel prend vie grâce à leurs décisions, leurs paroles, leurs textes, mais chaque étudiant recherche, par lui-même, les bons modèles, les règles juridiques applicables et les postures politiques ajustées pour participer à la fabrication de la loi. Les étudiants doivent en effet rédiger leurs projets de loi, leurs amendements ou leur projet de motion de censure dans les termes consacrés. Ce qui illustre de façon particulière le thème de l'année : *La fabrique du droit*. Ce qui permet, par l'expérience, de comprendre comment fonctionne l'*homo politicus*. Ce qui conduit aussi les étudiants à prendre du plaisir à travailler au sein d'une équipe (ex. : le gouvernement, l'opposition au Sénat, la majorité à l'Assemblée nationale) et contre d'autres équipes. La notation correspond 1/ à l'implication de l'étudiant dans l'atelier – elle est mesurée grâce à la fréquentation de la plateforme numérique universitaire dédiée au *war game* – et 2/ à la qualité du rapport qu'il rédige sur son activité.

2.2. *L'art de la controverse (L2)*

Puisque le thème du Parcours de Licence 2 est *La controverse*, les étudiants sont formés à la controverse. Les étudiants, par équipes de deux, choisissent un sujet parmi les divers sujets proposés par les directeurs (ex. : devons-nous devenir propriétaires de notre corps ? Le référendum est-il un bon procédé démocratique ? Faut-il étendre le mécanisme de la rescision pour lésion ?). Sur le sujet donné, il y a donc deux équipes qui s'affrontent : l'une défend le *pro*, et l'autre le *contra*. Deux principes dominent l'affrontement. D'une part, les étudiants doivent choisir la thèse qui a leur préférence (*pro* ou *contra*) et non la thèse inverse, car il ne s'agit pas de former des sophistes ou des étudiants relativistes. Ils doivent avoir une conviction (qui d'ailleurs se confirmera ou s'atténuera au fil des recherches) et affronter leurs adversaires avec sérieux. Dans cet exercice, le clivage existe et il est assumé. D'autre part, les étudiants ont l'interdiction d'entrer en relation avec leurs adversaires pour ajuster, à l'avance, leurs argumentaires respectifs. Il s'agit de participer pleinement à la controverse et de convaincre un public, sans faux-semblant, sans petits arrangements entre amis, sans connaître les atouts et la stratégie de l'adversaire...

Ensuite, les étudiants sont formés à l'art de la controverse. Dans chacune des équipes, un étudiant se charge du discours préliminaire en 7 minutes, et son collègue se charge de la réplique en 3 minutes. Le premier intérêt majeur de l'atelier consiste à conduire les équipes à rechercher, sur internet et en bibliothèque, les traités, les articles, les blogs qui vont leur offrir les idées, les données, les chiffres, les références, les argumentaires respectifs. Elles vont le faire avec d'autant plus de ferveur, que les étudiants ne savent pas comment leurs adversaires attaqueront le problème et chercheront à les mettre en difficulté. Le résultat est saisissant : la plupart du temps, les étudiants ont vu, par eux-mêmes, tous les aspects d'un problème. À partir de ce matériau, l'universitaire peut guider l'étudiant. D'un côté, il y a la formation théorique. Durant trois années, la présence à l'Université de Rennes 1 d'un collègue romaniste, spécialiste de l'art rhétorique dans l'Antiquité gréco-latine, permettait d'introduire le sujet de façon savante. De l'autre, il y a la formation pratique. L'universitaire invite les étudiants, premièrement, à considérer que, dans une controverse, il faut toujours ajuster la bonne cible parmi trois types de publics : ceux qui sont déjà convaincus, ceux qui, quels que soient les arguments utilisés, ne pourront jamais être convaincus et, le cœur de cible, c'est-à-dire ceux qui sont susceptibles d'être convaincus. L'universitaire entraîne les étudiants, deuxièmement, à classer tous les arguments identifiés selon qu'ils sont puissants, secondaires ou contre-productifs, puis d'inverser le regard et de considérer chacun de ces arguments, en se mettant à la place de son adversaire. Il les conduit, troisièmement, à construire une stratégie discursive, selon l'idée que ce n'est pas l'accumulation d'arguments qui conduit à la victoire, mais l'utilisation du meilleur argument au sein du bon discours, lequel doit suivre un cap bien maîtrisé : la bonne entrée en matière, les bonnes postures (oralité, gestuelle, tonalité générale et changements de ton, etc.), la bonne formulation du sujet – par exemple, si l'on traite de la légalisation de la Gestation Pour Autrui, on n'utilisera pas indifféremment les termes *mères de substitution* ou *mères porteuses*, selon que l'on défend la thèse *pro* ou la thèse *contra* –, les bons procédés rhétoriques (les logiques du certes/mais, du juste milieu, du recours aux modèles étrangers, etc.), la bonne conclusion.

Enfin, les équipes s'affrontent en présence de la promotion et des directeurs qui listent, sur le fond et sur la forme, les qualités et les défauts des interventions, et qui notent les prestations individuelles. Les étudiants qui, *pro* et *contra*, prononcent leurs discours préliminaires respectifs sont notés sur l'éloquence, la qualité de l'argumentaire, la stratégie discursive, les procédés rhétoriques, les références culturelles, l'adéquation de la posture à la stratégie discursive et, bien sûr, couronnant le tout : l'étudiant est-il convaincant ou non ? L'étudiant qui se charge de la réplique, pour sa part, est évalué sur sa capacité à répliquer à son adversaire, plutôt qu'à faire un second discours. Il doit donc commencer par synthétiser l'argumentaire présenté par son adversaire, puis chercher à contrer cet argument (un chiffre qui atténue la portée de l'argument, une donnée oubliée par l'adversaire, un procédé rhétorique qui retourne l'argument, etc.), sans répéter ce qui a déjà été dit. Là réside le second intérêt majeur de l'atelier. C'est en public que les étudiants s'affrontent. Aussi s'efforcent-ils de séduire leur auditoire, en cherchant le point d'équilibre entre le fond de l'argumentaire et l'éloquence. Les étudiants de Licence 2 participent à deux controverses, l'une en avril, l'autre en mai. Aussi peuvent-ils mesurer leurs progrès entre deux prestations.

2.3. *L'art de la plaidoirie (L3)*

Puisque le thème du Parcours de Licence 3 est *Le contentieux*, les étudiants sont formés à l'art de la plaidoirie à partir d'un cas pratique en droit civil (droit de la famille ou droit des obligations) ou en droit pénal (auquel cas, l'un des étudiants prononce le réquisitoire du parquet et l'autre la plaidoirie de la défense). Le système s'inspire d'un concours pratiqué à la *Law school d'Oxford*, auquel l'un des directeurs a participé. Contrairement à la controverse où chaque équipe est invitée à choisir la thèse qu'elle entend défendre, les étudiants sont ici conduits à préparer un dossier en demande et en défense. Dans la réalité en effet, l'avocat représente son client indépendamment des valeurs, des faits et gestes de ce dernier. Contrairement à la controverse où les équipes se défient sur autant de sujets que d'équipes, les étudiants s'affrontent ici sur le même cas pratique ce qui va leur permettre d'entendre et réentendre plusieurs fois de suite les mêmes arguments, de les affiner, d'en découvrir de nouveaux. Il s'agit en quelque sorte de labourer la même terre, mais en rivalisant d'éloquence et en utilisant les outils de façon différente. De fait, l'intérêt de l'atelier est double : 1/ montrer qu'il n'y a pas une seule façon d'attaquer un dossier et de développer son argumentaire ; 2/ montrer que l'une des qualités principales d'un bon juriste demeure l'inventivité. À l'inverse de l'idée selon laquelle le droit ne serait que l'application stéréotypée de la règle aux faits, les étudiants sont incités à explorer des voies nouvelles, à réfléchir, à inverser leur regard, à mobiliser des règles, des raisonnements, des jurisprudences, des doctrines en dehors des évidences ; le tout, bien sûr, dans le respect d'un raisonnement juridique cohérent.

2.4. *Les concours par équipes (L1, L2, L3)*

Le parcours est le fruit d'une méthode en trois étapes : *l'idée, le débat, l'évaluation*. Lors des évaluations collectives, les étudiants ont fait remonter une demande semble-t-il unanime : les ateliers leur ayant donné et l'habitude du travail en équipes et le goût de l'affrontement (jeu de rôle constitutionnel, controverse, négociation contractuelle, plaidoirie), ils réclament davantage de travaux de groupes. Les directeurs ont donc mis au point de nouvelles propositions qui vont être expérimentées.

En Licence 1, un avocat va préparer un dossier pour conduire les étudiants, répartis en équipes, à rédiger, en une journée, les statuts d'une association virtuelle, dont les membres ont exprimé tels besoins et tels impératifs particuliers. L'idée est que chaque équipe, en compétition avec les autres, va répartir le travail en interne pour réunir et analyser les statuts types que l'on peut trouver sur internet, pour examiner la réglementation et la jurisprudence en la matière – les éléments pertinents auront été indiqués à l'avance –, pour adapter les statuts aux besoins exprimés, pour identifier les pièges – ce qui est légal et ce qui ne l'est pas –, pour passer à la rédaction des statuts. Chaque équipe bénéficie d'un point d'étape où elle rencontre l'avocat qui anime le concours et peut, dans un temps donné, obtenir des réponses à ses questions. À la fin de la journée, chaque équipe donne lecture de ses statuts d'association et l'avocat déclare le vainqueur. L'épreuve sera rééditée avec la rédaction d'un règlement universitaire, préparé, en amont, par un juriste, responsable du service juridique de l'Université.

En Licence 2, les universitaires qui enseignent le droit administratif, le droit pénal, le droit des obligations et le droit des affaires, vont préparer, en commun, un grand cas pratique mêlant des problématiques des quatre matières afin de le soumettre aux étudiants, répartis en équipes. L'idée est que chaque équipe, sur une journée, en compétition avec les autres, doit identifier et isoler les divers problèmes, puis chercher à les résoudre par un va-et-vient entre, d'une part, les quatre domaines juridiques spécifiques et, d'autre part, l'articulation générale entre les problèmes. Durant la journée, chaque équipe bénéficie d'un point d'étape où elle peut rencontrer chacun des quatre universitaires et obtenir, dans un temps donné, des réponses à ses questions. À la fin de la journée de travail, chaque équipe donne lecture de ses résultats et les universitaires déclarent le vainqueur.

En Licence 3, un avocat va reprendre, en l'adaptant et en le modifiant, l'un de ses dossiers contentieux pour conduire les étudiants, répartis en équipes, à rédiger, en une journée, les meilleures conclusions possibles. Là encore, chaque équipe bénéficie d'un point d'étape où elle rencontre l'avocat qui anime le concours et peut, dans un temps donné, obtenir des réponses à ses questions. À la fin de la journée de travail, chaque équipe donne lecture de ses conclusions et l'avocat déclare le vainqueur.

Ces concours par équipes, qui répondent à une demande des étudiants, ont plusieurs fonctions : 1/ matérialiser les thèmes et les enseignements de l'année (fabriquer du droit, résoudre un cas pratique complexe, rédiger des conclusions d'avocat), 2/ associer étroitement universitaires et praticiens dans la formation intellectuelle, humaine et technique des étudiants, 3/ initier ceux-ci au travail réel du juriste : *en équipes*, avec les avantages et les contraintes qui en découlent ; *avec un objectif fixé dans un temps donné* (ex. : remettre les statuts rédigés à l'heure dite) ; *grâce au recours à des juristes plus chevronnés*, lesquels ne vont pas faire le travail à la place de l'étudiant, mais vont l'accompagner en donnant les réponses aux questions ciblées, pertinentes, bien posées (ex. : tel principe s'oppose-t-il à telle formulation ? Telle jurisprudence s'applique-t-elle toujours ?). 4/ Ces concours ont encore pour objet d'entraîner les étudiants à rédiger du droit. En 2005, Yann Aguila, alors Maître des requêtes au Conseil d'État s'interrogeait[1] : « Enseigne-t-on suffisamment, dans nos universités, l'art de construire le droit ? Ne faudrait-il pas, la plume à la main, former les juristes, futurs magistrats et avocats, à écrire le droit ? Écrire des requêtes, des contrats, des jugements, et même des décrets et des lois… Des requêtes, pour apprendre à bâtir une argumentation juridique. Des jugements, pour expérimenter la rigueur, mais aussi les limites du syllogisme judiciaire. Des contrats, pour savoir anticiper les sources de litiges, évaluer les risques. Des lois et des décrets, pour mesurer la difficulté de la définition, puis de la formulation de la bonne règle de droit. Cet exercice d'écriture présente peut-être une autre vertu pédagogique. Il renseigne sur la véritable nature du droit. »

À l'Université de Rennes 1, cette interrogation légitime a trouvé une réponse en 2008, lorsqu'un atelier d'écriture du droit a été expérimenté, sur la demande de l'auteur de ces lignes, puis étendu, sous forme d'option (dans le cadre du Projet Personnel et Professionnel de l'Etudiant) en troisième année de Licence. Des praticiens divers viennent éduquer et guider les étudiants dans l'art d'écrire du droit. Cette méthode rencontre un grand succès mais butte sur l'obstacle du nombre d'étudiants concerné : pour mieux faire les choses, il faudrait pouvoir constituer des groupes réduits pour permettre aux étudiants de passer à l'acte de rédiger par eux-mêmes, puis pour permettre aux praticiens de corriger, d'expliquer, de rectifier. Au sein du Parcours, en revanche, le système peut fonctionner et peut encore s'intensifier.

---

[1] Y. Aguila, Construire le droit, Lettre Recherche Droit & Justice, n°20, 2005, http://www.gip-recherche-justice.fr/2013/07/31/lettre-recherche-droit-justice-n20/.

3. Colloque et *Alumni*. Recueillir les fruits de l'expérience

L'ancien Pôle, puis l'actuel Parcours d'excellence entrent dans leur dixième année. Deux chiffres traduisent son utilité. Premier chiffre : en 2008, lorsque l'annonce a été faite aux étudiants de Licence 1 qu'un Pôle d'excellence allait réunir, au printemps 2009, les vingt étudiants les plus méritants, la moyenne des cent meilleurs étudiants, lors des examens de fin d'année, a progressé de 0,5 point / 20, par rapport à l'année précédente. Ce qui montre, d'une part, l'attractivité du système, d'autre part, la capacité des étudiants à se fixer des objectifs. Les confidences drainées au fur et à mesure des années témoignent que, sans émulation particulière, un très bon étudiant ne voit pas forcément l'intérêt d'approfondir son travail, notamment s'il sait que le passage d'une année de Licence à l'autre lui est à peu près acquis. Second chiffre : en 2018, lorsque le nouveau système a vu le jour et a exposé aux lycéens les modalités d'accès au Parcours d'excellence, ce sont plus de six cent cinquante demandes qui ont été enregistrées pour vingt places...

Pour commémorer ces dix années de travail commun et d'innovations, le Parcours organise son premier colloque en présence des étudiants actuels et anciens, des universitaires et des praticiens qui ont participé à l'expérience. Une ultime innovation y sera proposée : le programme présente des interventions en binôme (un universitaire et un praticien) sur trois sujets en lien avec les thèmes des trois années. Mais il mêlera aussi des interventions des étudiants de Licence 2, de Licence 3 et d'anciens étudiants du Parcours sur des exercices qu'ils maîtrisent et qui introduiront ou illustreront les propos des universitaires et des praticiens : des synthèses, des comptes-rendus, une controverse, une plaidoirie. Par ailleurs, le colloque sera l'occasion pour les anciens de poser les jalons d'une association des *alumnis* ; une tradition très forte dans les grandes écoles, une pratique plus ou moins fréquente au sein des Masters des facultés de droit, une pratique absente au niveau de la Licence. En outre, le colloque permettra d'insister sur certains fruits de l'expérience en matière d'éducation juridique. Nous en proposons trois.

3.1. *La confiance mutuelle entre universitaires et étudiants*

Le Parcours témoigne combien, en matière de formation, la confiance réciproque entre universitaires et étudiants est féconde, en partie grâce à l'appui indirect des praticiens. Ce rapport à trois constitue une évidence pour tous les universitaires français qui ont la responsabilité d'un Master professionnel, mais l'est beaucoup moins au niveau de la Licence. Souvent, les expériences passées ont, çà et là, alimenté des méfiances respectives de toutes sortes. Certains universitaires se montrent circonspects à l'égard des requêtes des étudiants parce qu'ils soupçonnent tantôt une volonté d'empiéter sur leur liberté pédagogique, tantôt une charge de plus, tantôt une revendication syndicale imaginée au niveau national et mal adaptée aux moyens humains et financiers des facultés de droit, etc. Dans l'autre sens, les étudiants suspectent parfois leurs professeurs, par exemple, de leur cacher d'inavouables quotas pour passer d'une année de Licence à l'autre (sur ce point, les rumeurs semblent toujours plus puissantes que la preuve par les chiffres), de constituer volontairement des groupes de travaux dirigés trop denses, ou, autre exemple, de pérenniser des pratiques et des coefficients (cours/travaux dirigés) qui sont défavorables à leurs résultats. À la vérité, ces difficultés sont inhérentes au grand nombre d'étudiants inscrits dans les facultés de droit (à Rennes 1, deux mille cinq cents inscrits environ sur les trois années de Licence) et à la position respective des professeurs et de leurs étudiants. Les premiers ont pour rôle d'enseigner et de sanctionner des connaissances. Les seconds ont pour objectif d'obtenir leur diplôme de Licence.

Toutefois, le Parcours montre que – chacun étant à sa juste place – étudiants de Licence et professeurs peuvent, ensemble, fonder, innover, évaluer, améliorer. Ils le peuvent parce qu'au sein du Parcours, la notation occupe une place secondaire, parce qu'il existe, entre eux, une forte attente réciproque et une grande estime mutuelle, parce que le système bénéficie du concours des praticiens, lesquels sont en quelque sorte les stars du Parcours, lesquels matérialisent la transition entre connaissances théoriques et compétences pratiques, lesquels expliquent aux étudiants les exigences réelles du monde du travail, ce qui, en retour, éclaire et corrobore les exigences universitaires (ex. : la densité du travail à fournir, la culture générale à acquérir, les consignes à observer, l'orthographe à soigner).

S'il y avait une première chose à retenir de l'expérience, ce serait celle-ci : un système pédagogique fondé sur la confiance mutuelle entre professeurs et étudiants – chacun étant à sa juste place – donne de bons résultats.

3.2. *L'implication des praticiens dans la formation*

Le Parcours, aussi bien pour les leçons et conférences que pour certains ateliers et concours par équipes, fonctionne sur la base de la parité entre universitaires et praticiens. Cette logique apparaît elle aussi évidente au niveau des Masters professionnels, mais ne l'est pas au niveau de la Licence – certaines facultés de droit, dont celle de Rennes 1, offrent, fort heureusement, de nombreuses opportunités de rencontres entre étudiants et praticiens. Lors de la première évaluation collective, en 2009, les étudiants expliquaient que les deux éléments les plus appréciables au sein du Pôle d'excellence de fin d'année étaient, d'une part, de pouvoir enfin dialoguer longuement avec leurs professeurs d'amphithéâtre, d'autre part, de travailler avec des professionnels du droit. Cette logique où – chacun étant à sa juste place – universitaires et praticiens participent à la formation offre de nombreux avantages. 1/ Il est rare qu'un praticien décline l'invitation faite de participer au Parcours, lequel a, au fil des années, fait intervenir des praticiens locaux (magistrats des deux ordres de juridiction, avocats, notaires, juristes d'entreprise, fonctionnaires), des membres du Conseil constitutionnel, des membres du Conseil d'État (sections administratives, section du contentieux, en détachement dans les ministères), des magistrats de la Cour de cassation, des juridictions européennes et internationales, des juristes de certaines grandes entreprises internationales. 2/ Les praticiens se montrent toujours enthousiastes à l'idée de proposer une innovation (ex. : jeu constitutionnel et politique) ou d'y participer (ex. : travailler sur dossier, faire rédiger des conclusions). 3/ Les étudiants, grâce au va-et-vient entre les séances animées par leurs professeurs et les séances animées par les praticiens, conçoivent leur travail selon une perspective différente que celle, à court terme, de réussir leurs examens : le système oriente en effet vers la diversité des activités professionnelles, mais à la lumière des exigences universitaires pour pouvoir y parvenir ; le système est pensé en vue de l'acquisition de compétences pratiques, mais à la lumière de la théorie, de la culture et des connaissances universitaires pour pouvoir les maîtriser ; le système recherche le point d'équilibre entre les contraintes de l'enseignement supérieur et les contraintes du monde du droit, en dehors de l'université.

Ce ne sont pas de beaux et vains mots : la recherche et l'étude en bibliothèque, la lecture d'ouvrages et d'articles de doctrine, la réflexion seul et à plusieurs, la capacité à synthétiser un dossier complexe, à résoudre un cas pratique à entrées multiples, à construire une bonne stratégie pour ou contre tel projet de réforme, à argumenter ou à plaider en public, à prendre de vitesse une équipe adverse, à connaître les codes lorsqu'on travaille avec un magistrat, un conseiller d'État ou un avocat, à assumer les contraintes du travail en équipe et les objectifs à atteindre dans un temps donné, tout cela participe de cette recherche du point d'équilibre. Cette parité entre universitaires et praticiens pose toutefois un double défi pour une faculté de droit : l'obstacle financier – déplacer un intervenant suscite d'inévitables frais – et les contraintes logistiques – organiser et réorganiser le calendrier, être disponible pour accueillir les intervenants, remplir ou faire remplir d'improbables dossiers, anticiper les détails, etc. Mieux vaut alors pouvoir s'appuyer sur une bonne équipe de directeurs et sur un secrétariat performant.

S'il y avait une deuxième chose à retenir de l'expérience, ce serait celle-ci : un système pédagogique fondé sur la double intervention des professeurs et des praticiens – chacun étant à sa juste place – donne de bons résultats.

3.3. *La diversification des exercices*

En France, à l'heure actuelle, les travaux dirigés forment le plus souvent à lire, comprendre, synthétiser, analyser, commenter, disserter et résoudre des cas pratiques. Le Parcours, s'appuyant sur la maîtrise de ces méthodes, propose de nouveaux exercices. Cela répond non seulement à la logique même des thèmes d'année (*la fabrique, la controverse, le contentieux*), mais aussi à l'ambition de faire acquérir d'autres compétences, à l'attrait des travaux en équipes et des concours en tous genres exercés sur les étudiants, à la volonté des professeurs d'explorer de nouvelles voies en fonction de leur expérience, de leurs lectures et des propositions de leurs amis praticiens. Certains de ces exercices, tels l'art du jeu constitutionnel et politique ou l'art de la négociation contractuelle, peuvent difficilement être proposés à plusieurs centaines d'étudiants. D'autres, en revanche, peuvent être transposés et adaptés à la formation traditionnelle.

S'il y avait une troisième chose à retenir de l'expérience, ce serait celle-ci : profitant de la liberté pédagogique et d'un environnement favorables – un ministère, un conseil de faculté, un doyen et un président d'université ouverts à l'expérimentation ; une magistrature, un barreau, un réseau d'administrations et d'entreprises prêts à s'investir –, un groupe soudé d'universitaires peut proposer, à côté des exercices classiques (comprendre, commenter, disserter, résoudre des cas pratiques), des exercices où l'on forme à l'oralité (comptes-rendus et exposés courts), à la controverse et surtout à l'écriture du droit : statuts, contrats, règlements, conclusions, etc.

Annexe.

Programme d'étude au sein du Parcours d'excellence

Parcours d'excellence Licence 1 - Semestre 1

L'art de l'exposé oral et du compte-rendu. Leçon inaugurale	1h00
Leçons & Conférences	
Colloque du Parcours d'excellence (commun L1, L2, L3)	6h00
Le moment constituant. Leçon	2h00
La fabrique du traité. Leçon	2h00
La fabrique du traité. L'expérience d'un juge international	2h00
La fabrique de la loi. Leçon	2h00
La fabrique de la loi. L'expérience d'un administrateur de l'Assemblée nationale	2h00
La fabrique du règlement d'administration. Leçon	2h00
La fabrique du règlement. L'expérience d'un haut fonctionnaire ministériel	2h00
Ateliers & Concours	
Atelier. L'art de l'exposé oral (comptes-rendus de lectures d'été & procès célèbres)	9h00
Atelier. Concours par équipes (apprendre en instantané)	2h00
Atelier. Doctrine, droit étranger ou actualité du droit	2h00

Parcours d'excellence Licence 1 - Semestre 2

L'art du jeu politique et constitutionnel. Leçon inaugurale	1h00
Leçons & Conférences	
La fabrique de la jurisprudence. Leçon	2h00
La fabrique de la jurisprudence. L'expérience d'un magistrat de la Cour de cassation	2h00
La fabrique et l'actualisation d'un code. Leçon	2h00
L'actualisation d'un code. L'expérience d'un éditeur juridique	2h00
La fabrique de la norme européenne. Leçon	2h00
La fabrique de la norme européenne. L'expérience d'un fonctionnaire européen	2h00
Ateliers & Concours	
Atelier. L'art du jeu constitutionnel et politique	9h00
Atelier. Concours par équipes (rédiger des statuts d'association - rédiger un règlement d'université)	8h00
Atelier. Doctrine, droit étranger ou actualité du droit	2h00

Parcours d'excellence Licence 2 - Semestre 3

L'art de la synthèse. Leçon inaugurale	1h00
Leçons & Conférences	
Colloque du Parcours d'excellence (commun L1, L2, L3)	6h00
La controverse sur le référé devant le juge administratif. Leçon	2h00
La controverse sur le référé. L'expérience du Président de la	2h00

section du contentieux du Conseil d'Etat	
La controverse autour de la déontologie des élus. Leçon	2h00
La controverse autour de la déontologie des élus. L'expérience d'un parlementaire	2h00
La controverse sur l'uberisation du travail. Leçon	2h00
La controverse sur l'uberisation du travail. Le regard de l'avocat	2h00
La controverse autour de la réforme du droit d'asile. Leçon	2h00
La controverse autour de la réforme du droit d'asile. L'expérience d'un juge de la Cour Nationale du Droit d'Asile	2h00
Ateliers & Concours	
Atelier. L'art de la synthèse	9h00
Atelier. Concours par équipes (apprendre en instantané)	2h00
Atelier. Doctrine, droit étranger ou actualité du droit	4h00

Parcours d'excellence Licence 2 - Semestre 4

L'art de la controverse. Leçon inaugurale	1h00
Leçons & Conférences	
La controverse autour des états généraux de la bioéthique. Leçon	2h00
La controverse autour des états généraux de la bioéthique. L'expérience d'un administrateur de l'Assemblée nationale	2h00
La controverse autour des clauses abusives dans les contrats d'adhésion. Leçon	2h00
La controverse autour des clauses abusives dans les contrats d'adhésion. L'expérience de l'avocat	2h00
La controverse autour du contrôle de proportionnalité à la Cour de cassation. Leçon	2h00
La controverse autour du contrôle de proportionnalité à la Cour de cassation. L'expérience d'un magistrat de la Cour	2h00
Ateliers & Concours	
Atelier. L'art de la controverse	9h00
Atelier. Concours par équipes (grand cas pratique mutualisé)	8h00
Atelier. Doctrine, droit étranger ou actualité du droit	2h00

Parcours d'excellence Licence 3 - Semestre 5

L'art de la négociation contractuelle. Leçon inaugurale	1h00
Leçons & Conférences	
Colloque du Parcours d'excellence (commun L1, L2, L3)	6h00
Modèle français *versus* modèle anglais : la conception du ministère public. Leçon	2h00
Le rôle du ministère public. L'expérience du procureur de la République	2h00
Grands problèmes de contentieux administratif. Leçon	2h00
Grands problèmes de contentieux administratif. L'expérience du Président de la section du contentieux du Conseil d'Etat	2h00
Grands problèmes de contentieux international. Leçon	2h00
Grands problèmes de contentieux international. L'expérience d'un juge international	2h00

Ateliers & Concours	
Atelier. L'art de la négociation contractuelle	9h00
Atelier. Concours par équipes (apprendre en instantané)	2h00
Atelier. Doctrine, droit étranger ou actualité du droit	4h00

Parcours d'excellence Licence 3 - Semestre 6

L'art de la plaidoirie. Leçon inaugurale	1h00
Leçons & Conférences	
Grands problèmes de procédure civile. Leçon	2h00
Grands problèmes de procédure civile. L'expérience d'un magistrat de la Cour d'appel	2h00
Grands problèmes de procédure pénale. Leçon	2h00
Grands problèmes de procédure pénale. L'expérience d'un juge d'instruction	2h00
Grands problèmes de contentieux administratif. Leçon	2h00
Grands problèmes de contentieux administratif. L'expérience d'un rapporteur public	2h00
Grands problèmes de contentieux européen. Leçon	2h00
Grands problèmes de contentieux européen. L'expérience d'un juge européen	2h00
Ateliers & Concours	
Atelier. L'art de la plaidoirie	9h00
Atelier. La rédaction de conclusions	8h00
Atelier. Doctrine, droit étranger ou actualité du droit	2h00

MOINS DE DROIT. PROPOSITIONS PÉDAGOGIQUES SUBVERSIVES À LA LUMIÈRE DE LA FORMATION JURIDIQUE EN *COMMON LAW*

Ruth Sefton-Green*

École de droit de la Sorbonne, Université Paris 1 – Panthéon-Sorbonne

> « La subversion haït le désordre. Elle est elle-même, ordre vertueux opposé à un ordre réactionnaire »
>
> Edmond Jabès[1]

1. Moins dans la durée : une question de quantité. – 2. Moins, c'est mieux : la qualité prévaut.

À l'instar de l'adage, « *less is more* », d'après un poème de Robert Browning « *The Faultless Painter* »[2], à propos du peintre Andrea del Sarto (« *senza errori* », selon Giorgio Vasari) on peut extraire deux idées clés : premièrement, moins, c'est plus ; deuxièmement, moins, c'est mieux. Les effets du « moins » peuvent donc être de nature différente : quantitative, qualitative et morale. Dans ce poème Browning décrit un peintre sans faille qui exécute des tableaux merveilleusement, voire parfaitement, mais sans âme. De plus, il est lucide sur le manque de ses vraies qualités artistiques, c'est pourquoi il dit : « *less is more* », car ayant exécuté beaucoup d'œuvres, il sait qu'il lui manque le talent d'artiste. Par analogie, voudrions-nous produire des juristes, qui ne sont que de bons exécutants, sans imagination, sans âme, sans talent créatif ? Je crois que non.

Moins peut vouloir dire une moindre quantité, que ce soit temporel ou autre. Remarquons que les études en droit en *common law* sont plus courtes et ne durent que trois ans[3]. Cela ne semble pas pourtant affecter ni la qualité ni la réputation des juristes anglo-américains. La durée des études

* Je remercie Angela Campbell et Shauna van Praagh pour leurs observations perspicaces et précieuses.

[1] E. Jabès, *Le petit livre de la subversion hors de soupçon*, Paris, Gallimard, 1982, p. 12.

[2] R. Browning, « Andrea del Sarto (called "The Faultless Painter") », paru dans le recueil *Men and Women*, London, Chapman and Hall, 1855.

[3] En Angleterre et au Pays de Galles on fait 3 ans de droit pour obtenir un diplôme (*Bachelor of Laws*, « LL.B » l'équivalent de la licence en France). Aux États Unis et au Canada pour la plupart (exception faite pour le Québec) le droit est un diplôme post gradué *Juris Doctor* (« JD »), également d'une durée de 3 ans, c'est-à-dire après une licence dans une autre discipline universitaire.

en droit est-elle liée à la nature du droit, voire au système juridique (droit codifié, *common law*, etc), à la nature de la formation, ou les deux ? Est-ce une question d'œuf et de poule ?

Les explications épistémologiques du savoir juridique[4] sont imbriquées dans celles qui sont d'ordre systémique, mais ne sont pas au cœur de mon propos. Je ne vais pas m'attarder ni sur les causes historiques ni sur d'autres causes institutionnelles, puisque je veux mettre l'accent sur une réflexion proprement pédagogique. Je pense que la méthode de formation est déterminante et que ce n'est pas l'objet, c'est-à-dire l'objet ou le type de droit, qui détermine la méthode. Cette dernière conception nous oblige à réifier le droit, à se focaliser sur son contenu et sur sa masse, et c'est bien à partir de là que nous avons construit le problème de l'enseignement du droit en France. Il me semble que nous avons augmenté les connaissances du droit et le pouvoir corrélatif des détenteurs de ces connaissances, c'est-à-dire les professeurs de droit, pour renforcer l'autorité de la doctrine[5]. Par conséquent, les professeurs de droit ont surélevé le savoir juridique en une science. Ce faisant, on a dérivé de notre mission d'éduquer et de former les étudiants en droit : notre devoir s'est déplacé de celui de la formation de la personne, c'est-à-dire, l'étudiant, intrinsèque à l'éducation[6], sur la transmission des connaissances du droit. Aujourd'hui cela ne suffit pas ; on ne peut plus – on ne peut jamais – se fier à la transmission des connaissances pures pour faire une bonne formation juridique. Du reste, les connaissances ne nous suffisent pas pour fonder la base d'une formation juridique, car elles débordent et nous dépassent, par leur complexité, leur technicité et leurs mutations. Puisque nous n'avons pas la maîtrise des connaissances en droit, nous devons concevoir la formation des juristes autrement. À partir de cette transformation conceptuelle, on devra réfléchir à ce qu'on pourrait faire à la place de ce que nous faisons actuellement. Moins de droit ne veut pas forcément dire moins d'étudiants, ou moins de professeurs, ou moins d'avocats dans l'avenir. Toutefois, on devra s'efforcer à dissocier l'éducation juridique universitaire de la formation des avocats. Tous les étudiants en droit n'ont pas envie de devenir ni avocats ni juristes : un constat que nous ignorons trop souvent. C'est une raison supplémentaire pour faire moins de droit pur et formel.

---

[4] Voir C. ATIAS, *Epistémologie juridique*, Paris, Dalloz, 2002, qui a mené une enquête critique sur le savoir juridique.

[5] Voir P. JESTAZ et CH. JAMIN, *La doctrine*, Paris, PUF, 2004.

[6] Cf. R. SEFTON-GREEN, « Introduction », in ID., (dir), « *Démoulages » : Du carcan de l'enseignement du droit vers une éducation juridique* », Paris, Société de législation comparée, 2015, p. 17-24.

J'ai deux propositions simples et enchevêtrées, que je traiterai successivement. D'abord, je plaiderai pour des études moins longues (1). Ensuite, j'expliquerai qu'en formant les étudiants moins, on les formera mieux (2). Ces propositions me viennent à l'esprit grâce à ma propre formation en tant que juriste de *common law*. Toutefois, ma formation est une source d'inspiration et ne relève aucunement d'une volonté d'imitation ou de greffe. Pour résumer simplement mon propos, je m'efforce à démontrer qu'en effet, moins, c'est plus.

1. Moins dans la durée : une question de quantité

En France, l'exigence de l'obtention d'un master 1 pour pouvoir accéder aux concours et aux professions juridiques crée une barrière temporelle faisant en sorte que souvent on étudie le droit pour au moins quatre, si ce n'est cinq, ans. Cet obstacle étant de nature contingente, il pourrait être modifié. Actuellement, la durée d'études rapporte plus à la quantité et non pas forcement à la qualité, c'est pourquoi je propose qu'on raccourcisse la durée des études juridiques. Autrefois, la longueur des études était liée à l'idée qu'il y avait une corrélation entre la quantité de connaissances à transmettre et le temps passé à l'université pour les recevoir.

Cette conception est totalement dépassée : on sait que les connaissances auraient changé entre la première année et la fin des études, que ce soit en 3e, 4e ou 5e année : que les connaissances mêmes deviennent volatiles[7]. Compte tenu du fait qu'on ne peut plus espérer de tout transmettre, que les connaissances en droit peuvent être appréhendées autrement qu'en cours magistral à travers la parole du professeur, qui n'est ni bouche ni oracle de la loi[8], nous devrions arrêter d'imaginer que ce soit le cas. Les étudiants ont aujourd'hui largement accès aux sources de droit. C'est pourquoi je pense que la longueur des années d'études ne fait que dupliquer l'apprentissage, ou l'augmenter de manière seulement quantitative, alors que la progression qualitative ne suit pas à la même allure. Au cas où les critiques suggèrent qu'un étudiant en 1re année n'a pas encore appris la langue du droit et ne peut pas former son opinion ou raisonner comme il faut, je rétorquerais que les enfants de bas âge continueront à boire au biberon tant qu'on ne leur donnera pas une tasse ou un verre ! Je propose

[7] M. VOGLIOTTI, « L'urgence de la question pédagogique pour le droit postmoderne », in *Revue interdisciplinaire d'études juridiques*, 72, 2014, p. 73-85.
[8] Voir J. P. DAWSON, *The Oracles of the Law*, Ann Arbor, University of Michigan Law School, 1968. L'attribution est empruntée à W. BLACKSTONE, *Commentaires on the Laws of England*, vol I, Oxford, Clarendon Press, 1765, facsimile version Legal Classics Library, 1983, Section III, § 69, qui a appelé les juges « *the depositaries of the laws, the living oracles* ».

donc de rendre les étudiants plus actifs, plus autonomes et responsables plus tôt[9]. Les études sur l'apprentissage expérientiel, c'est-à-dire quand on permet à l'étudiant d'apprendre en faisant à travers l'expérience, sont pertinentes à cet égard[10]. À partir du moment où on envisage que le cours est un échange entre professeur et étudiant, et non une transmission de matière *ex cathedra*, on peut avancer plus vite. Par conséquent, on a besoin de moins de temps d'études. Je pense que trois ans suffisent et que l'on doit rendre à la licence ce qui lui est dû.

Rappelons que des efforts ont été fait dans ce sens : l'École de droit de Sciences Po, par exemple, propose un diplôme de droit en deux ans[11]. N'oublions pas – pour comparer le comparable – que les étudiants à l'École de droit de Sciences-Po sont sélectionnés à l'entrée, contrairement à l'Université, étant déjà diplômés de l'enseignement supérieur[12]. Dans la même veine, soulignons que des professeurs de droit d'universités américaines renommées ont proposé de raccourcir la durée totale d'un *Juris Doctor* à un diplôme de deux ans seulement[13]. Toutefois, cette proposition doit être reliée à son contexte, notamment au fait que les frais élevés de scolarité produisent de nombreux étudiants incapables de rembourser leurs dettes[14]. Mes propositions sont, par contre, pédagogiques et ne sont pas centrées autour d'enjeux économiques, liés au marché et à la concurrence – qu'elle soit nationale ou internationale.

---

[9] Sur la passivité et l'irresponsabilité, voire la subordination des étudiants, v. J.-J. GLEIZAL, « L'enseignement du droit dans la formation sociale française », in M. BOURJOL, P. DUJARDIN, J.-J. GLEIZAL et alii, *Pour une critique du droit : du juridique au politique*, Paris-Grenoble, Maspero & Presses Universitaires de Grenoble, 1968, p. 69-113, notamment p. 79-80 et 99 s. ; R. ENCINAS DE MUNAGORRI, « Quelle critique pour l'enseignement du droit ? », in *Clio@thémis*, 5, 2012, n° 22 s.

[10] V., pour une étude sur l'apprentissage expérientiel en général, J. CHEVRIER et B. CHARBONNEAU, « Le savoir-apprendre expérientiel dans le contexte du modèle de David Kolb », in *Revue des sciences de l'éducation*, 26, n° 2, 2000, p. 287-324 ; en droit, v. par exemple, G. F. HESS, « Seven principles for good practice in Legal Education: Principle 3: Good Practice Encourages Active Learning », in *Journal of Legal Education*, 49, n° 3, 1999, p. 367.

[11] CH. JAMIN, *La cuisine du droit, L'École de Sciences Po, Une expérimentation française*, Paris, Lextenso 2012.

[12] *Ibid.*, p. 171 s.

[13] B. Z. TAMANAHA, *Failing Law Schools*, Chicago University Press, 2012.

[14] Pour une critique du double profil proposé par Tamanaha, qui s'appuie sur une vision étroite du marché, v. B. G. GARTH, « Crises, crisis rhetoric, and competition in legal education : a sociological perspective on the (latest) crisis of the legal profession in legal education », in *Stanford Law & Policy Review*, 24, 2013, p. 503-531. Le double profil consisterait d'une part, d'un JD de 3 ans pour les *law schools* dans la *Ivy League* ; d'autre part, de celui de 2 ans pour les *law schools* moins renommées, ce qui renforcerait les discriminations et les clivages existants.

Pourquoi la durée d'études en droit est plus courte dans les pays de *common law* que dans les pays de droit codifié ? Le droit, est-il plus compliqué à apprendre parce que le système juridique est codifié ? Une fois la question posée, elle relève d'un paradoxe. *A priori*, il serait plus simple d'apprendre le droit dans un système codifié, car le droit est plus accessible et prévisible, au moins en théorie. Selon cette logique fondée sur l'accès aux sources du droit[15], les études devraient être plus longues dans un système juridique de *common law,* alors que c'est l'inverse qui se vérifie. Cette comparaison rapide nous permet de constater que la longueur des études en droit n'est pas liée à l'objet même, ni à sa difficulté inhérente : pourquoi le fait d'apprendre le droit français serait véritablement plus difficile que celui d'apprendre le droit anglais ou américain, par exemple ? Il semblerait que la longueur des études relève davantage d'une idéologie masquant notre attitude et nos objectifs de l'enseignement du droit. Si nous disons que les étudiants ont besoin de plus que trois ans de droit, c'est un discours[16] : le message implicite étant que la durée des études renforce le pouvoir des professeurs du droit. C'est pourquoi nous avons besoin d'une épistémologie juridique et d'une critique du droit[17] différentielles, qui savent discriminer entre le savoir juridique et ses modes de production.

Je peux renverser la description. Ce n'est sans doute pas une coïncidence si dans les pays de droit codifié (la France, l'Italie, l'Allemagne…), la présence d'une doctrine forte est corrélée de longues études de droit. Cela était vrai, même avant la Déclaration de Bologne en 1999, qui n'a pas réussi *in fine* à harmoniser la durée des études universitaires. Inversement, ce n'est pas un hasard non plus si le pouvoir de la doctrine est moins fort dans les pays de *common law* et la durée des études du droit plus courte. De plus, la profession juridique était responsable de la formation des juristes en Angleterre pendant très longtemps et l'enseignement universitaire du droit n'a commencé qu'à partir du milieu du XIXe siècle[18].

Il me semble que ce rapport culturel et institutionnel est susceptible de changement. Si la durée des études en droit dépend d'un rapport – de maîtrise – entre professeurs et étudiants, celui-ci n'est pas immuable. Le bon sens nous indique que nous inculquons les comportements que nous

[15] À ce propos, on sait qu'aucun système juridique a adopté volontairement la *common law*, compte tenu, entre autres, des difficultés d'accès aux sources.
[16] M. FOUCAULT, *L'ordre du discours*, Paris, Gallimard, 1971.
[17] Voir le manifeste en préface in M. BOURJOL, P. DUJARDIN, J.-J. GLEIZAL ET ALII, *Pour une critique du droit*, *op. cit.* ; M. MIAILLE, *Une introduction critique au droit. Textes à l'appui*, Paris, Maspéro, 1976.
[18] F. H. LAWSON, *The Oxford Law School 1860-1965*, Oxford, Clarendon, 1968.

donnons comme modèle. Je voudrais suggérer par-là que les étudiants en droit, en France, sont souvent dociles, voire « soumis »[19], puisque, au moins ou en partie, on les traite ainsi. Par conséquent, les étudiants manquent souvent d'autonomie et d'initiative. Ce faisant, nous avons créé une attente des étudiants, qu'ils revendiquent ensuite comme solution de facilité. Toutefois, nous pouvons facilement modifier le rapport entre professeur et étudiant si nous le désirons. Le professeur n'est plus indispensable – l'était-il auparavant ? – ni ses ouvrages. Les étudiants n'ont pas besoin d'aller en cours si le professeur lit son traité ou son manuel[20]. En revanche, les enseignants[21], n'étant pas simplement un puits de connaissances, ont, ou devraient avoir, des compétences hors commun, dont les étudiants ont besoin. Dorénavant nous devrions réfléchir comment transformer la matière brute du droit en matière digeste pour que celle-ci devienne attirante et saisissable. On propose donc de mettre l'accent davantage sur l'outillage du raisonnement juridique et sur la transmission du discernement (savoir-faire), que sur les connaissances et le savoir juridique en tant qu'objet. L'enseignement n'est pas simplement le transfert des connaissances et du savoir et à partir de là, on comprend qu'on doit et peut partager cette métamorphose afin de donner plus de place à l'écoute, à l'échange et au respect d'autrui réciproque : cela appartient autant aux enseignants qu'aux étudiants[22].

En proposant de diminuer la durée des études, on obligera les étudiants à grandir et à murir plus vite. L'étudiant est capable d'avoir sa propre opinion dès son premier jour à l'université. L'enseignement universitaire n'est pas – et ne devrait pas être – exclusivement dogmatique et techniciste ou « technologique », à l'instar de l'image monolithique peinte par ses détracteurs[23]. Nous devons encourager les étudiants à aiguiser leurs opinions et leurs argumentations[24], ainsi qu'à développer plus d'autonomie et d'initiative personnelle.

---

[19] Cf. J.-J. GLEIZAL, « L'enseignement du droit », *op. cit.* et R. ENCINAS DE MUNAGORRI, « Quelle critique pour l'enseignement du droit ? », *op. cit.*

[20] Cf. O. MORÉTEAU, *Le juriste français : entre ethnocentrisme et mondialisation*, Paris, Lextenso, 2014.

[21] J'utilise le terme générique « enseignant » qui englobe tous les enseignants universitaires, tous statuts confondus.

[22] Voir R. SEFTON-GREEN, « Conclusion », in ID., (dir.), *Démoulages*, *op. cit.*, p. 233-255.

[23] CH. JAMIN, *La cuisine du droit*, *op. cit.* Cette vision est critiquée pour être un peu trop « monolithique » par P. ANCEL dans le compte rendu de l'ouvrage de Jamin paru dans la *Revue trimestrielle de droit civil*, 2013, p. 212-216 ; *adde* CH. JAMIN et M. XIFARAS, « De la vocation pour les facultés de droit (françaises) de notre temps pour la science et l'enseignement », in *Revue interdisciplinaire d'études juridiques*, 72, 2014, p. 107-140, notamment p. 135.

[24] Voir la jolie expression de Hervé Crozé, qui se réfère au « labyrinthe d'argumentations » in H. CROZE et CH. JAMIN, « Formation des juristes : dialogues entre cuisinier et gastro-

On a compris que le temps n'est pas suffisant pour tout apprendre. La prémisse qu'on va tout apprendre est un leurre, donc mieux vaut passer moins de temps à apprendre, mais en apprenant mieux…

2. Moins, c'est mieux : la qualité prévaut

Moins peut aussi vouloir dire mieux : comme dit l'adage c'est la qualité et non la quantité qui compte. Ce n'est pas tant quoi, mais *comment* on apprend qui importe, et ceci du point du vue de l'enseignant et de l'étudiant. Dans les pays de *common law*, la formation des juristes se résume par une consigne simple : « *think like a lawyer* », ce qui est intéressant car déjà la formation professionnelle est intrinsèque à la formation universitaire, et ceci pour des raisons historiques. Rappelons que les étudiants en chimie ne se disent pas être des chimistes, ceux en philosophie ne sont pas des philosophes non plus, mais il semblerait que ceux en droit soient des juristes … en devenir. C'est pourquoi il faut apprendre à penser comme une, ou un, juriste[25].

Voici trois idées pédagogiques concrètes pour améliorer la qualité de l'apprentissage, avec la contrainte temporelle. Mes propositions sont simples : nous devrions enseigner moins de matières (2.1), faire moins d'heures de cours (2.2) et enseigner moins ou autrement (2.3).

2.1. *Moins de matières*

Pour les raisons expliquées ci-dessus, je crois qu'il faut réduire le nombre de matières que nous enseignons actuellement, ce qui sera nécessaire si la durée des études est moins longue. En réduisant le nombre de matières, d'autres effets positifs suivront, car cela pourrait améliorer la qualité et la profondeur de l'apprentissage. Cela impliquera moins de bourrage de crâne, moins d'apprentissage mécanique et routinier par cœur, moins de fragmentation[26] et de cloisonnement de matières – et par là même, plus de cohérence dans les diplômes. Nous convenons tous que

---

nome », in *La semaine juridique* (éd. générale), 2012, p. 928 ; H. CROZE et CH. JAMIN, « Formation des juristes 2 : échange électronique avec un schizophrène juridique », *ibid.*, 2013, p. 433.

[25] R. SEFTON-GREEN, « Le regard d'une juriste du *common law* sur les disciplines en droit », in F. AUDREN et S. BARBOU DES PLACES (dir), *Qu'est-ce qu'une discipline juridique ? Fondations et recompositions des disciplines dans les Facultés de droit*, Paris, Lextenso, à paraître.

[26] Cette critique est loin d'être neuve, v. par exemple, J.-J. GLEIZAL, « L'enseignement du droit », *op. cit.* et, plus récemment, O. MORÉTEAU, « Bilan de santé de l'enseignement du droit en France », in *Le juriste français entre ethnocentrisme et mondialisation*, *op. cit.*, p. 55-84.

la semestrialisation, en réduisant le nombre d'heures par matières, a empiété sur le temps nécessaire pour assimiler une matière, alors que la courbe d'apprentissage requiert un temps ou un processus de digestion. Cependant, il ne suffit pas de déplorer la situation actuelle[27], mon propos se voulant plus constructif.

En France, un étudiant en licence en droit étudie beaucoup de matières. Par exemple, à l'École de droit de la Sorbonne[28], un étudiant en première année de licence (L1) fait huit matières par semaine et par semestre. En deuxième année (L2), le labeur de l'étudiant atteint une moyenne de sept matières et demi par semaine et par semestre, pour diminuer en troisième année (L3) à sept matières par semaine et par semestre. Ça fait seize matières par an en L1, quinze matières en L2 et quatorze matières en L3[29] ! À cet égard, nous pouvons noter, à titre de comparaison seulement, que les études en droit anglais, que l'on peut suivre en Angleterre et au Pays de Galles[30], comportent environ huit matières fondamentales pendant la licence[31]. Souvent les étudiants suivent ces matières appelées « du noyau » pendant leur deux premières années, suivies par une troisième année de matières exclusivement facultatives[32]. En moyenne, les étudiants

---

[27] O. BEAUD et R. LIBSCHABER, « Où va l'université – les chemins de liberté », in *La semaine juridique* (éd. générale), 2014, p. 1264.

[28] Université Paris 1, Panthéon-Sorbonne, disponible au http://ecolededroitdelasorbonne.univ-paris1.fr/ (consulté le 8 septembre 2017).

[29] Un descriptif sommaire des cours pour les trois années de licence se trouve dans « Maquettes Licence en droit 2014-2018 CFVU du 04.06.2015 » disponible au : https://www.univ-paris1.fr/jp/ufr/ufr26/, sous la rubrique « Documents officiels » (consulté le 8 septembre 2017).

[30] Le droit anglais englobe l'Angleterre et le Pays de Galles ; le droit écossais étant distinct est enseigné en Ecosse et ne fait pas partie de cette étude. V. pour une introduction générale, A. GUIGUE et R. SEFTON-GREEN, « Royaume Uni : Angleterre & Pays de Galles », in *Jurisclasseur. Droit comparé*, Lexis-Nexis, 2015.

[31] Ces matières fondamentales consistent en les matières suivantes : le droit public (parfois sous-divisé en droit constitutionnel et administratif, parfois non), le droit des contrats, le droit de la responsabilité civile (« *torts* »), le droit pénal, le droit des biens, le droit des « *trusts* », le droit européen y compris parfois les droits fondamentaux, la philosophie du droit et parfois le droit romain.

[32] Par exemple, à la Dickson School of Law, King's College, London, un étudiant en LL.B. fait 4 matières fondamentales en 1re année, 3 matières fondamentales plus une matière facultative en 2e année et une matière fondamentale et 3 matières facultatives en 3e année. Une description sommaire du programme est disponible au http://www.kcl.ac.uk/prospectus/undergraduate/details/name/law (consulté le 8 septembre 2017). À l'University College of London, un étudiant en LL.B. étudiera au même rythme, c'est-à-dire 12 matières au total, soit quatre matières par an. Une explication de la structure du programme est disponible au http://www.laws.ucl.ac.uk/study/undergraduate/llb-degrees/ (consulté le 8 septembre 2017).

apprennent quatre matières par année soit deux par semestre[33]. En Angleterre les étudiants étudient douze matières sur trois ans, contre quarante-cinq matières en France, c'est-à-dire trois et demi fois plus.

Après ce tour comparatif très sommaire, il va de soi que le système anglais ne vise ni l'exhaustivité, ni l'exclusivité de transmission de savoir juridique à la faculté de droit. Si les étudiants étudient moins de matières, ils les approfondissent davantage. De plus, ayant acquis une vision moins parcellaire, les étudiants seraient capables de faire des liens entre les matières, ce qui me paraît vital.

En favorisant la quantité par la multiplication de matières et de spécialisations, l'enseignement du droit en France me semble rencontrer trois écueils. Premièrement, le morcellement des matières ne permet pas aux étudiants d'assimiler véritablement les connaissances. Combien d'enseignants ont eu l'expérience de se rendre compte que les étudiants ne se souviennent pas de sa matière une fois apprise et recrachée lors de l'épreuve finale ? Deuxièmement, la fragmentation des matières cloisonne la compréhension cognitive. Combien d'enseignants constatent que les étudiants, submergés par la masse de transmission de connaissances, n'arrivent pas à articuler les matières entre elles ? Troisièmement, cet enseignement du droit est néfaste – et pour les étudiants et pour le droit.

Quelle représentation du droit[34] véhiculons-nous si les matières universitaires ne correspondent aucunement à la réalité sociale[35] ? Voulons-nous vraiment produire des juristes schizophrènes ?[36]. La spécialisation et l'éclatement des matières les rendent encore plus abstraites renforçant le gouffre entre *law in books* et *law in action* décrié, il y a fort longtemps, par Roscoe Pound en 1910[37]. Ainsi, les étudiants ne parviennent pas à ac-

---

[33] Comme déjà indiqué, il est commun pour un étudiant en LL.B. d'étudier deux matières par semestre ; à l'Université d'Oxford, l'année universitaire est divisée en trimestres et l'étudiant préparant *la Bachelor of Arts in jurisprudence* (équivalent au LL.B) fera une matière et demi par trimestre en 1re année, avec un rythme qui s'accélère ; voir le descriptif disponible à l'adresse : http://www.law.ox.ac.uk/admissions/undergraduate/ba-jurisprudence (consulté le 8 septembre 2017). À l'Université de Cambridge, qui pratique également des trimestres, un étudiant étudie 5 matières par an ; v. le descriptif du programme disponible au http://www.undergraduate.study.cam.ac.uk/courses/law (consulté le 8 septembre 2017).

[34] Voir C. ATIAS, *Epistémologie juridique*, *op. cit.*; A. BAILLEUX, « Quelle formation pour quel juriste et pour quel droit ? Libération et responsabilisation de l'étudiant bruxellois », *infra*.

[35] Cf. G. CONRAD et J. LAZARE, « The Lawyer in context : Reimagining "Legal" Education », in R. SEFTON-GREEN (dir), *« Démoulages »*, *op. cit.*, p. 45-65.

[36] Pour reprendre l'auto-appellation de Hervé Crozé, v. H. CROZE et CH. JAMIN, « Formation des juristes 2 », *op. cit.*

[37] R. POUND, « Law in books and Law in action », in *American Law Review*, 44, 1910, p. 12-36.

quérir les outils – et les savoir-faire – fondamentaux : hiérarchiser, discerner[38], analyser et critiquer.

La première proposition ayant diminué le nombre de matières, la deuxième vise à réduire le nombre d'heures de cours.

2.2. *Moins d'heures de cours*

Si l'on accepte d'enseigner moins de matières pendant la licence en droit, les étudiants auront, en conséquence moins d'heures de cours.

Actuellement un étudiant en licence en France passe entre 21 heures et 27 heures hebdomadaires, selon l'année des études[39] en cours magistraux et travaux dirigés[40]. À titre de comparaison, en Angleterre un étudiant passe environ 12 heures, calculées comme des « *contact hours* », pour suivre les cours et les séminaires et parfois, selon l'encadrement universitaire, les tutorats[41]. Il est évident qu'en plus des heures passées en cours, le travail hebdomadaire des étudiants se cumule avec le travail personnel d'assimilation et de préparation. À l'Université d'Oxford, par exemple, un étudiant étudie deux matières par trimestre et par semaine, accompagnées par des tutorats (« *tutorials* ») individuels, ou en binôme, d'une à deux heures par semaine. Parfois les matières en tutorat sont augmentées par des séminaires. De plus, l'étudiant suivra trois matières par trimestre (et par semaine) en cours magistraux, ce qui veut dire les deux matières à tutorat plus une troisième en amont pour le trimestre suivant, ce qui revient à un volume hebdomadaire de 6 à 10 heures. Cela veut dire qu'au total un étudiant va avoir 12 heures de cours magistraux et de tutorat ou de séminaires hebdomadaires. Ces calculs ont été faits pour imaginer le travail hebdomadaire des étudiants, par rapport aux 35 heures des salariés. En plus de la quantité de cours s'ajoute la question du rythme de l'année universitaire, qui est un facteur très important. En France, la durée d'un semestre est de 12 semaines en général. À titre d'exemple, à l'École de droit de la Sorbonne, on enseigne 12 semaines par semestre et, par conséquent, un cours vaut généralement 36 heures au total en licence. Notons

---

[38] Pour une discussion comment faire apprendre la qualité de discernement aux apprentis – qu'ils soient conducteurs de bateaux à vapeur ou juristes, v. P. D. CARRINGTON, « Of Law and the River », in *Journal of Legal Education*, 34, 1984, p. 222-228.

[39] En L 1, un étudiant a 22 heures de cours hebdomadaire ; 23 heures 30 en L 2 et 24 heures en L 3 !

[40] Rappelons qu'à l'École de droit de la Sorbonne, par exemple, une matière obligatoire veut dire 3 heures de cours magistral plus 1h30 de travaux dirigés en général ; une matière facultative compte 3 heures de cours magistraux hebdomadaires.

[41] Aux Universités d'Oxford et de Cambridge, un étudiant en droit aura 1 à 2 heures de tutorat individuel ou en binôme hebdomadaire qui exige un travail personnel conséquent.

qu'à l'École de droit de Sciences Po on pratique le semestre de 14 semaines, commun en Amérique du Nord. Dans les établissements qui pratiquent un semestre plus long, le volume s'accroit en conséquence. À titre de comparaison, à la Faculté de droit de l'Université McGill, une matière se divise en deux cours de trois heures hebdomadaires pendant 13 semaines, soit un total de 39 heures. Un étudiant en droit fera généralement cinq matières par semestre, soit 15 heures de cours hebdomadaire. En Angleterre et au Pays de Galles, l'année universitaire est également découpée en deux semestres de 12 semaines, à part certaines universités qui découpent en trimestres de 8 semaines, telles Oxford, Cambridge et London School of Economics. Tous ces facteurs jouent sur le processus de digestion des matières et affectent, par exemple, le temps disponible entre la fin du cours et les examens pour assimiler et s'approprier les connaissances.

Je pense qu'il faut diminuer le nombre d'heures de cours pour réajuster l'équilibre actuel et pour attribuer aux étudiants plus de travail personnel et autonome. Si on renforce le travail préparatif avant toute rencontre pédagogique, on met en marche les fonctions cognitives que l'on qualifie en termes didactiques de « *active learning* »[42]. Des nouvelles méthodes évoluent dans ce sens, grâce à des technologies permettant de diffuser des cours et des vidéos en ligne, notamment à travers la méthode dite « classe inversée »[43]. Ainsi, l'étudiant apprend à travailler de manière autonome, ce qui est essentiel pour sa vraie compréhension.

En diminuant le nombre d'heures de cours pour les étudiants, je ne propose pas que les enseignants aient moins d'heures de travail. Sans entrer dans les aspects logistiques, organisationnels et budgétaires, je suggère qu'on envisage moins d'heures de cours comme un nouveau principe majeur. Les étudiants n'ont pas besoin d'être en classe du matin au soir tous les jours pour (bien) apprendre. Ils doivent apprendre autrement et pas exclusivement en présence de l'enseignant. À titre d'exemple, les étudiants en Magistère de l'École de droit de la Sorbonne, filière sélective

[42] G. F. HESS, « Heads and Hearts : The Teaching and Learning Environment in Law School », in *Journal of Legal Education*, 52, 2002, p. 75 s., qui énumère sept principes de code de bonne conduite pour l'éducation juridique dont le 3e promeut l'apprentissage actif : « Encourages Active Learning. Learning is not a spectator sport. Students do not learn much just sitting in classes and listening to teachers, memorizing pre-packaged assignments, and spitting out answers. They must talk about what they are learning, write about it, relate it to past experiences, and apply it to their daily lives. They must make what they learn part of themselves » (p. 85).

[43] A. UPCHURCH, « Optimizing the Law School Classroom Through the "Flipped" Classroom Model », in *Law Teacher*, Fall 2013, disponible au SSRN : http://ssrn.com/abstract=2325195; P. SANKOFF et C. FORCESE, « The Flipped Law Classroom : Retooling the Classroom to Support Active Teaching and Learning », in *Canadian Legal Education Annual Review*, 2014 disponible au SSRN http://ssrn.com/abstract=2402379 ou http://dx.doi.org/10.2139/ssrn.2402379.

d'excellence à partir de la 3e année, n'ont pas 24 heures hebdomadaires, comme le reste de leurs camarades, mais 30 heures ![44]. Nous avons déjà relevé qu'un étudiant en droit en Angleterre, dans une faculté sélective renommée, telles les universités d'Oxford, de Cambridge ou de Londres, passe environ 12 heures en cours par semaine. Pourquoi la filière d'excellence à l'École de droit de la Sorbonne se traduit par plus d'heures et de présence en cours ? Cette vision étriquée semblerait dire qu'on n'apprend qu'en cours et que le bourrage de crâne formerait les meilleurs juristes, ce qui reste à démontrer.

Les propositions de diminuer le nombre de matières et le nombre d'heures correspondant en cours englobent une idée maitresse, liée à la méthode d'enseignement pratiquée.

2.3. *Enseigner moins ou autrement*

Albert Einstein est réputé pour avoir remarqué qu'il n'enseignait pas, mais tentait de créer des conditions d'apprentissage pour ses étudiants[45]. Einstein était peut-être un génie et non un bon professeur : c'est possible. Cependant, cette affirmation me semble révélatrice. Selon la tradition anglo-américaine on envisage les universités comme des lieux où les étudiants apprennent à apprendre : le point focal est donc sur la méthode et non sur le contenu, en l'espèce l'objet du savoir juridique. En effet, je suggère qu'on doive déplacer le curseur du contenu des connaissances à transmettre vers une méthode d'apprentissage expérientiel et actif, en motivant davantage les étudiants à apprendre par eux-mêmes. Si on met l'accent davantage sur l'apprentissage des étudiants, on enseigne-ra moins, au sens classique, ou tout autrement. Voici donc la subversion que je propose : un renversement de l'ordre réactionnaire. Il est temps de bouleverser la façon dont on envisage le savoir juridique, l'apprentissage et l'enseignement du droit, pour se diriger vers une éducation juridique.

À partir du moment où on ne conçoit plus la transmission du savoir juridique comme étant la clé de voute de l'enseignement du droit, les fondations du système s'écroulent. Je ne dis rien de neuf, car la pédagogie centrée sur la transmission des connaissances est considérée comme obso-

---

[44] Par conséquent, les étudiants du Magistère étudient 10 matières par semestre au lieu de 7 ; la plaquette du MDAE est disponible au http://www.univ-paris1.fr/diplomes/mdae/ (consulté le 8 septembre 2017).

[45] A. EINSTEIN : « *I never teach my pupils. I only attempt to provide the conditions in which they can learn* » La citation, devenue légendaire, est attribuée à Einstein, mais la première référence publiée se trouve dans D. KING, *Training within the organization: a study of company policy and procedures for the systematic training of operators and supervisors*, Social Sciences Handbooks, Tavistock Publishers, 1968, p. 126.

lète dans la plupart des domaines depuis fort longtemps[46]. Je crois sincèrement qu'il faille mettre l'accent beaucoup plus sur la méthode et le raisonnement du droit, que sur les connaissances comme propre objet de transmission. Il s'agirait plutôt d'une question d'apprentissage ; si on exige moins quantitativement, l'étudiant apprendra plus et mieux[47]. Et si on imaginait le corps enseignant comme une aide pour les étudiants afin d'acquérir et de développer des compétences et des savoir-faire, plutôt que de transférer des connaissances pures[48] ? C'est pourquoi j'ai parlé de méthodes d'éducation, du comment on enseigne, au lieu de parler de ce que l'on enseigne : cela nous permet de donner une nouvelle signification au savoir juridique dont le savoir-faire est une partie intrinsèque. Pour bien former les juristes de toutes sortes, je pense qu'il faut davantage faire travailler le raisonnement, l'argumentation, la rhétorique, la négociation, la médiation...

Par exemple, lorsque j'enseigne le droit anglais je fais plaider les arrêts phares d'une matière par les étudiants afin de leur permettre de vraiment comprendre et apprendre le raisonnement et les règles de droit sur le thème donné. Cet exercice a plusieurs avantages : les étudiants travaillent en groupe et collaborent ; ils n'apprennent pas dans l'abstrait mais comprennent concrètement les tenants et les aboutissants du litige ; ils perfectionnent leur expression orale et écrite ; ils jouent des rôles[49]. Dans chaque groupe de trois étudiants, l'un prend le rôle du demandeur, l'autre du défendeur et le dernier du juge. Ils apprennent donc à jouer l'avocat du diable et à mettre la réversibilité de l'argumentation en œuvre. Ce faisant, ils relativisent le savoir juridique et apprennent activement comment utiliser l'analyse et le discernement en droit.

Voici une suggestion – on pourrait en lister bien d'autres – pour faire face à un public qui a des difficultés à lire attentivement, à hiérarchiser les sources, à renverser les arguments, car apprendre la règle par cœur induit une incapacité à la relativiser ou à l'appliquer. En somme, il faut chasser

---

[46] On pourrait relier la prise de conscience de l'insuffisance de la transmission de savoir comme méthode didactique à la crise des universités en mai 1968, par exemple.

[47] Pour trois significations d'apprendre, à savoir : i) apprendre *que* ii) apprendre *à* et iii) apprendre (intransitivement), v. O. REBOUL, *Qu'est-ce qu'apprendre ?* Pour *une philosophie de l'éducation*, Paris, PUF, 1980, recensé par G. AVANZINI, in *Revue française de pédagogie*, 56, 1981, p. 79-80.

[48] Voir, pour une diagnostique critique du système actuel, O. MORÉTEAU, « Bilan de santé de l'enseignement du droit en France», *op. cit.*, p. 55-81, notamment p. 66 s., qui propose un jeu de « retrousser ses manches et retourner la chaussette ».

[49] Pour une étude sur le rôle de la représentation et du jeu dans l'éducation juridique, v. M. GREN, « Qu'est-ce qu'enseigner le droit ? Réflexions sur une transmission des codes des juristes au service de l'égalité des chances ou comment l'habit ne fait pas le moine mais il fait le juriste », in R. SEFTON-GREEN (dir), *« Démoulages »*, *op. cit.*, p. 29-44.

le spectre du « dogmatisme technologique »[50] et rendre nos étudiants plus opérationnels, plus dynamiques et actifs dans leur propre apprentissage.

Voici quelques propositions face à ces obstacles pédagogiques que nous rencontrons tous. Je crois sincèrement qu'on doit obliger les étudiants à lire en amont avant de venir en cours magistraux. En lisant tout seul avant de venir en cours, afin de pouvoir suivre le cours, l'étudiant s'approprie le texte et ce faisant, se pose des questions. Selon la mentalité juridique de la *common law*, le bon juriste est celui qui sait poser les bonnes questions[51]. En devenant plus autonome, l'étudiant deviendra plus critique : les deux allant de pair. Dans le souci d'éviter de former des techniciens purs, on a besoin d'éveiller les capacités analytiques et critiques des étudiants. On pourrait également lire davantage pendant les cours[52], pour analyser et décoder la langue des textes. Ainsi, on pourra se concentrer mieux sur un corpus plus réduit, mais avec des résultats supérieurs, ce qui constitue en quelque sorte une vision plus cartésienne.

De surcroît, il faut surtout initier les étudiants aux méthodologies juridiques, concrètement, en les reliant à une pratique active. Nous pourrions chercher activement en classe comment trouver les sources, discerner celles qui sont utiles et pertinentes, apprendre à faire les catégories en les hiérarchisant... Ainsi, on implémentera ce que les experts appellent un mode d'apprentissage « expérientiel et actif »[53]. Il faut imaginer plus et plus souvent des petits exercices en cours, à faire en petits groupes, ce qui est déjà pratiqués dans les grands amphithéâtres en matières scientifiques, par exemple. Si on applique l'apprentissage immédiatement, cela facilite beaucoup la qualité et la longévité de la compréhension cognitive. Nos pratiques pédagogiques sont pour la plupart trop abstraites et insuffisamment contextualisées. Si on rend les cours magistraux plus interactifs, on permettra aux étudiants de devenir plus actifs dans leur apprentissage, plus engagés dans ce qu'ils font, donc plus motivés et plus autonomes.

Ainsi, avec une meilleure qualité d'apprentissage progressif et plus en profondeur des attitudes et des pratiques qui rendent les étudiants plus autonomes, plus actifs, plus motivés, des effets bénéfiques apparaîtront, notamment sur le plan humain. Un étudiant plus curieux et enthousiaste

---

[50] Cf. CH. JAMIN et M. XIFARAS, « De la vocation pour les facultés de droit », *op. cit.*, p. 113-114, qui proposent à la place un enseignement d'« humanités juridiques ».

[51] Voir l'entretien avec Shauna Van Praagh, « Asking Good Questions », disponible au http://www.mcgill.ca/law/teaching/asking-good-questions.

[52] Voir B. LATOUR, *Cogitamus. Six lettres sur les humanités scientifiques*, Paris, La Découverte, 2010, p. 75-106, notamment p. 81 s., où l'auteur explique l'utilisation du surligneur pour aider les étudiants à décortiquer les différentes strates d'un texte.

[53] K. TRIGWELL, M. PROSSER et F. WATERHOUSE, « Relations between teachers' approaches to teaching and students' approaches to learning », in *Higher Education*, 37, 1999, p. 57-70.

apprendra mieux, car la motivation est imbriquée dans la compréhension de la matière. Un étudiant motivé a plus de chance de réussir et par là on pourra éviter ou diminuer l'énorme gâchis en termes humains vécu par trop d'étudiants en France qui échouent à leurs examens[54]. Mon propos n'est pas naïf : je ne propose ni de réduire la qualité ni l'ambition des exigences. Je souhaite que les étudiants s'épanouissent en faisant des études de droit et qu'ils n'aient ni le sentiment d'être enfermés mentalement ni d'être brisés par l'échec[55].

Après avoir réduit la quantité de matières et d'heures, tout en ayant amélioré la qualité de l'apprentissage, j'arrive à ma conclusion : moins, c'est plus. Pour conclure, ma dernière proposition est potentiellement la plus subversive et sans doute la plus utile. Je souhaite que les étudiants en droit aient une ouverture intellectuelle plus édifiante que le droit tout seul, arrêtons de n'enseigner que du droit. Ma réflexion pédagogique est ainsi épistémologique et critique. Je propose donc une ouverture plurielle, diversifiée et personnelle. Je pense qu'il faut donner plus de confiance aux étudiants, pour qu'ils se libèrent et s'épanouissent. Qu'ils deviennent plus créatifs et talentueux.

En ayant dégagé de l'espace et du temps, mon espoir – mon objectif – est de permettre aux étudiants de se développer par eux-mêmes. Qu'ils cultivent leur curiosité et développent leurs expériences personnelles. Qu'ils voyagent – physiquement et/ou intellectuellement – pour s'ouvrir à d'autres savoirs, afin de comprendre les facteurs historiques, philosophiques, politiques, économiques, sociologiques, linguistiques, culturels, littéraires, esthétiques... du droit[56].

Nous – les juristes – mettons les limites à la pensée et au savoir juridique, qui ne sont rien d'autre qu'une construction intellectuelle. Remodelons le savoir juridique avec imagination et subversivement, en ouvrant les horizons intellectuels des juristes en devenir à une approche criti-

---

[54] Pour un échange récent sur l'opportunité de la sélection à l'entrée de l'université, voir H. CROZE et CH. JAMIN, « Formation des juristes : dialogues entre cuisinier et gastronome », *op. cit.*

[55] Parmi les récits légendaires sur les malheurs d'étudier le droit, on peut évoquer, à titre d'exemple, celui de Flaubert. Pour un récit contemporain, v. R. ENCINAS DE MUNAGORRI, « Quelle critique pour l'enseignement du droit ? », *op. cit.*, n° 22-30.

[56] V., pour une expérimentation faite à l'University Queen's College, Londres, liant la représentation théâtrale et les arts plastiques à la lecture d'un cas, afin d'aider et de développer le sens du regard et de l'ouïe des étudiants en droit, M. DEL MAR, « Learning how to read a case : resources from the visual and dramatic arts », in B. VAN KLINK et B. DE VRIES (dir.), *Academic Learning in Law : Theoretical Positions, Teaching Experiments and Learning Experiences*, Cheltenham, Edward Elgar, 2016, p. 244-266.

que ![57]. Voici donc quelques propositions subversives[58] pour faire moins de droit…

---

[57] CH. ATIAS, *Epistémologie juridique*, *op. cit.*, p. 226 *in fine*.

[58] Voir E. JABÈS, *Le petit livre de la subversion hors de soupçon*, *op. cit.*, p. 9, qui, en réponse à la question, « Qu'est-ce que la subversion ? », suggère : « Peut-être, de la rose qui te fascine, la plus discrète épine ».

UNE ÉDUCATION GLOBALISÉE, *AB INITIO*, DE TOUS LES JURISTES : LE BACHELOR EN DROIT DE L'UNIVERSITÉ DU LUXEMBOURG

Luc Heuschling

Université du Luxembourg

1. Pourquoi s'intéresser au bachelor transnational en droit de l'UL ? Ses spécificités. – 2. Origines, objectifs et contexte de cette ambitieuse réforme. – 3. Esprit et modalités du nouveau bachelor (transnational) en droit – 4. Conclusion.

Depuis les années 1990, dans diverses parties du globe, les voix réclamant une plus grande ouverture des études de droit sur le monde externe se font de plus en plus insistantes. Il s'agit de sortir d'un certain paradigme national, voire nationaliste – « *parochialism* » disent les auteurs anglophones –, paradigme datant souvent du XIXe siècle, ou parfois du XXe siècle, selon lequel le savoir juridique enseigné dans le parcours d'études ordinaire en droit, que ce soit à l'université et/ou dans une école professionnelle, se réduit pour l'essentiel au droit propre à ce pays. Ce droit « local » ou « domestique » est, le plus souvent, le droit national, mais les frontières peuvent être tantôt plus étroites (si le droit local se réduit à un droit fédéré, avec quelques ouvertures au droit fédéral), tantôt plus larges (si le savoir juridique enseigné inclut, outre le droit local *stricto sensu*, le droit international universel, le droit international régional et/ou le droit de telle instance supranationale *sui generis* à l'instar de l'UE). Parfois, le droit en vigueur dans telle ou telle colonie – droit qui était, à la fois, « externe », car externe à l'État métropolitain, et « interne », car interne à l'empire colonial – était également, non sans quelques réticences, inclus[1]. En revanche, sont le plus souvent exclus de l'enseignement les systèmes juridiques dits « étrangers », i.e. les droits qui, abstraction faite de certaines habilitations particulières (cf. les règles du droit international privé), ne jouissent pas d'une validité systématique dans cet espace domestique. Au mieux, l'on trouve un ou plusieurs cours de droit étranger, de droit comparé et/ou de théorie générale (ex. théorie générale de l'État),

[1] Cette facette complexe, et intrigante, du paradigme dit « national » dans l'enseignement du droit reste encore à creuser. Si elle est évoquée dans la littérature britannique sur la place du droit comparé au XIXe et au début du XXe siècle – les colonies ayant été un facteur clé dans la création d'une société savante en droit comparé et de cours sur des droits autres que le droit anglais –, elle ne l'est guère dans les écrits, par exemple, sur la France, la Belgique ou l'Allemagne.

mais, d'ordinaire, leur rôle est marginal. Cette marginalité se révèle dans plusieurs indices : leur caractère optionnel, leur petit nombre, l'absence de travaux dirigés, leur exclusion de l'examen final validant tout le cycle, leur vulnérabilité en cas de conflit ou crise (budgétaire, etc.) et, surtout, leur position reculée en fin de parcours, après une longue et profonde immersion des étudiants dans la dogmatique du seul droit local.

Le défi du nécessaire dépassement du paradigme national est résumé actuellement, outre dans le terme générique vague (*trop* vague) de la « dénationalisation de l'enseignement du droit »[2], en divers mots d'ordre plus précis. Cette diversité sémantique révèle, en partie, une diversité de vue quant au but précis à atteindre et aux méthodes didactiques à employer[3]. Si d'aucuns parlent, en différentes langues, de la « globalisation » de l'éducation juridique[4], de son « internationalisation »[5] ou de sa « transnationalisation »[6] – ce sont les trois termes les plus fréquents, *in decrescendo*, que, dans le présent article, j'utilise à peu près comme synonymes –, d'autres se font les avocats d'études juridiques « cosmopolites »[7], du « trans-

---

[2] Voir, par example, M.-C. PONTHOREAU (dir.), *La dénationalisation de l'enseignement du droit*, Paris, Institut Varenne-LGDJ, 2016.

[3] Pour une classification des diverses formes d'internationalisation de l'enseignement du droit, cf. mon étude « Les six types de dénationalisation de l'enseignement local du droit : externalisation, addition, doubles diplômes, intégration, cosmopolitisme enraciné & extraterritorialité » in P. ANCEL et L. HEUSCHLING (dir.), *La transnationalisation de l'enseignement du droit*, Bruxelles, Larcier, 2016, p. 47-98.

[4] La littérature, en particulier en langue anglaise, sur la « *globalisation of legal education / global legal studies* » est désormais débordante. Pour un premier aperçu, cf. L. HEUSCHLING, « Bibliographie sur les phénomènes de dénationalisation des études de droit », in P. ANCEL et L. HEUSCHLING (dir.), *op. cit.*, p. 255-284. Le label à la mode « global » apparaît à présent dans nombre de cursus, de programmes d'invitation de professeurs (ex. « *Global Law School Program* » de la New York University), voire dans l'auto-qualification de certaines facultés ou écoles de droit (Singapour, Pretoria, Lisbonne, Jindal, Karnataka, etc.).

[5] Cf., par ex., l'important rapport officiel en Australie établi sous la direction de D. Bentley : *Internationalising the Australian Law Curriculum for Enhanced Global Legal Practice*, 2012, in http://www.olt.gov.au/project-internationalising-australian-law-curriculum-enhanced-global-legal-education-and-practice-20; les diverses contributions à l'atelier, présidé par W. VAN CAENEGEM et CH. JAMIN, « Internationalisation de la formation juridique / Internationalisation of Legal Education » du XIXe Congrès de la *International Academy of Comparative Law* organisé à Vienne en 2014 (elles ont été publiées, en partie, dans W. VAN CAENEGEM et CH. JAMIN (dir.), *Internationalisation of Legal Education*, Springer, 2016) ; le numéro 2 (2010) consacré à « Internacionalización y Europeización de la Educación Superior en Derecho » de la revue *Revista de Educación y Derecho* http://revistes.ub.edu/index.php/RED/index.

[6] Voir, par ex., R. A. MILLER et P. C. ZUMBANSEN (dir.), *Comparative Law as Transnational Law. A Decade of the German Law Journal*, Oxford University Press, 2012.

[7] W. TWINING, « Cosmopolitan legal studies », in *International Journal of the Legal Profession*, 9, n° 2, 2002, p. 99 s; M. Martinek, « Der Eurojurist. Zum Paradigmenwechsel in

systémisme »[8], du « *bijuralism* »[9] – le « bijuridisme », que l'on peut, en partie, rapprocher des programmes d'études « bi-nationaux » ou « tri-nationaux » – du « multijuridisme »[10], de « l'européanisation »[11] ou de « l'africanisation »[12] – qui sont deux formes de régionalisation –, ou, enfin, de « l'américanisation » de l'enseignement du droit (discours qui plaide pour une ouverture à l'égard d'un droit en particulier, celui des États-Unis, première puissance politique et économique sur le globe)[13].

Sur le terrain, les pratiques de dénationalisation sont à leur tour variées car parmi ceux qui sont convaincus de la nécessité d'un changement, il n'y a pas de consensus sur ce vers quoi il faut se diriger et comment le faire. En soi, une telle diversité des solutions mises en place n'est pas critiquable, car les objectifs à atteindre et les contraintes à gérer ne sont pas forcément les mêmes d'un acteur et d'un pays à l'autre. Ainsi, dans certains pays – il en est ainsi des États-Unis –, le leitmotiv de « l'internationalisation » vise d'abord et avant tout à accroître la place du droit international dans le cursus ordinaire du « J.D. » (*Juris doctor*). Appelons cela la perspective n° 1 de la dénationalisation. Dans d'autres systèmes, c'est, à l'inverse, la question de la place des systèmes juridiques étrangers qui est au centre du débat. C'est à cette dernière perspective (perspective n° 2)

---

der deutschen Juristenausbildung vom national-staatlichen Justizjuristen zum kosmopolitischen Rechtsmanager », *Ritsumeikan Law Review*, vol. 30, 2013, p. 203 ss.

[8] Cf. le célèbre « Baccalauréat en droit civil et common law intégré (B.C.L./LL.B.) » de l'Université de McGill. Pour une première présentation, cf. http://www.mc.gill.ca/centre-crepeau/transsystemic/.

[9] Le terme est utilisé dans le contexte de l'enseignement intégrant *common law* et *civil law* à McGill et à la *Louisiana State University* (LSU). Cf. le colloque « The LSU Law Center-Canada Bijuralism Conference », *Journal of Legal Education*, vol. 52, nos 1 et 2, 2002, p. 1 ss.

[10] O. MORÉTEAU, « Bilan de santé de l'enseignement du droit », in *Étudier et enseigner le droit : hier, aujourd'hui et demain. Etudes offertes à Jacques Vanderlinden*, Québec, Éditions Y. Blais, 2006, p. 276 s. ; J. HUSA, « Turning the Curriculum Upside Down : Comparative Law as an Educational Tool for Constructing the Pluralistic Legal Mind », in *German Law Journal*, 10, n° 7, 2009, p. 925 (« *multijuralism* »).

[11] Par ex., H. KÖTZ, « A Common Private Law for Europe : Perspectives for the Reform of European Legal Education », in B. DE WITTE et C. FORDER (dir.), *The Common Law in Europe and the Future of Legal Education*, Deventer, Kluwer, 1992, p. 31 s. ; A. VOßKUHLE, « Das Leitbild des 'europäischen Juristen'. Gedanken zur Juristenausbildung und Rechtskultur in Deutschland », in *Rechtwissenschaft*, 2010, p. 326 s.

[12] C. MANGA FOMBAD, « Africanisation of Legal Education Programmes : The need for Comparative African Legal Studies », in *Journal of Asian and African Studies*, 49, 2014, p. 383 s.

[13] Voir les écrits, par ex., au vu du droit des affaires, de J. DROLSHAMMER, « The Effects of Globalization on Legal Education », in J. DROLSHAMMER et N.P. VOGT (dir.), *Transatlantica. Culture, Language and Law in a Transatlantic Context*, vol. 2, Schulthess, 2003. Pour un exemple marquant d'inclusion du droit américain, cf., en Chine, la *School of Transnational Law (STL)* de la *Peking University*.

que s'intéresse le présent article. Il vise à présenter l'exemple récent de la réforme de dénationalisation – le mot d'ordre officiel est celui de « transnationalisation » – du Bachelor en droit de l'Université du Luxembourg (en abréviation : « UL »)[14].

1. Pourquoi s'intéresser au bachelor transnational en droit de l'UL ? Ses spécificités

Acteur et observateur privilégié de cette réforme de « transnationalisation » du bachelor[15], je voudrais faire connaître à un public plus large cette ambitieuse réforme qui est entrée en vigueur, à l'UL, à partir de la rentrée académique de septembre 2014. S'il ne manque pas d'expériences de dénationalisation de cursus dans le monde, le projet de l'Université du Luxembourg ressort toutefois du lot de par l'ampleur et les traits caractéristiques de la dénationalisation mise en place. L'originalité se situe à divers niveaux.

1. Dans le cas d'espèce, la dénationalisation (au sens n° 2) a trait non pas à un master, donc à des étudiants déjà plus matures – ce qui est plus fréquent et plus simple (cf. les nombreux masters, ou LL.M., en droit comparé, en particulier en France et aux États-Unis) –, mais à un bachelor en droit (i.e., à Luxembourg, les trois premières années de droit, après la sortie du lycée). Une telle solution a souvent été déconseillée dans le passé par nombre de professeurs de droit, y compris par d'éminents défenseurs de la comparaison juridique. Selon le discours habituel, qui a profondément marqué la structure des cursus en droit dans la totalité des pays depuis le XIXe siècle, il faut d'abord faire comprendre à ce néophyte qu'est l'étudiant de 1re année un seul droit – le droit domestique qui est déjà suffisamment complexe –, avant de l'introduire, plus tard, dans l'univers, encore plus difficile d'accès, des droits étrangers et de la comparaison juridique[16]. Toute autre solution – en particulier débuter par un an-

---

[14] http://wwwfr.uni.lu/studies/fdef/bachelor_en_droit_academique.

[15] Avec d'autres, j'ai contribué à cette réforme sur le plan à la fois de sa conception (en tant que membre de la commission de réflexion sur la transnationalisation du bachelor, présidée par Pascal Ancel, 2011-2014), de sa mise en place administrative (en tant que directeur adjoint du bachelor de 2012 à 2015) et de sa mise en œuvre pédagogique (ayant tous mes cours en bachelor, j'ai pu observer de près la réforme dans différents types d'enseignements, dans les différents groupes d'étudiants et dans les deux langues du cursus).

[16] A. Esmein, « Le droit comparé et l'enseignement du droit », in *Bulletin de la Société de législation comparée*, 29, 1900, p. 382 (« pour comprendre le droit comparé, il faut d'abord être plus ou moins juriste ») ; H. C. Gutteridge, *Comparative Law*, IIe éd., Cambridge University Press, 1949, p. 136 ; R. David, « Droit comparé, justice et université. Rapport à M. le garde des sceaux et M. le ministre de l'Éducation nationale », in *Revue*

gle comparatif large – reviendrait à provoquer un chaos dans l'esprit de l'aspirant juriste. La crainte ainsi exprimée était analogue à celle qui, d'antan, faisait qu'on déconseillait à des parents de parler à un bébé en plusieurs langues. Il faudrait d'abord qu'il/elle parle, bien, une langue, avant de pouvoir en apprendre une autre[17]. Or, l'expérience des enfants élevés dès le début dans le bilinguisme, en particulier au sein de couples bilingues, prouve qu'un tel enfant met certes plus de temps à parler, mais est tout à fait capable de maîtriser les deux langues, sans « se mêler les pinceaux » et énoncer un charabia incompréhensible.

2. Il existe d'ores et déjà dans le monde un nombre important de formations initiales en droit de type bachelor/licence, qui ont fait le choix d'opter pour telle ou telle forme de dénationalisation au sens n° 2. Le minimum est d'autoriser, voire (c'est rarissime) d'imposer une mobilité estudiantine à l'étranger. Une solution déjà plus ambitieuse, et encore assez facile à mettre en œuvre, consiste à ajouter aux cours déjà existants d'une formation initiale nationale, axée sur le droit national, un nombre réduit ou vaste de cours complémentaires, optionnels ou obligatoires, en droit(s) étranger(s)[18]. Nous restons dans la logique du modèle de « l'addition », qui souscrit encore à l'idée traditionnelle selon laquelle il convient de commencer par l'étude du droit domestique, avant d'élargir le regard.

À l'inverse, à l'instar du baccalauréat intégré droit civil/common law de McGill (ouvert en 1999), du Bachelor de la *European Law School* de Maastricht (tel que transformé en 2006)[19], du *Global Law Bachelor* de l'Université de Tilburg (inauguré en 2013)[20] et du *Bachelor in Laws* offert

---

internationale de droit comparé, 1963, p. 337, ; M. RHEINSTEIN, « Comparative Law – Its Functions, Methods and Usages », in *Arkansas Law Review*, 22, 1968, p. 416. Encore au début du XXIe siècle, l'argument a été repris et fortement appuyé par C. VALCKE, « Global Law Teaching », in *Journal of Legal Education*, 54, 2004, p. 178 s. et par M. STÜRNER, « Zwölf Thesen zur Internationalisierung der Juristenausbildung », in *Festschrift für Peter-Christian Müller-Graff*, Nomos, 2015, p. 1476.

[17] C. VALCKE, « Global Law Teaching », *op. cit.*, p. 179.

[18] Parmi les cas d'internationalisation ambitieuse, voir, par ex., sans aucune prétention à l'exhaustivité, le LL.B. de la *School of Oriental and African Studies* (SOAS) à Londres, le LL.B. de la *Hanse Law School* (Osnabrück / Brême), la préparation au *Staatsexamen* à *Bucerius Law School* (Hambourg), la licence en droit de l'Université de Bordeaux (parcours international : « droit et langues »), le parcours en droit de Sciences Po Paris, la *Laurea in Giurisprudenza* de l'Université de Trento, sans oublier les doubles voire triples diplômes, catégorie qui, depuis la fin des années 1970, ne cesse de prendre de l'ampleur en France, en Angleterre, en Allemagne, en Italie, en Australie, etc.

[19] A. W. HERINGA, « European Legal Education: The Maastricht Experience », in *Penn State International Law Review*, 29, 2010, p. 90 s. ; ID. & B. AKKERMANS (dir.), *Educating European Lawyers*, Cambridge/Anvers, Intersentia/Metro, 2011.

[20] http://www.tilburguniversity.edu/education/bachelors-programs/globallaw/LLB-Global-Law/.

par l'Université Paris II Panthéon-Assas à l'île Maurice[21] (depuis la rentrée académique de 2016), l'Université du Luxembourg a franchi, en 2014, le pas d'opérer un décentrement radical du monde juridique, ce que le comparatiste finlandais Jaakko Husa, dans un article magistral, a appelé « *Turning the Curriculum Upside Down* »[22] : au lieu de centrer l'enseignement du droit d'abord sur le droit national, quitte à l'élargir ensuite, plus ou moins, à d'autres droits, les professeurs de droit de l'Université de Luxembourg (UL) ont décidé de débuter l'étude, dès la 1re année du bachelor[23], par une vision large – de « théorie générale » (je reviendrai sur ce mot clé) –, avant d'étudier, dans un second temps, le droit luxembourgeois.

3. Cette réforme de « transnationalisation », pour reprendre le terme qui, non sans discussions, a été retenu comme label officiel de cette réforme, s'applique non pas à un bachelor parmi d'autres – un bachelor en quelque sorte « spécial », réservé à une élite d'étudiants –, mais au seul et unique bachelor en droit offert par l'UL et donc au seul et unique bachelor en droit existant au Luxembourg, l'UL étant l'unique université du pays offrant des études de droit. L'option de faire deux bachelors en droit – l'un plus classique (« national »), l'autre transnationalisé –, comme c'est souvent le cas ailleurs (à Maastricht, à Tilburg, à Bordeaux, à Paris I, etc.), a été très vite écartée par le corps professoral, pour de raisons à la fois de moyens (cela aurait dépassé nos moyens en personnel) et de fond (ce bachelor « national » aurait risqué de péricliter en un diplôme de moindre qualité). Aussi la dénationalisation est-elle appliquée à la formation de *tous* les juristes formés au Luxembourg, ce qui est une solution rarissime (et peut-être même l'unique) dans le monde.

4. Sur le fond, la transnationalisation du bachelor de l'UL s'est traduite par une volonté d'ouverture maximale : il s'agit, sur le plan géographique, d'élargir l'horizon intellectuel des étudiants non pas seulement à un pays (cf. les diplômes bi-nationaux, les cursus incluant le droit des États-Unis), à une tradition (cf. le parcours de McGill, à cheval sur les deux traditions de *civil law* et *common law*), aux pays d'une région particulière du monde (à l'instar de l'« européanisation » des études du droit en place dans le

---

[21] http://www.medineeducationvillage.come/institutions/icsia-institutions/university-pantheon-assas.

[22] Voir note 10.

[23] D'aucuns au sein du corps professoral de Luxembourg auraient voulu repousser la dénationalisation à la 2e voire 3e année du bachelor, au vu de la traditionnelle priorité accordée au droit national. Cette option a été rapidement écartée par la très grande majorité des collègues.

European Law Bachelor de Maastricht), mais à une compréhension du phénomène juridique dans le monde entier. L'horizon se veut être « global », universel. Or, se demanderont à juste titre les esprits sceptiques : comment un tel objectif est-il, en pratique, réalisable ? Selon quelles méthodes didactiques, et à quels coûts et conditions, serait-ce possible ? La réponse, sur le plan didactique, se résume en ce mot clé de « théorie générale ».

5. Avec cette réforme du fond de l'enseignement, allait de pair une refonte totale de la pédagogie. Il a semblé impossible au corps professoral de l'UL de transnationaliser les contenus des cours de droit, sans en même temps revoir les méthodes de l'apprentissage. Du traditionnel cours magistral, donné *ex cathedra*, nous sommes ainsi passés à des cours interactifs, de type socratique, avec lecture préalable de documents.

6. Sur le plan linguistique, il a été décidé d'opter non pas pour un cursus transnationalisé entièrement enseigné en anglais, comme cela se fait souvent ailleurs – internationalisation rime avec anglicisation –, mais pour un bilinguisme français-anglais qui se veut, à terme, équilibré.

2. Origines, objectifs et contexte de cette ambitieuse réforme

Afin de comprendre l'ampleur de cette réforme, il est utile de se pencher sur ce qui a poussé le corps des professeurs en droit de l'UL à aller aussi loin (1) et d'identifier, dans le contexte propre au Luxembourg et à l'UL, les facteurs qui ont favorisé ou qui, du moins, n'ont pas freiné voire bloqué une telle réforme (2).

2.1. *Les deux motifs de la réforme : concurrence universitaire et dénationalisation de la pratique juridique*

L'initiative de cette réforme radicale revient à André Prüm, professeur de droit commercial et doyen de la Faculté de droit, d'économie et de finance de 2005 à 2012. Faisant preuve d'une analyse stratégique à long terme, et inspiré par le modèle de McGill qu'il avait découvert lors d'un déplacement, en tant que doyen, au Canada, A. Prüm a installé en 2011 une commission de réflexion chargée de réfléchir aux possibles options d'une transnationalisation du bachelor en droit. La commission a été présidée par Pascal Ancel, professeur de droit civil français et comparé, spécialiste des questions d'enseignement du droit, qui, par son dynamisme, sa riche expérience et sa bonhomie, a été le principal inspirateur et catalyseur de cette réforme. Il a su, en particulier, agréger en un projet cohérent les diverses propositions des uns et des autres. En effet, à l'image du corps professoral de la faculté de droit dans son ensemble, la commission de réflexion réunissait en son sein diverses traditions et cultures d'enseignement, parfois radicalement opposées[24], ce qui explique aussi un certain mélange de sources d'inspiration et de solutions à l'intérieur du projet final. Si cette réforme prône l'internationalisation de l'enseignement du droit, elle est elle-même le produit d'un « *melting pot* global ».

Le modèle de McGill était fortement présent à travers l'expérience de Pascal Ancel, qui, en 2010, avait eu la possibilité d'observer *in situ*, pendant tout un semestre, le fonctionnement du cursus transsystémique en droit de McGill[25]. Le modèle du bachelor de la *European Law School* de Maastricht a également été analysé de près (en revanche, le bachelor en droit global de Tilburg n'a pas fait l'objet de discussions, étant donné qu'il n'existait pas encore à l'époque où la commission a élaboré le cœur de son projet). Une autre expérience influente de dénationalisation qui a été souvent discutée, que ce soit en positif ou en négatif, par moi-même et par d'autres collègues provenant de France, a été la tradition française du cours de droit constitutionnel de 1re année (le modèle des « théories générales », ici la « Théorie générale de l'État »[26]). Si cette matière, de par son contenu, présente de nombreuses déficiences, la tradition centenaire de son enseignement a eu au moins pour mérite de prouver, chiffres empiriques à l'appui, qu'un enseignement dénationalisé offert en cours magistral à un amphi de plus de 500 voire 600 étudiants de première année (non sélectionnés), n'était pas plus difficile à assimiler par ces derniers que le

---

[24] La commission a été composée des professeurs suivants (j'indique, entre parenthèses, la spécialité et, sommairement, les origines et parcours universitaires ; l'ordre est alphabétique) : Pascal Ancel (droit civil, France), Isabelle Corbisier (droit des affaires, Belgique/USA/Luxembourg), Gilles Cuniberti (droit international privé/droit comparé, France/USA/Angleterre), Luc Heuschling (théorie générale de l'État/droit constitutionnel, Luxembourg/France), Katalin Ligeti (droit pénal ; Hongrie/Allemagne) et Johan van der Walt (philosophie du droit ; Afrique du sud/Ecosse).

[25] P. ANCEL, « Dénationaliser l'enseignement du droit civil ? Réflexions autour d'une expérience québécoise », in *Revue trimestrielle de droit civil*, 2011, p. 701 s.

[26] Sur l'identité de ce cours, cf. L. HEUSCHLING, « De l'intérêt de la théorie, de la théorie générale de l'État, de la théorie constitutionnelle. À propos d'un livre récent de Matthias Jestaedt », in *Jus politicum*, version électronique : www.juspoliticum.com, n°5 (décembre 2010) ; version papier : vol. III, 2011, p. 225-265. Dans les plaidoyers des comparatistes français en faveur d'une meilleure intégration du droit comparé dans les cours fondamentaux en droit, cette matière est régulièrement citée en exemple. Voir, par ex., R. DAVID, « La place actuelle du droit comparé en France dans l'enseignement et la recherche », in *Livre du centenaire de la Société de législation comparée*, Paris, LGDJ, vol. 1, 1969, p. 62 ; D. TALLON, « Les perspectives de l'enseignement universitaire du droit comparé », in *Festschrift für Imre Zajtay*, Tübingen, Mohr, 1982, p. 484 ; X. BLANC-JOUVAN, « La formation au droit comparé », in *Revue internationale de droit comparé*, 1996, n° 2, p. 354 ; P. ANCEL, « Dénationaliser… », *op. cit.*, n° 20.

cours entièrement national en droit civil offert, parallèlement, à ces mêmes étudiants (le taux d'échec ou de réussite, à l'examen, est quasi identique). C'était dire qu'un enseignement dénationalisé, dès la 1re année, était tout à fait réalisable, à plus forte raison s'il l'on en améliorait les modalités didactiques (une sélection minimale, réduction du groupe d'étudiants, cours interactifs avec lectures préalables, etc.). A pesé également dans le débat l'expérience de plusieurs collègues – Gilles Cuniberti, Johan van der Walt et d'autres – en matière de cours interactifs tels que pratiqués dans les pays de *common law*. Une autre approche didactique qui a pesé dans le résultat final a été l'approche allemande, représentée au sein de la commission par Katalin Ligeti et, au sein du groupe des professeurs de droit, par l'ensemble des collègues d'origine allemande. Alors qu'en France, les études de droit se caractérisent par un nombre impressionnant de cours et d'heures de cours pour les étudiants, dans les études de droit en Allemagne l'accent est mis sur quelques matières exclusivement juridiques, avec peu d'heures de cours par semaine. Le style d'examen n'est pas non plus le même : si, en France, le simple travail de mémorisation est souvent valorisé à travers des examens « théoriques » (du type : dissertation, test de connaissances), en Allemagne le cas pratique, censé permettre de vérifier l'appropriation effective par l'étudiant de la dogmatique juridique, prévaut très largement.

La réforme de la transnationalisation a été motivée par deux objectifs, complémentaires, qui ont plus ou moins pesé dans l'esprit de chaque participant.

Un premier motif est purement interne au monde universitaire. Cherchant à faire de la faculté de droit de Luxembourg un pôle d'excellence, en se positionnant sur quelques créneaux porteurs (une politique dite des « niches »), le doyen André Prüm estimait que le bachelor en droit était un élément faible dans l'offre pédagogique juridique de l'UL[27]. À ses yeux, le bachelor ancien manquait de profil et de force. Il ne se distinguait pas – ou pas suffisamment – des licences en droit existant ailleurs (dans la grande région, dans le reste de l'Europe). Certes le nombre d'étudiants en 1re année du bachelor en droit ne cessait d'augmenter, mais le taux de réussite était assez faible (autour de 30 %, à l'instar des résultats de la licence en France) et les meilleurs élèves du Luxembourg, intéressés par des études en droit, préféraient souvent s'inscrire à l'étranger (en France, en Belgi-

[27] Voir A. PRÜM, « La belle aventure de la Faculté de droit, d'économie et de finance », dans le livre jubilaire *Université du Luxembourg. 2003-2013*, Luxembourg, Université du Luxembourg, 2013, p. 94 s. ; ID., « Ambitions et défis de la Faculté de droit, d'économie et de finance », in *Actes de la section des sciences morales et politiques de l'Institut grand-ducal*, vol. XVI, 2013.

que, etc.), soit dès le début, soit après avoir fait la 1re année de droit à l'UL. Aux yeux de beaucoup de jeunes et de parents au Luxembourg, les études universitaires constituent le moment idéal pour s'expatrier, afin de sortir du cadre parfois étroit d'un petit pays et découvrir le monde, surtout dans le contexte d'une économie très largement tournée vers l'international. C'est aussi, pour un petit pays, une manière d'éviter toute endogamie intellectuelle, menace régulièrement avancée dans le passé par les dirigeants politiques afin de s'opposer à la création d'une université à Luxembourg (l'UL n'a vu le jour qu'en 2003, non sans devoir surmonter des résistances).

De ce point de vue, il est certain qu'une focalisation des études de droit sur le seul droit luxembourgeois constituerait un appauvrissement de l'esprit des futurs juristes luxembourgeois. À l'inverse, l'ouverture de l'éducation juridique à Luxembourg sur les droits du monde pourrait être le moyen idéal pour convaincre l'élite des élèves luxembourgeois, désireuse de « prendre le grand large », de s'inscrire à l'UL, au moins pour les trois premières années d'études. Aux yeux d'André Prüm et d'autres protagonistes de cette réforme, cela permettrait aussi d'attirer d'excellents étudiants de l'étranger par la qualité et l'originalité du programme du bachelor, par des perspectives d'embauche très intéressantes sur le marché de travail luxembourgeois[28], sans oublier enfin d'autres atouts de l'UL à l'instar du caractère éminemment multiculturel et multilingue de l'université (enseignants et étudiants)[29], de son petit cadre (*small is beautiful*), et du faible niveau des frais d'inscription. L'UL vise donc à se servir de l'internationalisation en tant qu'atout pour se démarquer rapidement du reste du marché. En cela, l'UL n'est ni la seule ni la première université à avoir développé une telle stratégie. En France, l'extraordinaire succès des licences internationalisées, spécialement des doubles diplômes, s'explique entre autres par la volonté des universités à attirer ainsi, par des formations sélectives, les meilleurs élèves et, ce faisant, à résister à l'attractivité croissante des grandes écoles. Dans d'autres pays, à l'instar de l'Angleterre, des États-Unis ou de l'Australie, la concurrence prend en outre une dimension financière : sommées de développer leurs propres ressources fi-

[28] Le niveau des salaires au Luxembourg est, comparativement, plus élevé qu'ailleurs et le marché du travail est très fortement internationalisé puisque, selon de récents sondages, plus de 70% des personnes travaillant dans le secteur privé sont originaires de l'étranger.

[29] L'Université du Luxembourg a été gratifiée dans le classement mondial des universités établi par *Times Higher Education* de la 2e place pour le seul critère de l'internationalité en 2015-2016 et même de la 1re place en 2016-2017 et en 2017-2018. Dans le classement général, elle figure parmi les 200 premières universités (en 2015-16 : 193e place ; en 2016-17 : 178e place ; en 2017-2018 : 179e place).

nancières, les universités de ces pays ont recours à diverses formes d'internationalisation afin d'attirer des étudiants étrangers non seulement brillants, mais aussi capables de payer des frais d'inscription très élevés.

Le second motif de la réforme de la transnationalisation de l'UL est externe. Si le monde externe change, l'éducation juridique doit évoluer à son tour. L'offre universitaire doit s'adapter aux nouveaux enjeux d'une pratique juridique de plus en plus européanisée, internationalisée et transnationalisée (échanges et contacts avec une diversité de droits étrangers). À ce stade, on peut se lancer dans des recherches empiriques quantitatives pour évaluer jusqu'à quel point les juristes (quels juristes, à quelles occasions ?) sont, ou non, confrontés au monde externe et auraient besoin de connaissances de droit étranger et/ou de droit comparé[30]. Dans le cadre de la réforme du bachelor, l'UL n'a pas en amont effectué une telle analyse systématique du terrain. Chacun d'entre nous, au vu de ses propres analyses et des contacts noués avec le monde de la pratique luxembourgeoise (en droit civil, commercial, fiscal, constitutionnel, etc.), était convaincu de l'importance de ce phénomène. Il est certain à tout le moins que l'élite des juristes luxembourgeois a besoin d'une telle immersion en droit comparé. Si cela est assez aisément admis en droit privé, cela vaut aussi pour le droit public, terrain qui m'est plus familier. L'acteur politique, le haut fonctionnaire ou le magistrat qui doit représenter le Luxembourg dans des enceintes européennes ou internationales (UE, Conseil de l'Europe, OCDE, NU, etc.) a intérêt à connaître, dans les grandes lignes, le droit de ses interlocuteurs, soit afin de jouer les facilitateurs de compromis, soit afin de défendre au mieux les intérêts nationaux du pays. Depuis toujours, le droit comparé est considéré par les praticiens du Luxembourg comme un atout stratégique pour la rédaction et l'interprétation des textes normatifs locaux (Constitutions, lois, règlements, contrats, etc.). En outre, un petit pays comme le Luxembourg ne peut se permettre d'ignorer ce qui se passe ailleurs : il doit être informé, réactif et concurrentiel. Il lui faut connaître non seulement le droit de ses voisins les plus proches (France, Belgique), comme ce fut le cas d'antan. Il lui faut une grille d'analyse du droit en Europe et même dans le monde (peut-on ignorer, à Luxembourg, le droit des places financières asiatiques ? le droit des États-Unis ?). Pour autant, le juriste « global » dont il est ici question n'est pas un juriste qui, outre d'être versé dans son droit national (et dans le droit supranational), le serait aussi, *de la même manière*, dans tel(s) ou tel(s) droit(s) étran-

[30] En France, cette question a donné lieu à de vifs débats. Cf. P. ANCEL, « Quelle place pour le droit national dans l'enseignement du droit en Europe ? », in *Revue de droit de l'Université de Sherbrooke*, 43, 2013, p. 98 s. ; CH. JAMIN, *La cuisine du droit. L'École de droit de Sciences Po : une expérimentation française*, Paris, Lextenso, 2012.

ger(s). Un tel niveau de maîtrise de la dogmatique d'un droit étranger, avec ses finesses, difficultés, pièges, aléas, etc., peut être attendu de la part d'un juriste binational, à l'instar d'un avocat inscrit dans deux barreaux nationaux différents. Le juriste global visé à travers la réforme de la transnationalisation est un ou une juriste qui, à partir du droit luxembourgeois, sait faire le lien avec divers droits, qui est capable de faire dialoguer ces droits. En cela, ce juriste global, ou « transnational », formé à Luxembourg est un « glocal *lawyer* » : le modèle de cosmopolitisme dans lequel s'inscrit le bachelor de l'UL est un cosmopolitisme *enraciné*[31].

2.2. *Les spécificités du contexte luxembourgeois favorables à une telle réforme*

Radicale, la réforme de la transnationalisation du bachelor a pu voir le jour parce qu'elle a pu profiter de plusieurs facteurs favorables. Une recherche comparative en cours portant sur les différentes expériences d'internationalisation des formations en droit dans divers pays m'a amené à identifier pas moins de neuf facteurs qui peuvent faciliter ou bloquer des réformes ambitieuses d'internationalisation.

1. Les moyens financiers de l'institution : selon la forme d'internationalisation retenue, celle-ci peut être plus ou moins coûteuse pour l'université, pour l'État et/ou pour l'étudiant (pensez, par ex., aux diplômes binationaux qui supposent des voyages et séjours parfois très coûteux à l'étranger). Dans le cas du Luxembourg, le corps professoral en droit pouvait compter sur un soutien financier ferme de la faculté, de l'université et du gouvernement. En outre, la réforme s'est soldée par une diminution notable de certains postes budgétaires (celui des vacataires) du fait de la réduction drastique du nombre d'étudiants (d'environ 260 en 2012 en 1re année, avant la mise en place de la réforme, il est descendu à environ 130 à 170 dans le nouveau bachelor).

2. L'âge de l'université ou de l'école : dans une institution aussi jeune comme l'est l'Université du Luxembourg, créée en 2003, il n'existe pas encore de tradition figée. Tout est encore assez fluide, négociable, d'autant que les acteurs proviennent d'horizons et de pays très variés. Cela facilite les innovations pédagogiques : on teste, on combine, dans un esprit pragmatique, afin d'obtenir le meilleur.

---

[31] Voir, sur ce point, le 5e type de dénationalisation (le « cosmopolitisme enraciné ») par opposition au 6e type qui, lui, est entièrement détaché du droit du pays hôte (« extraterritorialité ») : L. HEUSCHLING, « Les six types... », *op. cit.*, Ve partie et VIe partie.

3. Les ressources humaines de l'institution : le nombre d'enseignants-chercheurs, leurs compétences en langues et en droits étrangers, leur motivation à s'investir dans de lourdes réformes, la possible résistance des comparatistes eux-mêmes[32]. Sur ce point, la réforme à Luxembourg a pu s'appuyer sur une équipe très internationale, polyglotte, dynamique, ayant atteint une masse critique et volontaire à s'investir dans de nouveaux projets.

4. L'existence, ou non, d'une tradition ou culture juridique nationale forte, prestigieuse, que les universitaires, en tant que « gardiens du temple », sont censés défendre[33]. Il est certain que l'internationalisation peut prendre une tournure sensiblement différente selon qu'il s'agit d'un pays exportateur, fier de son propre génie national, ou d'un pays importateur[34], ouvert aux influences étrangères. Sur ce point, le Luxembourg se range clairement dans la seconde catégorie, le droit national luxembourgeois étant, pour une part essentielle, issu d'un mélange de différents droits étrangers. L'approche à l'égard du droit y est très pragmatique et peu « culturaliste ». Pour un juriste luxembourgeois, il est un exercice des plus ordinaires que de consulter la littérature juridique tantôt française, tantôt belge, tantôt de tel autre pays important pour sa branche du droit (ex. le droit allemand pour les fiscalistes, etc.). Même avant la réforme du bachelor, le droit luxembourgeois n'occupait pas une place dominante, exclusive, au sein des cours à l'UL : l'ancien bachelor était déjà, sous certains aspects, dénationalisé à cause précisément de l'existence et de l'importance de ces transferts juridiques[35]. De même, tous les juristes

---

[32] Sur ce facteur de résistance à première vue surprenant, cf. M. REIMANN, « The End of Comparative Law as an Autonomous Subject », in *Tulane European & Civil Law Forum*, 11, 1996, p. 72. Dans le cas de l'UL, le scepticisme d'une spécialiste de droit (privé) comparé se justifiait par son adhésion à l'idée traditionnelle (mais, en vérité, inexacte), selon laquelle l'intérêt des étudiants exige de débuter les études avec un seul droit, le droit national.

[33] Sur ce point, voir l'analyse de P. ANCEL, « Quelle place... », *op. cit.*, p. 107 s. et 112 s.

[34] Comme l'a déjà noté, au vu de la situation italienne, R. SACCO, « La formation au droit comparé. L'expérience italienne », *Revue internationale de droit comparé*, 1996, p. 278 : « Les grandes nouveautés ne se produisent pas dans les grands pays, autosuffisants qui n'utilisent que leurs propres modèles. Elles se produisent dans les pays qui profitent des modèles des autres : car ceux-ci connaissent les modèles des autres et de ce fait sont condamnés à les étudier ». Le propos mériterait d'être nuancé, mais il garde une grande partie de sa pertinence. Voir aussi, dans le même sens, U. MATTEI, « Some Realism about Comparativism: Comparative Law Teaching in the Hegemonic Jurisdiction », in *American Journal of Comparative Law. Supplement*, vol. 50, 2002, p. 87 s.

[35] Sur ce lien, jusqu'ici peu théorisé, entre transferts juridiques et dénationalisation de l'enseignement du droit (l'un dessinant les chemins à l'autre), cf. L. HEUSCHLING, « La dénationalisation de l'enseignement du droit à raison et au-delà des transferts juridiques. L'exemple de l'Université du Luxembourg », in P. BRUNET, K. HASEGAWA et H. YAMAMOTO

anciens du Luxembourg ont fait leurs études de droit à l'étranger et n'ont découvert le droit luxembourgeois qu'à la fin, après la maîtrise/le master, en suivant les cours offerts par l'école du barreau à Luxembourg (les cours complémentaires en droit luxembourgeois, CCDL).

5. Le cadre chronologique des études de droit : un cursus « comprimé », dans lequel un nombre important de cours (obligatoires) sont concentrés sur une durée d'études globale très courte, rend malaisé l'ajout de tout nouvel enseignement, en particulier en droit comparé. La place et le temps dans le curriculum sont comptés et sont réservés en priorité au droit domestique et au droit international. Ce facteur a été et est un carcan majeur dans des pays comme les États-Unis ou l'Angleterre[36], où les études en droit (du reste très coûteuses) ne durent d'ordinaire que 2 à 3 ans, ou dans un pays comme la France, où les études de droit, pourtant étalées sur 4, voire 5 ans, souffrent d'une inflation de cours[37]. En revanche, il n'a pas joué au Luxembourg, puisque les études s'étendent, selon le modèle de Bologne, sur 5 ans (3 ans de bachelor, 2 ans de master) et que l'écueil de l'encyclopédisme a été évité.

6. L'existence d'un savoir juridique « globalisé » prêt à l'emploi. Comment dénationaliser les contenus des cours en l'absence de manuels adaptés, rédigés dans une langue accessible pour les enseignants et, surtout, les étudiants ? Ce facteur a expliqué, si ce n'est des résistances, du moins certaines réticences parmi des collègues à Luxembourg. La situation varie, en effet, selon les branches : si la recherche scientifique en droit constitutionnel global est de nos jours très riche, il n'en va pas de même, par ex., en droit administratif. Il faut soit disposer déjà, en interne, d'un spécialiste de droit comparé prêt à monter un tel cours, voire à écrire un manuel (solution idéale), soit engager un professeur vacataire ou invité (ce qui, en pratique, n'est pas toujours évident), soit recruter un nouveau collègue, en réorientant fondamentalement la politique de recrutement. À l'UL, on a pu jouer sur ces trois tableaux.

7. Les étudiants : leur intérêt pour un regard global sur le droit, leurs compétences intellectuelles et linguistiques, leurs moyens financiers (si

---

(dir.), *Rencontre franco-japonaise autour des transferts de concepts juridiques*, Paris, Mare & Martin, 2014, p. 39 s. Ce lien se vérifie au Luxembourg, au Japon, en Italie, en Belgique, en Australie, en Irlande, au Québec, dans les anciennes colonies d'Afrique, etc.

[36] Sur l'incidence négative de ce facteur en Angleterre au début du XXe siècle, cf. par ex. H. C. GUTTERIDGE, *Comparative Law*, IIe éd., Cambridge University Press, 1949, p. 127.

[37] D. TALLON, « Les perspectives de l'enseignement universitaire du droit comparé », *op. cit.*, p. 481, y voyait le premier frein au développement du droit comparé en France.

l'internationalisation implique, de leur part, un investissement budgétaire substantiel). En l'espèce, l'UL a la chance d'être située dans un pays où le pourcentage des personnes polyglottes est très élevé : dans un lycée classique luxembourgeois, un élève est censé maîtriser l'allemand, le français et l'anglais, outre sa langue maternelle qui peut être le luxembourgeois, le portugais, l'italien, etc. À cela s'ajoutent les divers lycées internationaux situés au Luxembourg. Le véritable défi, pour l'UL, est d'attirer les meilleurs et d'assurer, dès le départ et surtout à la fin du cursus, un certain niveau de qualité en matière de multilinguisme. Pour ce qui est des conditions d'entrée, le recteur de l'UL a accepté, en 2013, d'instituer pour le bachelor en droit un numerus clausus, comme le permet heureusement la loi luxembourgeoise ayant créé l'UL[38]. Le maximum a été fixé par le recteur à 180 étudiants, sélectionnés en fonction de leur motivation et de leurs connaissances linguistiques.

8. L'attitude proactive, réticente ou indifférente des praticiens du droit[39] et, plus spécifiquement, des autorités externes de validation des diplômes (le ministère d'enseignement supérieur[40] ou, dans des pays comme les États-Unis, l'Inde, l'Australie, etc., les instances d'accréditation dominées par les professionnels du droit). Au Luxembourg, le législateur a effectivement posé des jalons, en s'appropriant pleinement la vision de l'internationalisation véhiculée par la Déclaration de Bologne : il est allé jusqu'à rendre obligatoire une mobilité internationale à tout étudiant inscrit en bachelor (art. 6 de la loi du 12 août 2003 portant création de l'UL). En revanche, le type spécifique de dénationalisation mis en œuvre dans la ré-

---

[38] La loi du 12 août 2003 portant création de l'UL (*Mémorial*, 2003, n°149, p. 2989 ss) pose le principe de la liberté d'accès des titulaires d'un diplôme d'études secondaires à la 1re année des bachelors de l'UL (art. 12 § 1), mais elle prévoit aussi, à titre d'exception, la possibilité pour le recteur d'introduire un numerus clausus (art. 12 § 5). La décision du recteur de l'époque, Ralf Tarrach, a donné lieu à une question parlementaire à la Chambre des députés (cf. question n° 2800 du 5.7.2013 de Diane Adehm du parti chrétien-social et la réponse du 1.8.2013 de la ministre de l'enseignement supérieur, Martine Hansen, accessibles via le site internet de la Chambre des députés, rubrique « recherche d'archives »), mais elle n'a pas été véritablement contestée. La levée de boucliers à laquelle on aurait pu s'attendre dans d'autres pays, à l'instar de la France, n'a pas eu lieu.

[39] Ainsi, en Italie, dès 1981, le XVe Congrès national italien des avocats a plaidé en faveur de l'ouverture au droit européen et au droit comparé des cursus universitaires en droit et des stages d'avocats (R. SACCO, « La formation au droit comparé », *op. cit.*, p. 275).

[40] Sur l'attitude variable de l'État italien à l'égard du droit comparé, cf. R. SACCO, « L'enseignement du droit comparé en Italie », in *Revue internationale de droit comparé*, 1988, p. 723 s. ; ID., « L'Italie en tête (à propos de l'enseignement du droit comparé) », *ibidem*, 1995, p. 131 ss. Au Japon et en Australie, l'État s'est fait le relais des demandes de l'économie et a poussé à l'internationalisation des cursus juridiques. Cf. M. NICHOL, « Transnational Legal Education: A Comparative Study of Japan and Australia », in *Osaka University Law Review*, 60, 2013, p. 127 s.

forme de la transnationalisation du bachelor est dû exclusivement à une initiative interne à la faculté de droit. Au Luxembourg, abstraction faite des évaluations régulières commandées par le gouvernement à des agences étrangères, les scientifiques du droit de l'UL se trouvent dans la situation rare de n'être soumis à aucun contrôle externe pour ce qui est de la validation des diplômes, des contenus de cours et des modalités d'examen. En 2003, lors de la création de l'UL, la science juridique a, en effet, été traitée de la même façon que la science physique, la biologie, la philosophie, etc. Autrement dit, ce sont les instances universitaires qui, en toute autonomie, à l'intérieur du cadre légal (système de Bologne, obligation de mobilité, etc.), définissent la configuration des programmes et diplômes. Le ministère de l'enseignement supérieur est simplement représenté par une personne au sein du Conseil de gouvernance de l'UL, mais ne dispose pas d'un droit de veto. En outre, selon la loi, les diplômes de l'UL n'ont pas à être soumis par les diplômés au ministère luxembourgeois en vue de leur homologation, contrairement aux diplômes, notamment en droit, obtenus par des Luxembourgeois à l'étranger. Quant aux praticiens, ils n'ont pas leur mot à dire, en amont, par rapport aux cursus offerts par l'UL, mais il est évident que le succès, ou l'insuccès, du nouveau bachelor de l'UL dépendra à terme de son acceptation par le marché de travail.

9. Dernier facteur : l'existence, « à proximité » de l'université, d'un marché de travail internationalisé plus ou moins important. Dans le cas de l'UL, cette condition a été facilement remplie du fait du haut degré d'internationalisation de la pratique juridique à Luxembourg.

Les conditions d'émergence de cette réforme étant clarifiées, voyons à présent le contenu précis de celle-ci.

3. Esprit et modalités du nouveau bachelor (transnational) en droit

Quiconque souhaite se lancer dans une réforme de dénationalisation au sens n° 2 d'une formation en droit doit faire face à une série d'interrogations délicates. Pourquoi enseigner à l'université d'un pays donné des droits étrangers ? Vers quels pays, systèmes ou traditions convient-il d'ouvrir l'enseignement jusque-là exclusivement national du droit ? Quels types de matériaux juridiques étrangers convient-il d'introduire dans les cours : faut-il rentrer dans les détails et les méandres de la dogmatique juridique étrangère ou suffit-il de connaitre tel droit étranger dans « ses grandes lignes » ? Faut-il offrir un savoir de « droit étranger », de « droit comparé » et/ou de « théorie générale » (de telle ou telle branche du droit : théorie générale du droit pénal, théorie générale du droit constitutionnel, etc.) ? À quel endroit du cursus – dès le début, en 1re année, ou après l'acquisition des bases du droit national – faut-il positionner l'enseignement dénationalisé en droit ? Quel cadre chronologique (durée et nombre de cours, etc.) faut-il prévoir ? Jusqu'à quel point faut-il dénationaliser au sens n° 2 : faut-il le faire dans toutes les disciplines du droit ou seulement dans certaines matières ? Quelle place réserver à l'étude du droit national : celui-ci est-il étudié dans des cours à part ou au sein de cours dénationalisés ? Comment faire en sorte que les étudiants aient non seulement un excellent savoir comparatif, de nature théorique, mais disposent aussi, au moment d'entrer dans pratique, du savoir-faire nécessaire afin de se mouvoir aisément à l'intérieur d'un système donné ? Autrement dit : Quelle place sera accordée à la dogmatique juridique et, en particulier, à ce type d'examen qu'est la résolution de cas pratiques ? Peut-on, dans un cours dénationalisé, garder les méthodes didactiques qui ont déjà servi sous le paradigme national (cours magistral à ambition systématique ou « *case study* » à l'américaine) ou faut-il changer de méthode ? Dans quelle(s) langue(s) – au singulier ou au pluriel ? – faut-il offrir un tel cursus ? À quel public faut-il offrir cet enseignement dénationalisé du droit : à tous les futurs juristes ou à certains seulement ? À quel type d'enseignants (titulaires et/ou vacataires) peut-on/doit-on faire appel ?

La réponse du bachelor en droit de l'UL à ces questions peut être résumée comme suit : il s'agit de débuter, dès la première année, dans les matières fondamentales, l'étude du droit par une vision « générale » (universelle) du droit, laquelle consistera à esquisser, pour un problème donné, les types de réponse existant dans le monde (A). Cet éventail de modèles servira à l'étudiant, dans une 2e étape, de grille d'analyse lui permettant d'entrer dans la dogmatique de divers pays (selon l'endroit où il s'établira par la suite, pour son master et pour sa carrière). En particulier – car l'UL vise avant tout, quoique non exclusivement, à former d'excellents juristes globaux pour le Luxembourg (cf. l'idée du cosmopolitisme enraciné)[41] –, cette grille d'analyse servira de toile de fond et de guide à l'étudiant pour mieux situer et cerner l'identité spécifique du droit national, i.e. le droit luxembourgeois élargi, bien sûr, aux droits européen et international (B). Pour atteindre cet objectif, les professeurs de droit de l'UL ont pris la décision de revoir de fond en comble les méthodes de leur enseignement en bachelor, en abandonnant le modèle traditionnel de la transmission frontale et unilatérale du savoir (du professeur à l'étudiant) au profit du modèle anglo-saxon de l'appropriation active du savoir par l'étudiant à travers des cours interactifs (C).

[41] Voir *supra* note 3.

3.1. *Partir d'une vision théorique générale (universelle) du droit*

Au sein de la commission de réflexion et parmi tous les collègues a été longuement discutée la question de savoir ce que pouvait signifier, en pratique, « dénationaliser (ou transnationaliser ») un cursus ou un cours. Il va de soi qu'il ne saurait être question d'étudier tous les droits du monde, solution à la fois irréaliste, ennuyeuse et contre-productive. Plus sérieusement, diverses solutions étaient évoquées lors de nos débats que, dans un papier interne, j'avais résumées sous forme de trois modèles ou formes de dénationalisation : la version minimaliste de ce que j'avais proposé d'appeler les « cours de dogmatique juridique nationale à coloration comparatiste », une version autrement plus ambitieuse qu'étaient les cours de « droit comparé » *stricto sensu* et, enfin, la version la plus ambitieuse et difficile : les cours de « théorie générale ».

1. Les cours de droit national à coloration comparatiste correspondaient à une réalité visible dans l'ancien bachelor de l'UL : il s'agissait en particulier des cours de droit civil. Le Luxembourg, après la fin de l'occupation française (1794-1814), avait gardé le Code Napoléonien, quitte à le modifier ponctuellement depuis lors. Mais, l'ossature de ce texte (son cadre conceptuel, voire ses articles) est restée la même par rapport au Code civil français et au Code civil belge. Dans le passé, dans un cours de droit civil à l'UL, le droit luxembourgeois (Code, lois spéciales, jurisprudence) était de manière récurrente replacé dans un contexte plus large, français et belge, ce que Pascal Ancel appelle le « système franco-belgo-luxembourgeois »[42]. Les ouvertures à ces deux droits étrangers, très proches, étaient faites à deux titres. D'une part, il s'agissait d'attirer l'attention des étudiants sur les spécificités du droit luxembourgeois, que l'enseignant, s'il se permettait d'en évaluer le bien-fondé, jugeait soit bien faites soit regrettables. D'autre part, le recours aux droits des deux pays voisins permettait, facilement, de combler les trous de la dogmatique du droit luxembourgeois : comme le droit luxembourgeois est un petit système, « moins développé » (il y a moins de contentieux, certains types d'affaires n'ont jamais fait l'objet de décisions de justice, la doctrine juridique luxembourgeois était très peu développée dans le passé), les enseignants présentaient les solutions qui, sur ces questions non encore tranchées en droit luxembourgeois, existaient déjà en France et/ou en Belgique.

Dans ce modèle, le cours présentait donc, à titre ponctuel, une certaine « coloration comparatiste ». Mais, ce n'était pas un cours qui : 1° présen-

[42] P. ANCEL, « Quelle place pour le droit national… », *op. cit.*, p. 114. De façon approfondie : P. ANCEL, *Contrats et obligations conventionnelles en droit luxembourgeois. Approche comparative*, Bruxelles, Larcier, 2015.

tait d'abord, en soi, les trois systèmes (France, Belgique, Luxembourg), puis 2° effectuait la comparaison. Au sein d'un même cours, les droits étrangers « gravitaient » en quelque sorte autour du droit national qui servait de colonne vertébrale. La structure interne d'un tel cours s'expliquait surtout par sa finalité pratique (former de futurs *praticiens* du *Luxembourg*). À travers ce type de cours, l'étudiant(e) n'avait pas une vue d'ensemble des droits belges et français (il/elle ne visait pas à devenir juriste belge ou français). Elle/il obtenait seulement une information sur des solutions potentiellement intéressantes en droit belge ou français, en vue d'un *futur emprunt* en droit luxembourgeois. Et ces transferts étaient d'avance limités géographiquement à ces deux droits, censés être plus « compatibles » avec le droit luxembourgeois. Lors des débats sur la réforme de la transnationalisation du bachelor, ce modèle de cours, qui, dans la littérature comparatiste contemporaine, est de plus en plus appelé le modèle de « l'intégration »[43], a été rejeté comme étant, d'une part, peu ambitieux en soi sur le plan didactique et, d'autre part, dépassé dans sa mise en œuvre traditionnelle (à l'heure de la globalisation et de l'européanisation, il n'est plus possible, à Luxembourg, de restreindre l'ouverture à ces deux seuls pays voisins que sont la France et la Belgique). La discussion a tourné dès lors autour des deux autres modèles.

2. Dans le second modèle, la « transnationalisation » est identifiée à la transformation des cours de dogmatique juridique nationale en cours de « droit comparé » *stricto sensu*.

Par droit comparé (ou, mieux, « droits comparés »), il faut comprendre en l'espèce une démarche caractérisée par trois traits. 1° l'enseignant définit de prime abord quels sont, dans sa matière, les systèmes étrangers qui sont « intéressants ». À ce titre, il peut retenir certaines familles ou traditions juridiques ou, plus simplement, un certain nombre de pays. Le droit national peut également faire partie des systèmes sélectionnés. 2° Une fois le champ d'étude géographique défini, l'enseignant présente successivement le droit de chacun des systèmes. 3° L'enseignant fait ressortir les convergences et divergences. Ce modèle de cours a l'avantage de définir d'avance, une fois pour toutes, le champ d'étude géographique. La matière « globale », de prime abord si vaste au point de pouvoir susciter de légitimes angoisses de la part et de l'enseignant et de l'étudiant, devient maniable, gérable, pour l'un et pour l'autre. En outre, si, par chance, toutes les solutions juridiques originales dans le monde se retrouvent dans les systèmes sélectionnés, la représentativité des pays choisis est « globale ».

[43] L. HEUSCHLING, « Les six types... », *op. cit.*, IVe partie. Par « intégration », ou encore « *pervasive method* », il faut entendre l'incorporation ponctuelle d'aperçus comparatistes dans un cours essentiellement axé sur la dogmatique du droit national.

En même temps, si, comme c'est le cas en droit constitutionnel et dans d'autres matières, les solutions originales sont dispersées parmi un grand nombre de pays, ce modèle touche à ses limites. Une autre limite est le caractère répétitif : sur certains points, les systèmes sélectionnés sont semblables voire identiques. Il faudra pourtant présenter, à chaque fois, ces règles, quitte à ennuyer son public et à perdre du temps précieux.

3. Dans le troisième modèle dégagé, la « transnationalisation » consiste dans le remplacement des cours de dogmatique juridique nationale par des cours de « théorie générale » (théorie générale du droit pénal, théorie générale du droit constitutionnel, théorie générale du droit des contrats, etc.). Le substantif « théorie » renvoie ici à une finalité cognitive : il s'agit de théories descriptives, et non de montages intellectuels prescriptifs. L'adjectif « général » veut dire universel[44], à l'instar du terme « *global* » dans « *global law studies* »[45]. Ce modèle, qui est le plus ambitieux et le plus difficile à mettre en œuvre, se caractérise essentiellement par trois étapes[46]. 1/ À l'instar de ce qui est prôné dans la méthode dite « fonctionnaliste » de droit comparé, l'enseignant identifie d'abord, dans le secteur de la vie sociale couvert par lui, des *problèmes*, des problématiques fondamentales qui se posent dans les relations sociales. Afin que l'entrée dans la matière soit la plus neutre possible, la formulation même de ces questions doit être détachée des catégories intellectuelles du droit national. 2/ Une fois les problèmes cernés, l'enseignant identifie les différents *types de réponses* des droits positifs dans le monde. La différence avec le modèle précédent de droit comparé réside dans le fait que l'enseignant ne va pas faire défiler les réponses apportées par les divers systèmes sélectionnés d'avance, mais il cherchera partout, en Europe, en Occident, voire dans le monde (cf. le caractère universel d'une telle théorie), les *types* de solutions de droit positif. L'objectif d'un tel cours est de fournir aux étudiants des typologies. Pour illustrer chaque type, l'enseignant choisit un ou plusieurs exemples de droit positif particulièrement éclairants et

---

[44] Cf. L. HEUSCHLING, « De l'intérêt de la théorie… », *op. cit.*, p. 236 s. Voir aussi, par analogie, les propos stimulants sur l'importance d'une « *general jurisprudence* », par opposition à la « *particular jurisprudence* », chez W. TWINNING, *Globalisation & Legal Theory*, London, Butterworths, 2000 ; ID., *General Jurisprudence. Understanding Law from a Global Perspective*, Cambridge University Press, 2009.

[45] Certains défenseurs des « *global law studies* » estiment toutefois que l'ancienne tradition des théories générales présente trop de déficiences afin de pouvoir être revivifiée. En ce sens, M. XIFARAS, « Après les théories générales de l'État : le droit global ? », in *Jus politicum*, n° 8 (septembre 2012), http://www.juspoliticum.com. Si ces critiques sont en partie justifiées, elles ne discréditent pas pour autant ce type de savoir et toute cette tradition. Il faut et il suffit de la réinventer, de la renouveler.

[46] Cf. aussi P. ANCEL, « Dénationaliser… », *op. cit.*, n° 7 s. et n° 21 s.

importants. Tel droit étranger n'est donc pas présenté de façon complète, mais seulement pour tel aspect. 3/ Dernière étape : à l'aide de cette typologie qui servira de grille d'analyse, l'enseignant pourra situer (classer) le droit luxembourgeois, ce qui lui permettra d'en faire ressortir le caractère commun ou spécifique. L'exercice pourra également déboucher sur une évaluation critique des mérites du droit luxembourgeois.

De l'avis de la commission de réflexion, la transnationalisation devrait, le plus possible, viser ce dernier modèle. Le terme français « théorie générale » figure d'ailleurs dans l'intitulé de plusieurs cours[47], à côté du mot clé « transnational »[48] ou, en anglais, « *global* »[49]. La commission était toutefois consciente que ce modèle était le plus difficile à mettre en œuvre, pour un seul enseignant voire pour un groupe d'enseignants (la réforme aboutit à un dédoublement des cours les plus importants et invite à une préparation commune des cours). Sur le papier, l'ampleur du travail paraît, de prime abord, énorme et l'exercice est, effectivement, très chronophage. En droit constitutionnel, où la tradition comparatiste est forte depuis longue date, l'inventaire des types est déjà très avancé. Il existe des traités, des manuels. Or ce n'est pas le cas dans d'autres branches du droit où ce travail a été délaissé pendant longtemps dans le passé et commence seulement, sous l'impact de la globalisation et de l'européanisation, à être amorcé. C'est dire qu'un tel enseignement transnational est lié, selon un cercle soit vertueux soit vicieux, à l'existence d'une recherche scientifique correspondante. De manière pragmatique, la commission de réflexion a estimé que la transnationalisation pouvait être pensée comme un processus : un enseignant pouvait, d'abord, viser le modèle (plus facile) du

---

[47] Ce terme, que personnellement je privilégiais par rapport à celui de « transnationalisation », a été retenu en droit constitutionnel (I, II, III, semestres 1, 2 et 3), en droit administratif I (semestre 4, « Théorie générale des institutions administratives), en droit de la responsabilité (semestre 4), en droit des sociétés (« Théorie générale du droit des sociétés : Approche transnationale », semestre 5), en procédure civile (« Théorie générale de la procédure civile », semestre 6). L'adjectif « général » (cf. « introduction général au droit », « droit pénal général ») est souvent compris aussi en ce sens.

[48] Cf. le cours « Droit commun des contrats : Approche transnationale » (semestre 3), « Contrats spéciaux : Approche transnationale » (semestre 4) ou « Droit des biens : approche transnationale » (semestre 6). La version anglaise de ces cours emploie l'expression « *Transnational Approach* ».

[49] En anglais, l'expression « *general theory* » existe certes, mais elle est peu connue et beaucoup moins attractive que le terme, à la mode, de « *global* » ou encore celui de « *transnational* ». En droit constitutionnel, par exemple, les cours transnationalisés s'intitulent tous « *Global Constitutional Law* » (I, II, III). À noter : lors de la réforme, les expressions « droit comparé (*comparative law*) » ou « cours 'internationalisé' » n'ont pas servi à désigner les cours.

« droit comparé », pour ensuite, à terme, aboutir au modèle d'une « théorie générale ».

Restait ensuite à définir le nombre et l'identité des cours visés par la réforme. Pour être crédible, il fallait que la transnationalisation touche un nombre conséquent de matières, les plus fondamentales, et ce sur les trois ans du bachelor. Mais, face à certaines résistances (en droit administratif et, de manière paradoxale, en droit commercial), il a fallu, dans l'immédiat, opérer des compromis[50]. En l'état actuel, la transnationalisation porte sur les cours suivants : l'introduction générale au droit, les trois cours de droit constitutionnel, les trois cours d'histoire du droit, certains cours de droit pénal, le cours d'institutions judiciaires, la procédure civile, le droit des contrats, le droit des contrats spéciaux, le droit de la responsabilité (privée et publique), le droit (privé) des biens, le droit des institutions administratives et, en partie, le droit des sociétés. Toutefois, cette réforme se veut être un *ongoing process* : à terme, aux yeux de la commission de réflexion, toutes les matières fondamentales devraient être transnationalisées. À cette fin, les profils des postes de professeur soumis à recrutement sont désormais focalisés sur cette dimension transnationale.

3.2. *Quelle place pour le droit luxembourgeois et pour la dogmatique juridique ?*

Lors de nos débats a été posée avec acuité la question de la place à réserver à l'étude du droit national, i.e. le droit luxembourgeois. Pascal Ancel, en particulier, a insisté dès le départ qu'il ne fallait pas, au nom de la transnationalisation, sacrifier ce dernier.

Un modèle possible, qui a été évoqué brièvement dans nos débats, aurait été de réserver les trois années du bachelor à un enseignement presque totalement dénationalisé du droit. Aurait été formé en quelque sorte un juriste du monde, sans ancrage dans un droit national particulier. Ce n'est qu'en master que l'étudiant se serait spécialisé, au gré de ses projets professionnels, dans la dogmatique de tel ou tel droit particulier. Il aurait pu, par exemple, choisir le master en droit luxembourgeois dont la création est prévue dans un avenir proche à l'UL. Or cette solution, dont se rapproche le plus le bachelor en *Global Law* de Tilburg[51], n'a pas été retenue.

---

[50] À noter : à McGill, le transsystémisme, focalisé sur le droit privé, ne porte que sur un tiers des cours. Le droit public, le droit pénal et même certains cours classiques de droit privé restent à l'écart de cette révolution pédagogique. Cf. P. ANCEL, « Dénationaliser l'enseignement du droit ? », *op. cit.*, n° 3.

[51] Le programme de ce bachelor ne comporte aucun cours entièrement dédié à la dogmatique du droit néerlandais. Celui-ci est tout au plus évoqué à titre d'illustration dans les cours dénationalisés. Toutefois, afin de permettre aux étudiants inscrits dans le bachelor en

L'importance du droit luxembourgeois a été évaluée à l'aune de plusieurs critères. 1/ Les juristes, à Luxembourg, ont besoin de la connaissance de ce droit ; sans ce savoir, les étudiants ne sauraient accéder aux diverses professions juridiques réglementées. 2/ C'est, en particulier, dans les cours de droit national[52] que l'étudiant apprend la méthode de la dogmatique juridique, avec, comme aboutissement ultime, la résolution de cas pratiques (point sur lesquels les collègues allemands ont beaucoup insisté). Dans notre « village planétaire », l'étudiant doit être capable de « naviguer » entre les systèmes en sachant faire dialoguer diverses cultures juridiques : il lui faut identifier et comprendre l'altérité, et savoir peser, le cas échéant, les avantages et inconvénients de telle ou telle solution. En même temps, il doit aussi se situer à l'intérieur d'un système et savoir travailler avec et sur les normes de ce système. Sur une question normative précise, il doit être à même de dégager à partir des sources juridiques identifiées par lui, et en mobilisant un certain cadre théorique (théorie du droit, méthodologie juridique), une réponse précise (la sienne), qu'il devra défendre sur le plan argumentatif et rhétorique. Bref, il doit s'approprier la dogmatique juridique. 3/ L'UL est la seule université au Luxembourg et dans le monde à vouloir et à pouvoir enseigner le droit luxembourgeois. 4/ L'UL n'offre qu'un seul bachelor, et non deux ou plusieurs à l'instar de tant d'universités étrangères qui, à côté d'un bachelor/d'une licence dénationalisé(e), continuent à offrir une formation juridique initiale classique, axée sur le droit domestique. Dès lors, comme déjà indiqué, l'objectif devenait de former un juriste global qui soit « enraciné » en droit luxembourgeois. On lie le global et le local en un juriste « *glocal* », solution qui est la plus fréquente dans les diverses formations initiales dénationalisées[53].

Selon la réforme mise en place, la place du droit luxembourgeois doit être évaluée à deux niveaux, au sein du bachelor et après celui-ci. D'une

---

droit global d'entrer au barreau néerlandais (il faut, pour cela, le certificat universitaire « *civiel effect* »), l'Université de Tilburg leur propose de faire, en parallèle, une formation en droit néerlandais, enseignée en néerlandais et étalée sur trois semestres. http://www.tilburguniversity.edu/education/bachelors-programs/global-law/career/. Dans le bachelor en droit européen de Maastricht, la part dédiée à des cours de dogmatique du droit néerlandais (en langue néerlandaise) a été substantiellement élargie récemment, à travers des cours optionnels voire obligatoires. Voir http://www.maastrichtuniversity.nl/web/Faculties/FL/-course_descriptions_european_law_school_english_language_track_bachelors_law.htm. À McGill, le droit local (québécois) est fortement présent, étant l'un des deux termes de la comparaison (même si certains cours s'intéressent aux deux traditions *lato sensu*, voire à d'autres droits).

[52] Sans oublier les cours de droit international public et de droit européen qui se prêtent également à une démarche de dogmatique juridique.

[53] Pour quelques rares exemples d'une dénationalisation totale (le modèle de « l'extraterritorialité »), voir mon étude citée supra note 3.

part, au sein du bachelor, le droit luxembourgeois apparaît à trois endroits. 1/ Dans les principaux cours magistraux de droit public et privé qui sont dénationalisés et consacrés de façon idéale à des théories générales, le droit luxembourgeois peut déjà être évoqué à titre d'illustration d'un type de solution. 2/ Les anciens travaux dirigés en ces matières – renommés, par la réforme, en « séminaires » et rendus indépendants du cours magistral – sont réservés à la dogmatique du droit luxembourgeois[54]. Le travail, par excellence, exigé dans ces « séminaires » est la résolution de cas pratiques. Ils sont assurés majoritairement par des praticiens locaux. 3/ Les cours magistraux qui n'ont pas été dénationalisés (« transnationalisés ») restent axés sur la dogmatique du droit luxembourgeois élargi, cela va sans dire, aux droits international et européen (voire, parfois, aux droits belge et français). D'autre part, dans l'esprit de la réforme, le bachelor transnationalisé en droit est une ouverture au monde, complétée d'une *première* initiation au droit luxembourgeois. Or, très probablement, l'étudiant(e) ne s'arrêtera pas là (pour devenir avocat(e) au Luxembourg, il lui faut un master). Celui qui voudrait se spécialiser en droit luxembourgeois pourra le faire par la suite, à travers le futur master en droit luxembourgeois et/ou par les cours du barreau en droit luxembourgeois (les CCDL). Toutefois, de par son large horizon, le bachelor est aussi censé déboucher sur d'autres types de master (en droit européen et international, en droit privé ou public en France, en Belgique ou ailleurs).

3.3. *La révolution des modalités et méthodes d'enseignement*

Dès le début de ses travaux, la commission de réflexion était, plus ou moins, consciente de la nécessité d'articuler la réforme des contenus enseignés avec une réforme des méthodes et du cadre de l'enseignement. L'importance, cruciale, de ce facteur n'a cessé de croître au cours des débats et s'est pleinement avérée une fois la réforme mise en application.

1. Une première césure radicale a trait au nombre d'étudiants admis au sein du bachelor. Avant la réforme, lorsque l'accès était libre – il suffisait de détenir un diplôme luxembourgeois clôturant un cycle complet d'études secondaires ou un diplôme étranger analogue reconnu par le ministère –, le chiffre des étudiants inscrits en droit en 1re année augmentait d'année en année. Ce chiffre était monté à 264 étudiants avant la réforme, lors de l'année académique 2012/13. Il n'y avait pas de raison à prévoir un inflé-

---

[54] Ainsi, le cours « Théorie générale des pouvoirs constitutionnels » (Droit constitutionnel II, semestre 2) est complété par un séminaire « Droit constitutionnel luxembourgeois (Institutions) », le cours « Droit commun des contrats : Approche transnationale » (semestre 3) par un séminaire « Droit luxembourgeois des contrats ».

chissement de cette tendance. Or un nombre non négligeable de ces étudiants avaient un faible niveau et étaient peu motivés. À cela s'ajoutait un autre facteur qui était le choix de la commission de réflexion de transformer l'enseignement frontal des cours magistraux en des cours interactifs, préparés en amont par les étudiants à travers des lectures obligatoires. Or un tel enseignement n'est possible qu'avec des classes à taille réduite. Dès lors, la commission de réflexion s'est prononcée, d'une part, pour l'introduction d'un numerus clausus à l'entrée du bachelor (le recteur a fixé le chiffre maximum à 180 étudiants[55]) et, d'autre part, pour le dédoublement des cours (au moins de tous les cours transnationalisés) afin d'obtenir un nombre d'étudiants inférieur à 90.

2. Une autre question clé a trait au nombre, à la durée et, ce faisant, à la nature des cours. Comment enseigner un champ de savoir si vaste, aux frontières incertaines ? Voilà une question récurrente en matière de dénationalisation de l'enseignement qui interpelle quant à sa faisabilité même. À l'UL, avant la réforme, les cours magistraux étaient assez courts (22,5 heures[56] de contact, par semestre), comparés à la durée ordinaire d'un cours magistral en France (36 h). À force d'élargir la matière, ne fallait-il pas aussi augmenter le nombre de cours et/ou le nombre d'heures par cours ?[57] La question, ainsi posée, présuppose que le savoir acquis par l'étudiant est fonction du seul savoir transmis, *ex cathedra*, par l'enseignant. Souvent, le but didactique visé à travers cette question est d'avantage d'ordre quantitatif (l'idéal de la « tête pleine ») que qualitatif (l'idéal de la « tête bien faite » : il faut que l'étudiant sache, par lui-même, trouver les informations pertinentes et construire un raisonnement cohérent). La solution retenue au final par le nouveau bachelor en droit de l'UL est de maintenir des cours magistraux à une durée courte (22,5 h) – il faut aller « à l'essentiel » ! – et, en plus, de diminuer le nombre de cours à suivre par les étudiants, afin de leur laisser plus de temps libre pour préparer en amont, par des lectures et des recherches personnelles, les cours magistraux[58].

[55] La sélection, pour l'instant sur dossiers, se fait selon deux critères : les connaissances linguistiques en français et en anglais et la motivation.

[56] Officiellement, un cours magistral correspond à 30 « unités d'enseignement (UE) ». Une UE vaut 45 minutes.

[57] L'interrogation a surgi lors des débats à l'UL en particulier de la part de certains collègues provenant de France. À l'inverse, les collègues allemands plaidaient pour la réduction du nombre de cours et d'heures de cours.

[58] Dans le nouveau bachelor, pendant chaque semestre, l'étudiant est obligé de suivre 6 cours (total : 6 x 22,5h) et 2 TD/séminaires (2 x 15h). Cela fait un total de 165 heures d'enseignement présentiel par semestre, ce qui, par semaine (un semestre comptant 14 semaines), revient en moyenne à 11,78 heures. Si l'on raisonne par rapport à une semaine de

Le cours magistral classique, en ce qu'il réduit l'étudiant au rôle passif de scribe, nous a paru dépassé[59]. C'est une perte de temps : en une heure de lecture, un étudiant peut assimiler bien plus de connaissances qu'en une heure de transcription d'un cours oral. Pourquoi gaspiller des heures précieuses de contact avec les étudiants à transmettre (si ce n'est à dicter !) simplement des informations basiques ? Où est la plus-value du professeur ? N'est-ce pas un paradoxe que, dans le système traditionnel, ce soit l'enseignant-chercheur le moins expérimenté – le chargé de travaux dirigés qui, souvent, est un jeune doctorant – qui est le plus amené à discuter avec les étudiants et à éveiller leur esprit autonome et critique ? La nature des « cours magistraux » (je maintiens ce terme, faute de mieux) a dès lors fondamentalement changé de fonction au sein du nouveau bachelor : l'appropriation active par les étudiants du savoir et surtout d'une méthode (de certaines compétences, *skills*) prend le dessous sur la simple transmission de contenus juridiques.

Sur le terrain, la pratique concrète des cours magistraux varie selon les enseignants, pour autant que je puisse en juger. Si certains désignent d'avance des étudiants chargés de faire, lors de tel cours, une petite présentation sur un document, une question ou un cas pratique, d'autres préfèrent laisser une plus grande spontanéité à la discussion. Chez certains, le cours, dès le début, s'ouvre sur une discussion des documents à lire ; d'autres font une partie du cours *ex cathedra*, avec un plan de cours systématique détaillé, tout en introduisant à tel ou tel endroit une discussion avec les étudiants. Si la frontière classique, jusque-là étanche, entre cours magistraux et travaux dirigés devient perméable, se pose la question de la raison d'être de ces derniers. Pour les cours transnationalisés, les travaux dirigés ont été effectivement supprimés. Le créneau horaire libéré a été utilisé pour créer ces nouveaux cours que sont les « séminaires » portant sur la dogmatique juridique du droit national en ce domaine. Pour les matières non transnationalisées, en revanche, les TD ont été maintenus, au vu de leurs vertus didactiques traditionnellement admises (un encadrement plus personnalisé, le rôle actif central des étudiants, le travail sur l'expression écrite et orale, etc.).

---

travail de 40 heures, l'étudiant dispose donc, pour la préparation en amont des classes, d'un total de 28 heures ou, pour chaque enseignement (cours, TD ou séminaire), de 3,5 heures.

[59] Ces critiques sont bien connues et anciennes. Voir., par exemple, J. H. MERRYMAN, « Legal Education There and Here: A Comparison », in *Stanford Law Review*, 27, 1975, p. 871 ou le diagnostic incisif, à propos de la pratique du cours magistral en France, d'Olivier MORÉTEAU, « Bilan de santé de l'enseignement du droit », *op. cit.*

3. Un troisième point, crucial, a trait au régime linguistique du bachelor[60]. À l'image du Luxembourg qui a trois langues officielles (luxembourgeois, français et allemand), auxquels s'ajoutent dans la vie économique et sociale l'anglais, voire d'autres langues à l'instar du portugais, l'UL se définit comme une université multilingue. En droit, au niveau du bachelor, le français a toujours prédominé du fait que l'essentiel du droit luxembourgeois est rédigé en français et que l'élite juridique luxembourgeoise est traditionnellement, de par ses études en France ou en Belgique (wallonne), francophile. L'anglais était toutefois présent déjà dans l'ancien bachelor (autour de 15 % des cours obligatoires) et de manière bien plus importante au niveau des masters de l'UL, focalisés sur les droits européen et international. Pour ce qui est du nouveau bachelor, une anglicisation totale n'a jamais été une option sérieuse. Le monolinguisme (anglais) prévaut surtout dans les formations internationalisées implantées dans des pays anglophones – la langue internationale et la langue locale se confondent – ou dans des formations implantées dans des pays non anglophones (ex. Japon, Pays-Bas, etc.) qui visent à améliorer les connaissances en anglais des étudiants locaux et/ou souhaitent attirer un maximum d'étudiants étrangers (dans la dernière hypothèse, il faut d'ailleurs tout angliciser). Or, dès qu'un lien étroit est établi avec le droit local, la formation dénationalisée doit laisser une certaine place à la langue juridique locale[61]. Dans le cas de l'UL, le lien étroit maintenu avec le droit luxembourgeois imposait la présence de la langue française. En outre, l'idéal du juriste ouvert sur le monde que nous souhaitons défendre à l'UL, en bachelor et en master, est celui d'un juriste multilingue, et non monolingue, idéal qui, au vu du bassin de recrutement de l'UL et de la sociologie de son corps professoral en droit, est tout à fait réalisable.

Le véritable enjeu est toutefois d'améliorer et d'approfondir de manière sérieuse ce bilinguisme, en renforçant la part de la langue anglaise, afin d'arriver à un bilinguisme *équilibré* et d'accroître aussi l'attractivité

---

[60] Sur le multilinguisme dans l'enseignement du droit à l'Université du Luxembourg, voir F. UWERA et L. HEUSCHLING, « Mehrsprachigkeit in der juristischen Ausbildung an der Universität Luxem-burg : Rechtswissenschaft trifft Mehrsprachigkeits-forschung », in P. WARTO, J. ZUMBACH, O. LAGODNY, H. ASTLEITNER (dir.), *Rechtsdidaktik – Pflicht oder Kür ?*, Baden-Baden, Nomos, 2017, p. 325-340 ; F. Uwera, *Language Practices in Multilingual Legal Education : A Case Study at the University of Luxembourg*, thèse de doctorat en sciences de l'éducation, Université du Luxembourg, 2016.

[61] À Maastricht et à Tilburg, les deux bachelors dénationalisés sont, en principe, enseignés exclusivement en anglais. Or, avec la présence du droit néerlandais – matière tantôt optionnelle et imposée (Maastricht) tantôt entièrement optionnelle (Tilburg) – va de pair la présence de la langue néerlandaise. À noter : le cursus de McGill est un cursus bilingue. Ce lien se vérifie également dans les autres formations initiales dénationalisées (Bordeaux, Bucerius, Trento, Turin, Hanse Law School, etc.).

de l'UL à l'égard des étudiants externes faisant leur mobilité (Erasmus, etc.) à la faculté de droit de Luxembourg. L'objectif du nouveau bachelor est d'atteindre, à terme, un ratio de 50% de cours offerts en anglais et de faire en sorte que chaque étudiant en droit (ordinaire) de l'UL[62] ait, à peu près, suivi autant de cours dans l'une et l'autre langue. Le bilinguisme n'est donc pas laissé à la discrétion de l'étudiant. Les principaux défis qui se posent se situent à deux niveaux. D'une part, sur le plan strictement linguistique, il faut, dès le départ et tout au long du cursus, vérifier le niveau des étudiants et, le cas échéant, offrir des cours de soutien assurés par des professeurs de langues. Pour relever ce défi, majeur, le bachelor en droit a commencé à établir une coopération avec l'école de langues récemment établie par l'UL. D'autre part, du point de vue du savoir juridique, il faut désigner parmi tous les cours ceux qui seront offerts en français et/ou en anglais. Chaque cours est censé avoir une seule langue officielle, ce qui, toutefois, n'empêche pas que des documents à lire soient fournis dans l'autre langue, et qu'à l'occasion l'enseignant et/ou l'étudiant puisse basculer d'une langue à l'autre (ce que les linguistes appellent le « *code-switching* »). En outre, les étudiants sont censés apprendre les termes clés de la matière en différentes langues (glossaire). Pour ce qui est des cours transnationalisés, qui sont dédoublés, l'un sera offert en français, l'autre en anglais. Les cours de droit international, de droit européen, d'histoire, de philosophie, etc. peuvent aisément être donnés en l'une ou l'autre langue. En revanche, qu'en est-il des cours de droit luxembourgeois ? Certains collègues estiment qu'il serait impossible de donner un cours de dogmatique juridique dans une langue autre que la langue officielle de ce droit. Pour ce qui me concerne, j'estime qu'un tel exercice serait, en soi, possible. Après tout, il existe bien des ouvrages scientifiques sérieux qui, à destination d'un public étranger, présente la dogmatique d'un droit national dans une langue étrangère. En revanche, sur le plan didactique, l'exercice serait difficile : il demanderait de la part des étudiants et de l'enseignant une certaine gymnastique linguistique et conceptuelle. Pour l'instant, mis à part un cours, tous les cours de droit luxembourgeois sont offerts en français.

4. Conclusion

Concluons cette présentation par une brève analyse des premiers résultats depuis la mise en place de la réforme en septembre 2014. Bien qu'il soit encore trop tôt pour tirer des conclusions définitives – il faut at-

[62] Le bilinguisme n'est, en revanche, pas imposé aux étudiants externes venant étudier à l'UL dans le cadre d'une mobilité (Erasmus, etc.). Leur choix des cours et de la langue d'enseignement est libre.

tendre que les premières cohortes d'étudiants achèvent leurs études et se lancent sur le marché de travail –, l'on peut d'ores et déjà, après trois ans, noter des résultats intermédiaires qui, à mes yeux et aux yeux de mes collègues, sont très encourageants. Du côté des étudiants, l'intérêt et la motivation sont réels. Il est possible de leur faire admettre un changement radical de méthode (interactivité, lecture des documents en amont), du moment que cette césure est relayée, dès le début, par un discours collectif et cohérent de toute l'équipe pédagogique. Sur le fond, la transnationalisation, même en 1re année, ne bute pas sur des problèmes de compréhension insurmontables : le « chaos », craint par d'aucuns, ne s'est pas produit dans l'esprit des étudiants. Au contraire, les résultats aux examens se sont améliorés : dans l'ancien bachelor, seul 30 % des étudiants de 1re année réussissaient, au premier coup, la totalité des 30 ECTS de chaque semestre ; dans le nouveau bachelor, ce chiffre (au cours des trois premières années d'application, pour le 1er semestre) est monté à presque 50 %.

Dans le dossier de soumission du nouveau bachelor aux instances de l'UL, la commission de réflexion avait exprimé l'espoir suivant : « Les étudiants ainsi formés, et non formatés au départ à l'intérieur d'un système dont les solutions leur apparaîtraient comme une sorte de vérité 'naturelle' et indépassable, disposeront de plusieurs atouts : ils sont de prime abord éveillés à une approche plus critique et imaginative ; ils seront mieux préparés à une activité de juriste international ou européen ; ils sont mieux armés pour appréhender les spécificités dans l'espace et les mutations dans le temps du droit national du pays dans lequel ils souhaiteraient exercer leur activité. Car celui qui connaît les droits étrangers est plus à même de cerner l'identité de son propre droit, qu'il soit proche d'un autre système juridique, ou qu'il s'en distingue radicalement. Connaître, c'est comparer ». Ce vœu d'une plus grande agilité intellectuelle de la part des étudiants s'est réalisé en grande partie. Tous les enseignants qui ont découvert, pour la première fois, la pratique des cours interactifs ont fait une expérience pédagogique marquante et enrichissante, quoique aussi plus exigeante. Dans un cours interactif, il faut, en classe, se donner davantage, se montrer plus inventif et réactif, savoir « animer » et « naviguer » ; bref, l'on quitte cette zone de relatif confort intellectuel du cours *ex cathedra* qui suit imperturbablement son chemin tracé d'avance. En amont, il faut aussi – tâche à la fois chronophage et libératrice –, repenser le fond de sa matière : il faut, au risque de s'y perdre, s'ouvrir à la diversité des droits dans le monde, pour aller en fin de compte à ce qui est, véritablement, « essentiel » et, ce faisant, construire ces théories générales, universelles, tant nécessaires pour les temps présents. En même temps, le regard « sur » l'étudiant (et, par ricochet, sur son propre rôle) change radicalement. L'étudiant n'est plus vu simplement comme un sujet passif, qui d'en haut –

de la part du maître – reçoit le savoir à assimiler, à reproduire et à maintenir. Au contraire, elle/il devient un acteur de sa propre éducation, acteur qu'il faut savoir stimuler, encourager et orienter, et qui, à l'occasion, pourra par sa créativité surprendre l'enseignant, y compris en 1re année. J'en ai fait, pour ma part, la très agréable expérience.

QUELLE FORMATION POUR QUEL JURISTE ET POUR QUEL DROIT ? LIBÉRATION ET RESPONSABILISATION DE L'ÉTUDIANT BRUXELLOIS

Antoine Bailleux

Université Saint-Louis, Bruxelles

1. État des lieux. Un diplôme écorné ? – 2. Quel droit et quel juriste ? Retour au mythe du génie juridique. – 3. Quelle formation ? Unir, libérer, responsabiliser. – 4. Conclusion.

La présente contribution trouve son origine dans les travaux entamés en septembre 2013 par le « Séminaire interdisciplinaire d'études juridiques » (SIEJ) de l'Université Saint-Louis sur le thème : « Quelle(s) formation(s) et quelle(s) recherche(s) pour quel(s) (non-)juriste(s) et pour quel droit ? ». Cette réflexion collective est elle-même partie du constat que la formation en droit traverse aujourd'hui une période de turbulences importantes. D'un côté, les études de droit subissent de nombreuses critiques, notamment de la part des « praticiens » qui les jugent inadaptées aux exigences du monde du travail et aux mutations du droit contemporain. De l'autre, les facultés de droit sont confrontées à de nouveaux défis, parmi lesquels des cohortes d'étudiants toujours plus importantes, un contexte budgétaire pour le moins délicat et une mise en concurrence de plus en plus ouverte entre universités. Sommés de s'adapter, les établissements universitaires (et apparentés) tentent d'innover. Des « cliniques du droit » voient le jour ; on coache des escouades d'étudiants appelés à faire briller les couleurs de leur université dans des procès fictifs nommés *moot courts* ou dans des joutes oratoires telles que les *Model United Nations* ; se créent des cours en ligne, les *massive open online courses*, qui permettent à un professeur, par le biais d'une série de capsules vidéos postées sur Internet, d'atteindre un public disséminé aux quatre coins du globe.

Ces évolutions ne pouvaient pas laisser indifférent le SIEJ, dont la vocation première est de réunir les enseignants et chercheurs de l'Université Saint-Louis – Bruxelles (juristes bien sûr, mais pas seulement) autour de thématiques juridiques transversales. À vrai dire, il était difficile de trouver sujet plus fédérateur et plus brûlant que celui de l'enseignement du droit. Très vite cependant s'est fait jour la conviction qu'un tel thème ne pouvait être traité de façon isolée. Déraciner cette question, c'était se condamner à patauger dans des lieux communs. Au contraire, il fallait accepter que, loin d'être le fruit d'une pensée suspendue dans le vide, le contenu de la formation en droit était directement tributaire, non seulement d'une certaine conception de ce qu'est le droit, mais aussi d'une certaine représentation de la figure du juriste, celui que la formation vise à « créer ». Il nous semblait par ailleurs nécessaire d'associer à cette équation une nouvelle donnée, celle de la recherche, cette activité dont le professeur doit avoir démontré la maîtrise avant de prétendre pouvoir enseigner.

Les travaux du SIEJ se sont déroulés sous la forme de conférences-débats et de colloques, lors desquels près de trente orateurs se sont succédé, et qui se sont soldés par de nombreuses publications dans les colonnes de la *Revue interdisciplinaire d'études juridiques*. Ces travaux se sont clôturés par la rédaction d'un « manifeste pour la formation en droit », formellement adopté en décembre 2015 par le SIEJ et en 2016 par le Conseil de la Faculté de droit de Saint-Louis[1].

Si l'on évoque si longuement ce contexte, c'est parce que les réflexions livrées ci-dessous tentent de faire une première synthèse des travaux menés jusqu'ici par le SIEJ[2]. Elles ambitionnent, par ailleurs, de dévoiler les lignes de force qui sous-tendent le manifeste susmentionné.

Ces préliminaires étant posés, il convient à présent d'entrer dans le vif du sujet. On commencera par brosser un état des lieux des principaux maux dont souffre aujourd'hui la formation en droit (1). Forts de ce bilan initial, on glissera ensuite dans un registre plus normatif pour s'interroger sur la conception du droit et du juriste qui devrait sous-tendre nos enseignements (2). Enfin, à la lumière de ces considérations spéculatives, il s'agira d'esquisser les lignes de force d'une formation repensée autour de trois pôles – unir, libérer, responsabiliser – et d'autant de méthodes – enseignement, apprentissage, initiation (3).

1. État des lieux. Un diplôme écorné ?

Pour dresser un état des lieux un tant soit peu fiable, il faut adopter une posture externe par rapport à son objet. Quittons donc momentanément les murs de la faculté de droit, retardons l'examen des programmes qui y sont enseignés pour nous installer à l'extérieur de cette vénérable institution afin d'en observer l'activité. Ainsi considérée, la faculté de droit apparaît (à l'instar de toute autre faculté du reste) comme une formidable machine

---

[1] « De futurs juristes libres et responsables ! Manifeste pour la formation en droit », in *Revue interdisciplinaire d'études juridiques*, 76, 2016, p. 169-175.

[2] Ces réflexions laissent délibérément de côté les travaux menés par le SIEJ en rapport avec la recherche en droit. Si ces travaux sont d'une urgence cruciale, si la question de la recherche est par ailleurs intimement liée aux questions d'enseignement, il nous a paru peu opportun d'ajouter à un tableau déjà passablement complexe une dimension qui aurait mérité de très amples développements.

de transformation sociale. Y entrent des étudiants, en ressortent des diplômés. On peut gloser à l'infini sur le point de savoir si elle apprend quelque chose (ou en tout cas quelque chose d'utile) aux personnes qui s'y inscrivent, la faculté de droit a au moins un effet, tangible et incontestable, elle produit des juristes.

Or, le statut de juriste n'est pas – en tout cas n'est plus – de ceux qui s'héritent. Réputé obtenu de haute lutte, au terme d'études perçues comme difficiles, il s'accompagne de représentations et d'attentes relativement précises. Le juriste est celui qui *sait* le droit. Qu'on lui présente un problème donné, et il pourra – moyennant le cas échéant quelques recherches dont lui seul détient les clés – *dire* la solution juridique qu'y s'y applique. Au minimum, il pourra *affirmer* qu'*en droit*, la cause qui lui est soumise est *plaidable* – ou au contraire, qu'elle ne l'est pas.

Ce que fait donc la faculté de droit lorsqu'elle décerne un diplôme, c'est conférer à l'impétrant un certain *crédit* auprès du public. Le juriste frais émoulu devient le dépositaire d'un savoir particulier. S'agissant du juriste cependant, et à l'inverse de la majorité des diplômés des autres facultés, ce crédit est *institutionnalisé*. La loi, en effet, confère au seul titulaire d'un diplôme en droit l'accès aux principaux métiers relatifs à la *jurisdictio*, à savoir le barreau, la magistrature ou le notariat. Le *crédit* se double ainsi d'un *monopole* – monopole légal. Le juriste se voit élevé au rang de gardien exclusif du droit. Pour le dire en sens inverse, et de façon peut-être plus frappante, le droit est confié à sa seule garde. C'est qu'il n'est pas seulement réputé bien connaître le droit. Il est présumé (irréfragablement) *mieux* le connaître que quiconque ne serait pas passé par les bancs de la faculté de droit.

Pour récapituler, on peut donc affirmer que la faculté de droit est présumée former des personnes qui (a) *maîtrisent* (b) un savoir *spécifique* (c) *mieux* que quiconque.

Cet immense capital de confiance dont bénéficie le juriste – et par ricochet, la faculté de droit – a toutefois sa limite – et elle est d'importance, nous le verrons : nécessaire, le diplôme de droit n'est néanmoins pas une condition suffisante à l'exercice des professions susmentionnées, dont l'accès est contrôlé par les pairs au moyen d'examens ou de concours.

Élargissons maintenant la focale et observons la façon dont les « turbulences » annoncées en introduction affectent le tableau brossé jusqu'ici. Pour le dire vite, il semble que ces turbulences écornent le diplôme de droit et affectent le prestige de son titulaire en altérant les trois éléments du crédit dont il dispose. Précisons d'emblée que ces perturbations ne remettent pas fondamentalement en cause le « capital confiance » dont jouit encore largement le juriste. Elles constituent néanmoins les signes d'une relativisation qui n'est pas sans conséquence sur la représentation du juriste, et qui ne sauraient être ignorées des établissements qui ont pour mission de « produire des juristes ».

1. Prenons d'abord, par ordre décroissant, le *monopole* de la connaissance du droit dont bénéficie le juriste. Cette première idée est aujourd'hui largement battue en brèche, notamment par des politologues et des acteurs politiques, qui constatent une perte d'influence du juriste au sein des cabinets ministériels et, de manière générale dans les métiers de la fabrication du droit et de l'action publique. Il apparaît que « toutes les études sociologiques sur l'espace politique tendent à mettre en évidence un déclin structurel de la compétence juridique dans l'espace politique et l'érosion du monopole des juristes en son sein qui marquait depuis ses débuts l'histoire de l'État moderne en Occident »[3]. Sans doute cette marginalisation progressive du juriste dans la sphère des affaires publiques est-elle en partie imputable à la montée en puissance de figures rivales, telles que celles de l'économiste ou du communicant. Mais l'on ferait fausse route si l'on se contentait d'expliquer ce phénomène par un déclin du droit lui-même au profit d'autres savoirs experts. En réalité, il semble plutôt que l'ébranlement du crédit du juriste résonne jusque dans la sphère juridique. Considérés comme de simples exécutants, chargés de « traduire » sans perte ni profit des orientations politiques dans le langage du droit, ils sont critiqués au motif qu'ils ne parviennent pas même toujours à s'acquitter d'une telle tâche (« il arrive que la copie ne corresponde pas à la commande », nous a ainsi confié un haut fonctionnaire), enferrés qu'ils sont dans une vision trop dogmatique du droit, incapables de penser ce dernier dans une perspective stratégique, prisonniers d'un raisonnement hermétique aux considérations politiques. Ces insuffisances entraînent une « désacralisation de la figure du juriste, auquel on dénie le monopole de manipulation du droit »[4]. Ce dernier apparaît alors comme « une compétence générale, et non plus exclusive, comme [une] "culture politique partagée" ».

Ces considérations trouvent un écho saisissant dans l'évolution de la place du droit dans les programmes de certaines grandes écoles françaises. Sans parler du cas de Sciences Po, dont nous traiterons plus loin, on observera avec Liora Israël et Rachel Vanneuville que cette évolution (déclin du droit à l'ENA, croissance de celui-ci à HEC et à Centrale) fait apparaître « une convergence dans la conception du droit transmise par les

---

[3] M. MAÏRA, C. MAJASTRE, O. PAYE et C. XHARDEZ, « Formations et identités professionnelles dans la fabrique de l'action publique : Quelle place pour le droit et les juristes ? Regards de politologues », in *Revue interdisciplinaire d'études juridiques*, 73, 2014, p. 173-202, spéc. p. 195-196.
[4] *Ibid.*, p. 199.

enseignements [...]. L'apprentissage du droit délivré aux élèves relèverait aujourd'hui davantage de l'inculcation d'un rapport au droit du type "*with the law*", invitant à jouer avec lui, à le contourner, par contraste avec une attitude distante et respectueuse du type "*before the law*" [...]. D'un droit contraignant les activités, on serait ainsi passé à un droit conçu comme une ressource pour l'action, dont l'usage est soumis à l'évaluation de sa pertinence pour résoudre des problèmes concrets »[5]. Le droit apparaît ainsi comme une « boîte à outils », un instrument de gestion des affaires publiques et privées qui, à ce titre, ne saurait être confié à la garde exclusive des juristes.

2. Que le juriste doive désormais partager avec d'autres sa capacité à « dire le droit » ne signifie pas encore que cette capacité soit à la portée de tous. On renoue ici avec l'idée selon laquelle c'est un savoir *spécifique* qui s'acquerrait sur les bancs de la faculté de droit ; un savoir reposant sur un langage savant, sur un raisonnement particulier, et sur des connaissances qui ne relèvent en rien de la culture générale. Sans doute ce savoir pourrait-il être plus ou moins maîtrisé par des non-juristes ; il n'en demeurerait pas moins un domaine clairement circonscrit des sciences humaines, qui ne serait accessible qu'au terme d'une longue acculturation. Cette idée – sans doute plus marquée en Europe continentale qu'ailleurs – d'une spécificité de la connaissance juridique s'est trouvée fortement ébranlée, en France, par l'habilitation donnée en 2007 à l'Institut d'Études Politiques de Paris (Sciences Po Paris) à décerner, en deux ans, une maîtrise en droit donnant un accès direct aux professions réservées aux juristes.

Il faut bien comprendre que ce qui se joue derrière une telle habilitation, c'est bien davantage que la perte du monopole de la formation des juristes par les universités. En décidant que des juristes pouvaient être formés en vingt-quatre mois à peine (pour autant qu'ils fussent titulaires d'un diplôme universitaire de premier cycle), le législateur français a porté un coup puissant au capital symbolique de ces derniers. L'irruption de Sciences Po sur le « marché » de la formation juridique relativise fortement l'image traditionnelle des juristes, celle d'une coterie relativement fermée de jurisconsultes détenteurs d'un savoir expert, spécifique, bien souvent sibyllin, indéchiffrable pour le profane. Et ce n'est sûrement pas une coïncidence si le directeur de l'École de droit de Sciences Po enfonce lui-même le clou dans le cercueil du génie juridique, évoquant un droit

---

[5] L. ISRAËL et R. VANNEUVILLE, « Enquêter sur la formation au droit en France. L'exemple des formations extra-universitaires », in *Revue interdisciplinaire d'études juridiques*, 72, 2014, p. 141-162, ici p. 152.

« orphelin de sa rationalité interne »[6], une pensée juridique « intellectuellement exsangue »[7], concluant que « ce qui émane des ruines empilées de toutes ces théories [doctrinales] défaites, c'est la vanité de l'exercice »[8].

L'influence croissante du droit anglo-saxon n'est sans doute pas pour rien dans cette évolution soudaine du paysage de l'enseignement juridique en France. On le sait, le droit s'apprend en trois ans aux États-Unis, dans le cadre d'une formation de deuxième cycle dispensée à des étudiants triés sur le volet dans des *law schools* plus ou moins prestigieuses. Ce qu'on ignore peut-être davantage c'est qu'au Royaume-Uni le droit s'apprend également au cours d'un cycle unique de trois ans, mais que la formation pour devenir *solicitor* ou *barrister* est ouverte également aux titulaires de diplômes non juridiques, moyennant *une seule année* de rattrapage sur leurs collègues juristes. À n'en pas douter, de tels chemins de traverse mettent à mal l'image du juriste « savant », de même qu'ils offrent un puissant démenti à l'idée qu'il existerait une « science du droit » comme il existe des sciences médicales.

3. Contesté dans son statut de détenteur *privilégié* d'un savoir réellement *spécifique*, le juriste conserve-t-il au moins le crédit de la maîtrise de son objet ? Pour le dire autrement, s'il n'est plus le seul à pouvoir dire le droit et si le droit n'apparaît plus comme le lieu d'un savoir d'une haute sophistication, le juriste demeure-t-il néanmoins perçu, *a minima*, comme *maîtrisant* ce savoir « désacralisé » ? Reste-t-il investi de la confiance en sa capacité à dire le droit ?

Sans doute la réponse à cette question reste-t-elle largement affirmative, et c'est heureux. On notera néanmoins que, de l'intérieur même de la communauté des juristes, des voix de plus en plus nombreuses se font entendre pour dénier au juriste frais émoulu de l'Université la moindre compétence pour exercer les métiers du droit. La liste est longue des reproches adressés à ces jeunes professionnels – et indirectement aux institutions dont ils sont issus : détenteurs d'un savoir trop théorique et déjà à moitié oublié, affectés d'une expression orale et écrite déficiente faute d'avoir trouvé à s'exercer, dépourvus de toute créativité, d'entregent et d'esprit d'initiative, nos jeunes diplômés ne seraient tout simplement pas équipés face aux défis de la société contemporaine et du droit qu'elle sécrète.

Ces critiques ne sont certes pas neuves. Elles prennent néanmoins une acuité particulière depuis que les avocats eux-mêmes s'ingénient à bâtir

[6] C. JAMIN et M. XIFARAS, « De la vocation des facultés de droit (françaises) de notre temps pour la science et l'enseignement », *Revue interdisciplinaire d'études juridiques*, 72, 2014, p. 107-140, spéc. p. 136.
[7] *Ibid.*
[8] *Ibid.*

des formations juridiques jugées plus adaptées aux exigences professionnelles, en dehors des universités. Il apparaît ainsi que la mise en place de l'École de droit de Sciences Po doit beaucoup au barreau d'affaires de Paris[9] (qui lui fournit d'ailleurs un certain nombre d'enseignants), et que « les avocats d'affaires sont l'un des piliers de la création de la majeure juridique d'HEC »[10].

2. Quel droit et quel juriste ? Retour au mythe du génie juridique

Le bilan que l'on vient de dresser s'est voulu le plus neutre possible. Il s'est contenté d'inventorier une série d'évolutions qui mettent à mal le statut du juriste et l'autorité dont il est traditionnellement crédité – celle de (a) *maîtriser* (b) un *savoir spécifique* (le savoir juridique) (c) *mieux* que quiconque. Indirectement, en constatant l'effritement de ces représentations, il pointe l'incapacité des universités à former des juristes qui répondent à celles-ci et souligne la nécessité de trouver des pistes susceptibles de réduire ce hiatus.

Sous ses apparences banales, cet état des lieux a ceci d'intéressant qu'il n'invite pas nécessairement à une réforme effrénée des études de droit. Plus exactement, il incite à penser ces réformes en relation étroite avec les représentations du droit et des juristes véhiculées par l'université et reçues (de façon toujours déformée et simplifiée, bien sûr) par le « public ». Il a en effet le mérite de montrer que le problème ne réside pas, en tant que tel, dans les facultés de droit. On y travaille sérieusement, et peu nombreux sont les étudiants et enseignants qui affirmeraient qu'ils n'y apprennent rien, ou peu de choses. Tout au contraire, il résulte de ce bilan que le problème réside dans le fossé séparant la formation juridique des attentes placées dans les juristes et, plus précisément encore, des représentations que l'on se fait du droit et du juriste.

Ce qu'il convient donc d'interroger en premier lieu, avant de discuter de réformes de programmes, c'est la conception du droit et du juriste sous-jacente à la formation telle qu'elle est aujourd'hui dispensée dans la plupart des facultés de droit. À cet égard, on fait l'hypothèse que ces programmes procèdent largement d'une vision « normativiste » du droit, selon laquelle ce dernier consisterait en un ensemble de règles spécifiques, posées, et aisément identifiables pour qui sait les reconnaître. Réduit au seul droit positif, le droit occuperait donc un quartier bien délimité des sciences. Il serait cet immeuble ordonné selon un principe hiérarchique indiscutable, composé d'un nombre défini de pièces abritant chacune une

[9] L. ISRAËL et R. VANNEUVILLE, « Enquêter sur la formation au droit en France », *op. cit.*, p. 156.
[10] *Ibid.*, p. 154

matière différente, et bâti à l'aide de matériaux – les sources formelles – soigneusement répertoriés. Se succédant au fil des années d'études, les cours encyclopédiques et *ex cathedra* assureraient une connaissance méthodique et approfondie de l'ensemble du bâtiment.

Il ne s'agit pas ici de prétendre qu'une telle conception du droit serait *fausse* – ni du reste qu'elle serait correcte –, ce qui impliquerait que sa véracité puisse être mise à l'épreuve d'une improbable « réalité ». On admettra même que pareille présentation peut être *utile* ; elle a d'incontestables vertus pédagogiques et correspond, par ailleurs, à certaines missions du droit – nous y reviendrons.

Le problème, c'est que cette vision est le plus souvent prise pour la réalité. Le droit n'apparaît plus alors comme *pouvant être présenté comme* un système de règles hiérarchisé et fermé sur lui-même, mais comme *étant* ce système. Pour le dire autrement, un certain portrait du droit est présenté comme étant le droit lui-même. Or, cette ontologisation – qui par hypothèse disqualifie comme erronée toute autre présentation du droit – a des conséquences immédiates sur la représentation du juriste. Celui-ci y apparaît comme (1) cantonné dans un secteur aisément identifiable du savoir humain ; et (2) détenteur d'une connaissance pleine et entière de ce secteur. Et si cette connaissance n'est pas entièrement logée dans son esprit (on connaît la réputation de « par cœur » des études de droit, largement alimentée par le volume des « matières » qui y sont dispensées), à tout le moins sera-t-il en mesure d'y accéder au prix de quelques recherches.

Qui ne voit que cette conception du droit et du juriste leste ce dernier d'attentes proprement inhumaines ? Elle fait de lui un « panglosse sectoriel », une espèce de singe savant enchaîné à « sa » prison de textes. Plus grave, elle fait peser sur lui la responsabilité de l'échec lorsque « la copie n'est pas conforme à la commande » ou que sa réponse est incertaine, voire balbutiante. Face à de telles attentes, comment ne pas décevoir ? Devant les représentations qu'elle a elle-même engendrées, comment l'université ne tremblerait-elle pas ?

Il y a pourtant une autre voie. Elle nous est indiquée par les politologues et sociologues qui, plus haut, observaient un changement dans le statut du droit : loin d'être révéré comme une vérité sacrée, le droit est aujourd'hui conçu dans une logique instrumentale comme une « ressource pour l'action ». À ce titre, il est saisi sans complexe par tous ceux qui, précisément, entendent *agir* – que ce soit dans le domaine des affaires publiques ou privées.

Au lieu de s'en offusquer, les facultés de droit auraient tout à gagner à se laisser interpeller par de telles pratiques. Elles soulignent ce qu'une certaine théorie du droit s'escrime à démontrer depuis plus d'un siècle : que l'image d'un ordre clos et hiérarchisé de règles claires relève du mythe, de même que celle du juriste « herculéen », découvrant la bonne réponse à la lumière de sa seule intelligence. Au bénéfice d'un tel décentrement, le droit se dévoilerait sous un autre angle : une construction sociale, toujours en chantier, nécessairement exposée aux rapports de force. Quant au juriste, il apparaîtrait non plus comme le gardien enchaîné à son temple, mais comme l'artisan libre et habile, qui connaît et manie l'outil juridique mieux que les autres, capable de piocher dans tous les registres du discours pour construire des solutions juridiques susceptibles d'emporter la conviction. On voit l'effet proprement libérateur, voire désinhibant, d'un tel changement de perspective pour les juristes et pour ceux qui prétendent les former.

Mais si les facultés de droit gagnent à se déprendre de la figure du « génie juridique » qu'elles ont contribué à créer, elles n'ont pas pour autant vocation à se transformer en facultés de sociologie, d'économie ou de sciences politiques. Il y a un paradoxe piquant dans le constat qu'à l'heure même où les études de droit essuient les plus vives critiques, la « demande en droit » ne cesse de croître. On connaît les hypothèses qui, de la dislocation du lien social à la mondialisation, de la technicisation à la marchandisation de la société, tentent d'expliquer ce besoin accru en juridicité. Quelles qu'en soient les causes, cette tendance doit elle aussi interpeller les facultés de droit, et ce à un triple titre.

1. Cette demande de droit implique d'abord qu'il y a dans ce dernier quelque chose de spécifique, auquel aucun autre discours ou savoir ne saurait se substituer – il y aurait là un « génie » du droit comme on parle du génie d'une langue. En d'autres termes, s'il faut se garder de succomber à une vision ontologisante du droit, il convient d'éviter de verser dans l'ornière inverse, consistant à dénier au savoir juridique toute densité propre, à le ravaler au statut de simple mystification, à le diluer dans l'océan des rapports de force.

Mais, nous rétorquera-t-on, entre le solide et le néant, entre le réel et la mystification, qu'y a-t-il ? On répondra, au gré des auteurs : la culture[11], le langage[12] ou le jeu[13]. Ces métaphores ont en commun de rappeler que le

---

[11] Cf. entre autres L. FRIEDMAN, *The Legal System. A Social Science Perspective*, New York, Russel Sage Foundation, 1975.

[12] S'il est opéré par de nombreux auteurs, ce rapprochement entre droit et langage constitue une thèse centrale de l'école historique du droit emmenée par Savigny et Grimm, le premier insistant notamment sur le caractère spécifique du langage juridique (à ce sujet, cf. A. DUFOUR, « Droit et langage dans l'École historique du Droit », in *Archives de philosophie du droit*, 1974, p. 151-180). On rappellera également que pour von Jhering, « les vrais juristes de tous les pays et de toutes les époques parlent la même langue. Ils se comprennent entre eux : tandis que le juriste et l'homme du monde, même lorsqu'ils se parlent de leur propre droit, ne parviennent point, le plus souvent, à s'entendre » (*L'esprit du droit*

droit est avant tout une pratique sociale, qui n'existe qu'à travers ceux qui en parlent et qui y participent. Chacune de ces images met par ailleurs en lumière une facette de la spécificité du droit.

S'agissant de la culture, elle souligne que le droit suppose un fonds de représentations communes, qui en même temps le relient à son environnement et l'en distinguent. Comme le dit Violaine Lemay, « apparaît ici l'idée de discipline comme type de culture », avec pour corrélat que « l'interdisciplinarité se fait interculturalité »[14]. Appréhendé sous ce prisme culturel, le droit se présente comme un univers particulier, tissé de pratiques, de significations, de codes qui permettent à chacun, plus ou moins maladroitement, d'en discerner les contours au sein du « grand jeu social ». Comme toute culture, le droit est porteur de « contraintes » (de « balises pour l'action ») à l'égard des personnes qui y sont inféodées[15], mais aussi de valeurs, qui participent de son identité. Avec François Brunet, on rappellera à cet égard qu'en tant qu' « objet culturel » [16], le droit ne se prête pas à une analyse neutre et aseptisée qui prétendrait en oblitérer les visées axiologiques, et singulièrement sa prétention à faire justice. La métaphore culturelle est également utile en ceci qu'elle met en exergue le caractère mouvant, partagé et diffus de l'univers juridique. Mouvant, dès lors que le droit est un univers en recomposition constante, qui évolue au gré de ses interactions avec son « environnement » ; partagé, dans la mesure où il n'appartient pas plus aux seuls juristes que la culture n'est l'apanage des conservateurs de musée – la distinction proposée par Friedman entre culture juridique interne (celle des juristes) et externe (celle du « public ») est à cet égard éclairante, quoiqu'excessivement dichotomique[17] ; diffuse, en ce qu'à l'instar de la culture, la juridicité opère sur le mode du dégradé, rebelle à toute entreprise de cantonnement.

Ce rapprochement entre droit et culture n'est pas sans incidence sur la figure du juriste. Celui-ci n'apparaît plus seulement comme un artisan doté d'un savoir technique, libre d'échafauder comme il l'entend ses constructions juridiques. Il devient également le dépositaire *privilégié* d'une

---

romain dans les diverses phases de son développement, tome III, Bologne, Forni, 1969, p. 9).

[13] Cf. M. VAN DE KERCHOVE et F. OST, *Le droit ou les paradoxes du jeu*, Paris, PUF, 1992.

[14] V. LEMAY, « Trois principes de rénovation tranquille pour l'enseignement du droit. L'avantage d'un retour du souci méthodologique et épistémologique », in *Revue interdisciplinaire d'études juridiques*, 72, 2014, p. 37-50, spéc. p. 37-38.

[15] On retrouve ici la théorie des contraintes juridiques développée par les réalistes de Nanterre : cf. M. TROPER, V. CHAMPEIL-DESPLATS et C. GRZEGORCZYK (dir.), *Théorie des contraintes juridiques*, Paris-Bruxelles, LGDJ-Bruylant, 2005.

[16] F. BRUNET, « La justice sans le juriste ? L'épistémologie juridique d'après Kelsen », in *Revue interdisciplinaire d'études juridiques*, 71, 2013, p. 191-211, ici p. 205.

[17] L. FRIEDMAN, *The Legal System*, *op. cit.*, p. 223-267.

tradition, l'héritier *institutionnel* d'un récit, le membre *central* d'une communauté unie par des références, des valeurs et des modes de pensée communs.

2. La métaphore du droit comme *langage* met elle aussi en lumière les caractéristiques que l'on vient d'esquisser. Mais elle éclaire également une autre facette du phénomène juridique, qui est au cœur même de la demande croissante en droit, et que les facultés ne peuvent ignorer. François Ost nous met sur la voie lorsqu'il se demande à quoi *sert* le droit. C'est qu'à l'instar du langage, le droit remplit des fonctions spécifiques très concrètes, et mieux encore, des *finalités*. Avec François Ost, on peut ainsi faire l'hypothèse que certaines de ces finalités (démocratie, justice, constitution anthropologique de l'humain) sont extrinsèques au droit dès lors qu'elles peuvent également être prises en charge au moyen d'outils non juridiques, tandis que d'autres (arbitrage général, stabilisation, auto-distanciement) lui sont intrinsèques dans la mesure où le recours au droit paraît indispensable à leur réalisation[18].

Sans rentrer dans les détails d'une pensée très riche, on épinglera ici la qualité d'arbitrage général prêtée au droit[19]. Comme l'affirme Mariano Croce, s'interrogeant sur la spécificité du droit par rapport à d'autres types de normativité, « the law opens up a trans-sectional and insulated venue, neatly separated from everyday life, in which everyday reality can be renegotiated and rephrased by means of a special knowledge (usually mastered by legal experts) and a rigid set of conceptual categories »[20]. Jürgen Habermas ne dit pas autre chose lorsqu'il considère que le droit « fonctionne comme un transformateur qui empêche le tissu de la communication à l'échelle de la société dans son ensemble, fondement de l'intégration sociale, de se déchirer »[21]. Et c'est encore la même idée que l'on retrouve sous la plume d'Alain Supiot lorsqu'il affirme que le droit a pour mission d' « approcher [...] une représentation juste du monde »[22].

Par-delà les querelles sur le caractère réellement *méta* d'un telle représentation, force est d'observer que l'une des missions premières du droit est de *traduire*, dans un *langage* commun, en vue de les faire se rencontrer et éventuellement de les départager, les revendications, les intérêts, les

---

[18] F. OST, *À quoi sert le droit ? Usages, fonctions, finalités*, Bruxelles, Bruylant, 2016.

[19] *Ibid.*, p. 355-414.

[20] M. CROCE, « Is there any place for legal theory today ? The distinctiveness of law in the age of pluralism », in U. DE VRIES et L. FRANCOT (dir.), *Law's Environment : Critical Legal Perspectives*, La Haye, Eleven Publishers, 2011, p. 19-44, ici p. 42.

[21] J. HABERMAS, *Droit et démocratie. Entre faits et normes*, trad. par R. Rochlitz et C. Bouchindhomme, Paris, Gallimard, 1997, p. 70

[22] A. SUPIOT, *Homo juridicus. Essai sur la fonction anthropologique du Droit*, Paris, Seuil, 2005, p. 31.

rapports de force, les représentations de la justice, qui traversent la société.

La question, encore une fois, n'est pas de savoir si le droit est en mesure de répondre aux attentes ainsi placées en lui. Il s'agit bien plutôt de noter que celles-ci assignent au droit un rôle particulier – sans doute unique – dans la cité, un rôle qui le distingue d'une simple « culture » qui aurait pour seule « fonction » de contribuer à structurer passivement l'espace social.

Mais accepter de telles attentes, c'est assumer les représentations qui les accompagnent. En d'autres termes, considérer le droit comme un langage, c'est accepter de faire peser sur lui le pari de l'intelligibilité qui sous-tend toute communication humaine. C'est postuler que le cas peut être « traduit » dans la langue du droit ou qu'à l'inverse, le droit peut être adopté, exécuté, interprété et appliqué à la situation posée, en d'autres termes qu'il est semblable à un conduit sans aspérités, à une machine à « traiter » la réalité et à calculer la bonne réponse (ou la moins mauvaise, ce qui revient au même). C'est présupposer qu'il est possible de « dire le droit », et que ce dernier existe indépendamment de la personne qui l'exprime. En d'autres termes, c'est faire le pari du génie juridique, un « génie » entendu non plus cette fois comme « caractère distinctif qui forme le propre d'une chose, d'une réalité vivante, son originalité, son individualité » (le génie de la langue), mais bien plutôt comme « l'aptitude supérieure de l'esprit qui rend quelqu'un capable de créations, d'inventions, d'entreprises qui paraissent extraordinaires ou surhumaines » (le génie « herculéen ») (*Le petit Robert*).

Et notre juriste, dans tout cela ? Le voilà investi d'une immense *responsabilité*, celle du parfait bilingue dont on attend qu'il traduise dans le langage du droit les revendications exprimées dans la langue commune. Le doute surgit alors. Serait-on de retour à la case départ, celle du singe savant enchaîné aux barreaux de sa cage ? Voire.

3. La métaphore du droit comme jeu s'avère ici d'une extrême fécondité, qui met en lumière le formidable paradoxe – « la dialectique du sérieux et du non-sérieux »[23] sur lequel repose le droit. D'un côté, elle sou-

---

[23] Cf. F. OST et M. VAN DE KERCHOVE, *Le droit ou les paradoxes du jeu*, *op. cit.*, p. 115. Voir aussi, p. 155-156 : « Ainsi donc, il est aussi trompeur et réducteur de ramener le droit au seul domaine de la réalité empirique (laquelle ?) qu'à celui de l'apparence trompeuse, du pur reflet évanescent du mirage ou du subterfuge. (…) Une fois entré dans l'institution juridique, comme dans la convention ludique, on est tenu de considérer comme établies les propositions émanant des acteurs qualifiés ». Et encore : « C'est la vertu du paradigme ludique de laisser entrevoir, entre l'opacité d'un réel muet et l'inconsistance d'une irréalité mensongère, la fécondité de l'univers magique, surréel, narratif, performatif que fait sur-

ligne le caractère contrefactuel des « mythes » sur lesquels repose le droit, et en premier lieu le mythe du génie juridique. En ce sens, elle prévient contre tout risque de rechute dans une vision ontologique du droit, selon laquelle ce dernier correspondrait à une réalité tangible et circonscrite, qu'il appartiendrait au juriste de découvrir dans ses codes tel un chimiste dans son laboratoire, et qui voudrait qu'à chaque question il existe une réponse (ou une interprétation) *réellement* correcte *en droit*. Elle rappelle que le droit est une pratique collective, fondée sur des jeux de rôle – le décorum des cours et tribunaux et la résistance opiniâtre du costume dans les cabinets d'avocats sont là pour en attester – qui n'a d'autre réalité que celle que lui prêtent ses participants et spectateurs.

Face à ce miroir aux alouettes, on perçoit toute la justesse de la « pensée par cas » proposée notamment par Jérémie van Meerbeeck, qui considère que « le paradigme cartésien du droit nous a fait perdre de vue ce qu'Aristote, les juristes romains, les rabbins juifs et les scolastiques médiévaux avaient compris depuis des siècles : le droit est indissociable du cas »[24]. C'est que le droit ne prend forme, ne se crée, ne se tisse qu'à travers les situations (telles que narrées par les parties, les experts, les témoins) qu'il est amené à traiter, et qu'inversement « le cas n'acquiert son identité qu'avec l'activité qui le fait entrer dans le langage »[25]. De sorte que, face à cette absence de règle prédéterminée, « peu de juges refuseraient aujourd'hui de reconnaître que l'équité joue un rôle dans certaines de leurs décisions, qui seront ensuite revêtues d'un habile maquillage juridique »[26]. Dans le même sens, François Ost souligne l' « imagination libre et créatrice »[27] du jugement judiciaire qui, tel le jugement réfléchissant kantien, implique un « passage impossible », suppose de « lancer dans le vide le pont médiateur » entre le particulier du cas (déterminée par la règle) et l'universel de la règle (construite par le cas)[28].

D'un autre côté cependant, la métaphore du droit comme jeu insiste sur le caractère *nécessaire* de tels mythes, qui donnent sa consistance au droit. Elle nous souffle que s'il n'est pas de jeu sans fiction, il n'y a pas davantage de droit sans mythe. Que, plus précisément, le droit ne peut remplir ses missions – au premier chef desquelles celle d'arbitrage général – si se dérobe sous ses pieds la confiance dans son autonomie et dans sa rationa-

---

gir, par la force de son énonciation et la grâce de l'institution qui l'encadre, le verbe du droit » (p. 161).

[24] J. VAN MEERBEECK, « Penser par cas… et par principes », in *Revue interdisciplinaire d'études juridiques*, 73, 2014, p. 77-97, ici p. 87.

[25] *Ibid.*, p. 89.

[26] *Ibid.*, p. 95.

[27] F. OST, « Penser par cas : la littérature comme laboratoire expérimental de la démarche juridique », in *Revue interdisciplinaire d'études juridiques*, 73, 2014, p. 99-131, ici p. 132.

[28] *Ibid.*, p. 111.

lité. Elle rappelle, avec Pierre Legendre, l'importance du droit comme dernier espace dogmatique dans nos sociétés sécularisées, « lieu de la vérité légale, postulé et socialement mis en scène comme tel »[29]. Qui ne voit en effet que, dépouillé de « ses » présomptions (les présomptions légales), de « sa » vérité (la vérité judiciaire), de sa prétention à la complétude (la prohibition du déni de justice), bref, de sa prétention à fournir la bonne réponse, le droit serait incapable de remplir son rôle (et donc, de justifier son existence) ?

Les juristes se voient ainsi donc invités à « jouer le jeu », à le prendre au sérieux même, car tout fondé qu'il soit sur des mythes, ce jeu n'en demeure pas moins doté d'effets bien tangibles et rencontre les attentes de la société dans laquelle il se déploie. Sans doute y a-t-il dans ce jeu une forme d' « hypocrisie collective »[30] mais on se gardera pour autant de conclure à un jeu de dupes, à une mascarade qui verrait le juriste faire ce qu'il veut (avancer ses opinions personnelles, se compromettre avec le pouvoir, jouer sa sentence aux dés) derrière le masque de l'objectivité du droit. Si le juriste est libre de récolter et d'assembler à sa guise le matériau nécessaire à la construction de sa bonne réponse, celle-ci sera ensuite mise à l'épreuve de la discussion et du jugement des autres participants au jeu du droit – seul test de falsifiabilité disponible à défaut d'une confrontation possible avec « le réel » –, lesquels l'apprécieront en fonction de canons, de critères, de contraintes inhérents à la culture juridique, mais aussi au regard de sa capacité à « faire justice » aux cas et aux revendications qu'elle prétend couler dans le langage du droit.

Cette dernière observation nous conduit à la conclusion de ce long détour sur l'identité du droit et du juriste. Car se profile, derrière cette œuvre d'écriture incessante, pétrie d'originalité et de redite, mêlée de liberté et de contrainte, une autre figure du génie – un génie moins splendide que celui entretenu par la mythologie juridique, un génie incarné, faillible, au travail, *en action*. Non pas tant celui dont parle Kant repris par Ost, ce talent inné capable de produire « la règle de ce qui est sans règle », mais bien plutôt celui évoqué par Nietzsche, pour qui « l'activité du génie ne paraît pas le moins du monde quelque chose de différent de l'activité de l'inventeur en mécanique, du savant astronome ou historien, du maître en tactique. [...] Le génie ne fait rien que d'apprendre d'abord à poser des pierres, ensuite à bâtir, que de chercher toujours des matériaux et de travailler toujours à y mettre la forme. [...] [T]out ce qui est fini, parfait,

[29] P. LEGENDRE, *Sur la question dogmatique en occident : aspects théoriques*, Paris, Fayard, 1999, p. 78.
[30] P. BOURDIEU, « Les juristes, gardiens de l'hypocrisie collective », in F. CHAZEL et J. COMMAILLE (dir.), *Normes juridiques et régulation sociale*, Paris, LGDJ, 1991, p. 95-99.

excite l'étonnement, tout ce qui est en train de se faire est déprécié. [...] L'art achevé de l'expression écarte toute idée de devenir ; il s'impose tyranniquement comme une perfection actuelle. Voilà pourquoi ce sont surtout les artistes de l'expression qui passent pour géniaux, et non les hommes de science. En réalité cette appréciation et cette dépréciation ne sont qu'un enfantillage de la raison »[31].

Voici donc notre juriste : un *artisan* qui met toute sa science, son talent, son génie à *construire* des énoncés et à *convaincre* de leur *justesse* (car « tombant *juste* » par rapport à la culture dont il se réclame ; car « sonnant *juste* » face aux revendications qu'il entend traduire) ; mais un artisan qui travaille dans l'ombre démesurée de lui-même, cette figure mythologique d'un génie juridique théorique, désincarné et infaillible, cette image projetée sur les murs de la cité par les attentes placées dans le droit ; une ombre, enfin, dont il n'est pas plus dupe que le public qui la projette, mais dont il connaît l'importance institutionnelle, tant pour sa pratique que pour la société tout entière.

3. Quelle formation ? Unir, libérer, responsabiliser

La figure du juriste et du droit que l'on vient d'esquisser est grosse d'implications sur le plan pédagogique. Car si c'est ce juriste-là que l'on entend former, si c'est cette conception-là du droit que l'on souhaite transmettre, il convient de repenser l'enseignement du droit autour de ces objectifs.

3.1. *Un double triptyque*

Sans prétendre offrir ici un programme clef sur porte, on voudrait proposer quelques pistes de réflexion, s'inspirant doublement – mais librement – des travaux d'Olivier Reboul en philosophie de l'éducation[32].

Un premier emprunt réside dans la distinction opérée par ce dernier entre les concepts d'*apprentissage*, d'*initiation* et d'*enseignement*. L'apprentissage, affirme-t-il, c'est « le fait d'acquérir un savoir-faire, comme nager, écrire, danser, en accomplissant l'acte même qu'on veut acquérir : "C'est en forgeant qu'on devient forgeron". La loi de l'apprentissage est celle des "essais et erreurs" ; on procède aveuglément, en tâtonnant, et les erreurs (...) s'éliminent graduellement au cours des répétitions, alors que

[31] F. NIETZSCHE, *Humain, trop humain : un livre pour esprits libres*, Paris, Gallimard, 1987, vol. I, p. 166-167, aphorisme 162.
[32] Cf. O. REBOUL, *La philosophie de l'éducation*, IIIe éd., Paris, PUF, 1981; O. REBOUL, *La philosophie de l'éducation*, IXe éd., coll. « Que sais-je? », Paris, PUF, 2001.

les gestes utiles se confirment et s'enchaînent »[33]. L'initiation, pour sa part, « consiste à "faire entrer" l'individu dans une communauté en lui révélant ses rites, ses traditions, ses mythes. (…) L'initiation se distingue donc de l'apprentissage en ce qu'elle impose une fin à l'individu, l'appartenance à telle société. Si l'apprenti ne choisit pas les techniques qu'on lui enseigne, il peut ensuite en user plus ou moins à sa guise, ou selon les circonstances ; l'initié au contraire est intégré à une communauté qui est fin en soi (…) »[34]. Enfin, l'enseignement « comporte certes une part importante d'apprentissage et d'initiation » mais il est « d'un autre ordre »[35]. Cette différence se manifeste notamment par le contenu – « le savoir, qui n'est ni le savoir-faire, ni une croyance » – et par le but – faire comprendre. Nous faisons l'hypothèse que chacune de ces voies pédagogiques peut, à des degrés divers, trouver sa place en faculté de droit, et que leur juste combinaison est nécessaire (ou en tout cas propice) à la réalisation du programme ambitieux que l'on s'est fixé.

Notre second emprunt concerne le *contenu* même de l'enseignement. S'interrogeant sur ce qui vaut la peine d'être enseigné, Olivier Reboul hasarde la réponse suivante : « ce qui unit »[36], d'une part, dès lors que l'éducation vise à faire accéder l'apprenant à une *culture*, et à l'intégrer à une communauté ; « ce qui libère »[37], d'autre part, car « éduquer, (…), c'est libérer en chaque homme ce qui l'empêche d'être soi, lui permettre d'accomplir son "génie" singulier »[38]. Ces idées trouvent un écho particulier dans nos réflexions sur le droit et le juriste.

Appréhender le droit comme *culture* implique de concevoir son enseignement comme une vaste entreprise d'introduction à une certaine communauté intellectuelle, une communauté unie par des connaissances, des pratiques, des traditions, des références, des réflexes, voire des habitus partagés. Dans cette perspective, les facultés de droit gagneraient à se concevoir davantage comme des « bouillons de culture juridique » que comme des temples de science. Car, en définitive, nos colloques et nos revues, nos conférences et nos ouvrages, sont-ils autre chose que cela – des lieux de conversation juridique, des endroits de discussion sans fin que rien ne peut réduire au silence à défaut de mise à l'épreuve du réel, pas même un arrêt de cassation, à peine rendu et déjà commenté, décortiqué,

---

[33] O. Reboul, *La philosophie de l'éducation*, IIIe éd., *op. cit.*, p. 23.
[34] *Ibid.*, p. 24.
[35] *Ibid.*, p. 24-25.
[36] C'est-à-dire « ce qui intègre chaque individu, d'une façon durable, à une communauté aussi large que possible » (O. Reboul, *La philosophie de l'éducation*, IXe éd., *op. cit.*, p. 107).
[37] *Ibid.*, p. 108.
[38] *Ibid.*, p. 22.

critiqué ? Analysée sous ce prisme, il apparaît que la première vocation des facultés de droit est de faire de nos étudiants des hommes et des femmes de culture juridique, capables de prendre part, avec pertinence et aplomb, à ces conversations infinies par lesquelles se tisse le droit.

Quant à la visée libératrice ou émancipatrice de l'enseignement dont parle Reboul, elle gagnerait sûrement à être inscrite au frontispice des facultés de droit. Celles-ci doivent explicitement renoncer à la chimère consistant à former des juristes « panglosses », dont la qualité se mesurerait à la seule aune de leur connaissance d'un hypothétique « immeuble droit ». De la même manière, il convient qu'elles freinent leur course éperdue derrière l'évolution toujours plus rapide du droit positif et derrière sa densification et sa segmentation effrénées. Une course qui entraîne une inflation des cours de dogmatique juridique et une spécialisation précoce – pour ne pas dire prématurée – des étudiants. Une approche qui entend faire de la formation en droit l'ombre du droit lui-même – une ombre qui, par définition, a toujours un temps de retard sur son « objet » dont elle se rend captive. À l'inverse, une formation juridique émancipatrice aurait pour premier objectif de libérer l'étudiant. Le libérer de l'angoissante idée qu'à toute question juridique correspond une réponse toujours déjà celée dans les replis de l'ordre juridique, une réponse qu'il lui incombe de découvrir, et dont l'absence quelquefois obstinée n'est due qu'à sa propre myopie, qu'à sa seule ignorance. Une telle formation viserait à soustraire l'étudiant au spectre démesuré du génie herculéen. Il s'agirait de lui enseigner le caractère mythologique, contrefactuel, d'une telle présentation, et de lui montrer au contraire que toute réponse juridique s'apparente à une *construction* plus ou moins convaincante, toujours précaire, jamais donnée d'avance. Ce changement de perspective et le travail de désinhibition qui l'accompagne permettrait, pense-t-on, de faire advenir chez l'étudiant cette qualité si rare chez les jeunes juristes – la créativité, celle-là même qui conditionne le véritable génie, ce génie sublunaire, au travail, auquel s'efforce de tendre tout juriste.

On a la faiblesse de penser qu'à ce diptyque « unir / libérer », il convient d'ajouter un troisième élément. Si le droit s'apparente davantage à une culture qu'à un immeuble, s'il relève de la construction plus que de la découverte, rappelons qu'il remplit également des fonctions, voire des finalités, qui lui sont confiées par la société. Ces attentes placées dans le droit chargent le juriste d'une certaine *responsabilité.* La culture dont il hérite n'a pas pour seule visée l'épanouissement intellectuel du juriste. Les solutions qu'il échafaude ont un autre but que celui d'exciter la curiosité et susciter l'admiration de ses pairs. Le « jeu » qu'il joue n'a rien d'un loisir. Que ce soit en prêtant sa voix à des revendications de *justice* ou en s'efforçant de les départager, le juriste remplit une mission de première importance. Cette dimension éthique du droit – lequel, qu'on le veuille ou non, est intimement lié à une valeur, la justice – doit, croit-on, trouver une place centrale dans nos facultés.

3.2. *Quelques propositions*

Dépassons à présent le stade des idées générales pour risquer quelques pas dans l'arène. Comment les orientations théoriques dégagées ci-dessus pourraient-elles influencer le programme proposé à nos étudiants ? Pour présenter quelques éléments de réponse, nous suggérons de procéder en deux temps. Dans une première partie, on évoquera l'enseignement à proprement parler, que l'on réduira ici aux cours magistraux. On essaiera de montrer qu'en visant à introduire les étudiants au mythe du génie juridique, il peut remplir les trois objectifs présentés ci-dessus – unir, libérer, responsabiliser. Dans un deuxième temps, on s'attardera sur les pratiques d'apprentissage et d'initiation susceptibles de fournir aux étudiants les outils nécessaires au développement d'un génie juridique au travail, en action – là encore dans sa triple dimension de spécificité, de liberté et de responsabilité.

3.2.1. *L'enseignement – la culture et le mythe du génie juridique*

Unir – Dans la perspective qui est la nôtre, les cours de droit positif (de « dogmatique juridique ») ont pour principale fonction de donner aux étudiants une culture juridique suffisante. Introduisant aux concepts de base, aux textes incontournables, aux principes généraux, aux évolutions jurisprudentielles essentielles, ils familiarisent l'étudiant avec la démarche juridique et constituent, fort logiquement, le noyau de l'enseignement du droit. *A priori*, ce constat ne semble pas de nature à bouleverser les cursus actuels. Il convient toutefois d'y ajouter un triple corollaire.

Premièrement, avec Frédéric Gea, il faut s'insurger contre certaines manières d'enseigner le droit, qui présentent ce dernier comme un corps froid, figé, prêt à être « ingéré » comme tel par les étudiants[39]. À sa suite, on soulignera non seulement la pertinence, mais sans doute aussi la nécessité de donner à voir à l'étudiant le « mouvement du droit ». Ce mouvement, il est d'abord imprimé par les querelles doctrinales et jurisprudentielles *du moment*, qui montrent aux étudiants le caractère véritablement incessant des conversations entre juristes, condition même du développement et de la vitalité du droit. À l'inverse, se concentrer sur les seules querelles éteintes depuis un siècle ou deux, c'est accréditer l'idée d'un

[39] Intervention au S.I.E.J. du lundi 11 mai 2015.

droit désormais solidifié, qui résiste à l'épreuve du temps. On ajoutera, toujours dans le sillage de Frédéric Gea, que ce mouvement du droit est largement déterminé par les soubresauts du « contexte » (politique, économique, etc.), dans lequel il opère. On ne saurait trop souligner la pertinence, tant pour éveiller l'intérêt de l'étudiant que pour favoriser sa compréhension, d'une présentation « incarnée » de la règle juridique, qui implique de la replacer dans l'environnement qui l'a vu naître et évoluer.

Deuxièmement, Pierre-Paul Van Gehuchten nous met légitimement en garde contre ce qu'il appelle « l'heuristique du charcutier », qui voit l'étudiant passer d'un cours à l'autre comme un client traverse les rayonnages d'un supermarché, ignorant de toute cohérence transversale, incapable de construire des ponts entre les différents enseignements qui lui sont dispensés[40]. À rebours de cette fragmentation, sans doute en partie inévitable, il conviendrait de favoriser les emprunts, les renvois, voire même les controverses d'un cours à l'autre. On pourrait aussi proposer une analyse interdisciplinaire (au sens étroit) d'un objet juridique commun (que dit le droit civil de l'accord des volontés ? Qu'en est-il en droit du travail ? Et en droit international public ?). Il serait encore possible, comme cela existe déjà par exemple à l'Université catholique de Louvain, de mettre sur pied des méthodes d'évaluation qui mobilisent en même temps des connaissances acquises dans plusieurs cours.

Enfin, il serait salutaire de se déprendre une fois pour toutes du dogme de la complétude. Si l'on accepte de troquer l'image du « droit immeuble » pour celle du « droit culture », on mesure immédiatement l'inanité du projet pédagogique consistant à « tout » voir ou, peut-être pire encore, à tout survoler. Avant même de transmettre, le premier travail – et la première responsabilité – de l'enseignant consiste à sélectionner ce qui, dans l'océan des textes (législatifs, jurisprudentiels, doctrinaux) qu'on a pris le parti de regrouper au sein d'une même branche, permettra à l'étudiant de comprendre et d'intervenir dans les conversations quotidiennes des juristes au sein de cette branche. On osera dire que ce qui est vrai du professeur l'est tout autant, sinon plus, des autorités de la faculté appelées à déterminer la place dévolue dans leurs programmes à chaque « branche » du droit. Elles pourraient s'inspirer à cet égard des propos de Christophe Jamin, qui considère que les cours de dogmatique juridique occupent, aujourd'hui en France (mais on peut étendre le constat à la Belgique) une place disproportionnée dans les facultés de droit.

Si la culture ainsi dispensée peut éveiller une « fierté épistémique » de bon aloi (raisonner en juriste n'est pas la même chose, par exemple, que

[40] Intervention au S.I.E.J. du jeudi 6 mars 2014.

réfléchir en sociologue)[41], on ne saurait toutefois assez insister sur le fait que cette culture juridique, pas plus que les juristes d'ailleurs, ne pousse pas « hors sol »[42]. On veut dire par là que cette culture juridique s'enracine elle-même dans la culture générale d'une communauté plus vaste que celle des seuls juristes, de sorte que celle-là ne peut se penser ni s'enseigner dans l'ignorance de celle-ci. Des cours généraux de philosophie, de sociologie, de psychologie, d'histoire, d'économie et de sciences politiques devraient aider à faire du juriste en devenir cet « homme de culture » qu'appelle de ses vœux Massimo Vogliotti[43]. On ajoutera qu'il n'est pas ici question d'apporter un vernis de culture générale permettant au juriste frais émoulu de briller en société. À la suite de notre collègue italien, on observera qu'une telle éducation humaniste renforce la capacité des futurs juristes à construire une réponse qui tout à la fois « tombe juste » (par rapport à la culture dont elle se réclame) et qui « sonne juste » (par rapport aux revendications qu'elle prétend traduire et/ou arbitrer). Mais peut-être faut-il aller un pas plus loin et, rompant une nouvelle lance en faveur de l'interdisciplinarité[44], appeler les enseignants de ces différents cours (et des cours juridiques) à dépasser la juxtaposition des savoirs, des discours monologiques de chaque discipline sur ses objets, pour entrer véritablement en dialogue. Si l'on espère former des juristes capables de s'abreuver à toutes les sources pour forger leurs réponses, il conviendrait sans doute de leur indiquer la voie à suivre en leur montrant comment peuvent se répondre, par exemple, la sociologie, le droit, la philosophie et la psychologie sur un objet donné.

Libérer – Les cours *ex cathedra* doivent sans aucun doute contribuer à l'émancipation de l'étudiant. Au sein des cours de droit positif, déjà, le simple fait de présenter le « mouvement du droit », les controverses qui font rage dans la discipline concernée, les polémiques qui opposent l'enseignant à certains de ses collègues, ne contribuerait pas peu à désinhiber l'apprenant. Cette fonction libératoire pourrait être complétée par des

---

[41] Cf. V. LEMAY, « Trois principes de rénovation tranquille », *op. cit.*, ici p. 46 et 52.

[42] Cette expression est empruntée à Safia BOUABDALLAH, qui est intervenue au S.I.E.J. le 27 février 2014.

[43] M. VOGLIOTTI, « L'urgence de la question pédagogique pour le droit postmoderne », in *Revue interdisciplinaire d'études juridiques*, 72, 2014, p. 73-85, ici p. 82. Voir aussi, de manière plus approfondie, ID., « Pour une formation juridique interdisciplinaire », in J. J. SUEUR et S. FARHI (dir.), *Pratique(s) et enseignement du droit : L'épreuve du réel*, Issy-les-Moulineaux, LGDJ, 2016, p. 277-303.

[44] A. BAILLEUX et F. OST, « Droit, contexte et interdisciplinarité : refondation d'une démarche », in *Revue interdisciplinaire d'études juridiques*, vol. 70, 2013, p. 25-44.

cours d'étude comparative du droit tels qu'ils se pratiquent au Japon[45], ou par des cours de droit transnational tel qu'il s'en donne à l'Université de Luxembourg[46], qui invitent les étudiants à d'abord se pencher sur un problème avant d'inventorier les solutions qui lui sont apportées dans différents droits nationaux. De manière générale, cette approche par les cas (plutôt que par les règles) pourrait avantageusement infuser l'ensemble de nos cours de droit positif, encourageant de la sorte nos étudiants à « *think like a lawyer* »[47].

Si ces différentes méthodes apprennent déjà au juriste *in spe* à *relativiser* le droit (non pas donné mais construit, non pas pérenne mais en discussion permanente, etc.), ce mouvement de désacralisation gagnerait à être prolongé par les regards que d'autres disciplines portent sur ce dernier, à commencer par l'histoire, la sociologie, l'économie et les sciences politiques. On le sait, ces disciplines ont développé sur le droit un regard « externe » et critique, qui dévoile les présupposés, les fictions, les mythes sur lesquels repose la culture juridique. Il faut copieusement exposer nos étudiants à ces regards perçants, seuls à même de les tirer de leur sommeil dogmatique et de leur offrir une compréhension plus globale du phénomène juridique.

Enfin, on ajoutera l'apport essentiel de la théorie générale du droit à cette entreprise de libération de l'étudiant en droit. Par le regard transversal qu'elle porte sur son objet et par son souci de réinterroger inlassablement les dogmes du droit (le juge bouche de la loi, la hiérarchie des normes, la clôture du système juridique, etc.), la théorie du droit fournit à l'étudiant les outils nécessaires au développement de sa propre pensée juridique. Il est permis de penser que ce surcroît de réflexivité est, parmi d'autres, un élément qui distingue le juriste de tout autre expert en droit.

Responsabiliser – Mais ni les cours extra-juridiques (sociologie, économie, etc.), ni les enseignements méta-juridiques n'ont la déconstruction pour seul horizon. Les uns comme les autres peuvent, à leur manière, éclairer la dimension instituante du droit et souligner la nécessité des mythes sur lesquels il repose. On rappellera aussi ici l'intérêt d'un cours de droit naturel ou de philosophie du droit, qui tente de cerner au plus près les rapports qu'entretient le droit avec l'idée de justice. On songe ici encore à la nécessité d'un cours de théorie du droit qui, ne se cantonnant pas

---

[45] Cf. à ce propos I. GIRAUDOU, « *Comparative Study of Law* : Entre didactique (juridique) et théorie (élémentaire) du droit global », in *Revue interdisciplinaire d'études juridiques*, 72, 2014, p. 51-72.

[46] Cf. la contribution de Luc Heuschling dans le présent ouvrage.

[47] D. FENNELLY, « *Penser par cas.* A Common Law Perspective », in *Revue interdisciplinaire d'études juridiques*, 73, 2014, p. 155-167, spéc. p. 166.

dans le registre confortable du point de vue externe, rende les étudiants attentifs au sérieux du jeu dont ils apprennent les postulats, les règles et les usages.

3.2.2. *L'apprentissage et l'initiation : la construction et le génie au travail*

Même si ce n'est pas sa vocation première, la faculté de droit doit également être un lieu d'*apprentissage*, c'est-à-dire l'endroit où l'on développe des compétences, un savoir-faire spécifique. Les compétences que l'on vise sont celles que le juriste exercera toute sa vie, pour réaliser son art : construire des propositions et des énoncés juridiquement pertinents et convaincants. On l'aura compris, un tel apprentissage vient confirmer et renforcer la dimension *libératoire* de l'enseignement. L'étudiant y découvre que, loin d'être inscrite dans les astres de l'ordre juridique considéré, la bonne réponse se construit patiemment, y compris à travers la créativité, l'argumentation et la qualité de l'expression écrite et orale. Dans le même temps, un tel écolage a une fonction *unificatrice* certaine. L'étudiant y fait l'expérience des usages, des pratiques, des codes qui permettent d'emporter l'adhésion de ses pairs au récit qu'il a confectionné.

Il est difficile de faire la liste des méthodes qui permettent d'acquérir de tels savoir-faire. Sans doute les procès simulés constituent-ils à cet égard le meilleur des entraînements. Appelé à endosser le rôle d'un avocat ou d'un juge, l'étudiant est amené à exercer son esprit critique et à faire preuve d'originalité dans la défense d'un rôle (avocat ou juge) qui lui est imposé. De tels exercices peuvent prendre place dans le cadre de simples travaux pratiques ou dirigés, mais ils peuvent aussi trouver un prolongement stimulant dans les *moot courts* qui voient des équipes d'étudiants d'universités différentes s'affronter autour d'un cas et devant un jury de professionnels. Dans le même ordre d'idées, on soulignera l'intérêt d'exercices de légistique, lors desquels l'étudiant est amené à traduire dans une loi des options politiques qui lui sont livrées à l'état brut. Un tel travail présente l'inestimable mérite de sensibiliser l'étudiant aux spécificités de la lange juridique, à la difficulté de l'écriture générale et abstraite et à l'impossibilité de lier par avance le travail interprétatif.

Mais ces travaux les plus achevés peuvent être précédés ou accompagnées d'exercices plus spécifiques, visant à entraîner l'une ou l'autre des aptitudes combinées dans le travail du juriste. On songe à des exercices de méthodologie juridique et de recherche documentaire bien entendu, mais aussi à des ateliers d'écriture (juridique *et* non juridique), de négociation, de rhétorique et d'argumentation. Ces derniers pourraient culminer dans l'envoi de délégations d'étudiants à des joutes internationales telles que les *Model United Nations*, où les participants se mesurent à l'aune de leur capacité de négociation et de leurs talents oratoires.

Enfin, on voudrait dire un mot des pratiques d'*initiation* qui pourraient prendre place dans les murs des facultés de droit. À première vue, l'université n'est pas l'endroit le plus approprié pour initier l'apprenti juriste à son futur métier. Les professions réservées à ses diplômés (barreau, magistrature, notariat) prévoient du reste elles-mêmes une période de mise à l'épreuve plus ou moins longue visant à familiariser le jeune juriste avec l'*ethos* de la corporation et, en fin de compte, à évaluer son aptitude à intégrer la communauté des pairs.

Il n'en demeure pas moins que ces pratiques initiatiques ne s'accompagnent pas – ou trop rarement – d'un véritable retour réflexif sur ce à quoi elles initient. Or, ce qui nous semble décisif dans l'initiation, et qui la distingue aussi bien de l'apprentissage que de l'enseignement, c'est qu'elle se trouve aux prises avec le réel. Tout à coup, les apprentis juristes cessent de *s'exercer* à jouer le jeu du droit pour commencer à le jouer vraiment. Ce passage de l'exercice au réel n'a rien d'anodin. Y émerge en effet la question des finalités du droit et de la *responsabilité* du juriste.

Il nous semble que ces thèmes sont trop importants pour que l'Université s'en détourne. À cet égard, on ne peut que se féliciter de la montée en puissance, un peu partout en Belgique et en France, des « cliniques juridiques ». Importés des États-Unis, ces dispositifs permettent aux étudiants, sous la supervision d'un enseignant, de se frotter à des cas concrets, de gérer les attentes d'un « client », bref, de s'initier à leur futur métier[48]. En d'autres termes, ces cliniques juridiques, si elles s'accompagnent de séances où s'opère un véritable retour réflexif, peuvent être de puissants vecteurs de conscientisation et, dès lors, de responsabilisation de nos étudiants. Elles constituent le meilleur des laboratoires pour initier les apprentis juristes à la double dimension de leur discipline (mystification et fondement du génie juridique, plasticité et à force symbolique du droit, liberté et responsabilité du juriste).

4. Conclusion

Arrivés au terme de ce long parcours sur le devenir de la formation en droit, il n'est sans doute pas inutile d'en récapituler les principaux éléments. Dans un premier temps, l'on a observé que les facultés de droit sont présumées former des personnes qui (1) *maîtrisent* (2) un savoir *spécifique* (3) *mieux* que quiconque. Nous avons vu ensuite que cette repré-

[48] Sur tout ceci, cf. J. PERELMAN, « Penser la pratique, théoriser le droit en action : des cliniques juridiques et des nouvelles frontières épistémologiques du droit », in *Revue interdisciplinaire d'études juridiques*, 73, 2014, p. 133-153.

sentation du juriste – institutionnalisée par le monopole dont ils jouissent dans l'accès à certains métiers du droit – était aujourd'hui écornée, pointant en filigrane l'incurie des universités.

Face à ce constat, il nous a semblé qu'une réflexion sur la réforme de l'enseignement du droit ne pouvait faire l'économie d'une investigation préalable des notions de « droit » et de « juriste ». À cet égard, nous avons fait l'hypothèse que la (relative) déconsidération du diplôme en droit avait partie liée à la représentation du droit et du juriste qui sous-tend la formation juridique universitaire, et qui est alimentée par les facultés de droit elles-mêmes. Cette représentation, c'est encore trop souvent celle d'un droit « immeuble », tangible, donné, et d'un juriste « panglosse », gardien du temple attitré, capable de trouver la bonne réponse à toute question en en fouillant les moindres recoins.

À cette image, qui condamne le juriste (et les facultés) à décevoir, nous avons proposé de substituer une toute autre vision du droit. Une vision libératrice d'abord, qui voit dans le droit une simple construction sociale, toujours en chantier, nécessairement exposée aux rapports de force. Mais une vision qui prend également au sérieux la « demande de droit » qui émane de la société et qui témoigne de (i) la *spécificité* du droit, cette *culture* particulière aux contours flous et que l'on ne maîtrise jamais parfaitement ; (ii) l'*utilité* du droit, ce *langage* qui sert à traduire, en vue de les faire se rencontrer, les revendications de justice émanant du corps social ; (iii) le caractère *paradoxal* du droit, ce *jeu* fondé sur des mythes et des rôles que l'on est condamné à prendre au sérieux sous peine de le voir disparaître s'abîmer dans un océan social où règnerait la loi du plus fort.

Ces réflexions sur le droit n'ont pas manqué de déteindre sur notre conception du juriste. Loin du singe savant, le juriste apparaît comme un artisan *libre*, habile, capable de piocher dans tous les registres du discours pour construire des solutions juridiques susceptibles d'emporter la conviction. Pour convaincre, le juriste doit néanmoins recourir à des références, des pratiques, des traditions *partagées* par « sa » communauté. Il doit par ailleurs être conscient de sa *responsabilité* de « traducteur » des demandes de justice qui lui sont soumises. Cette triple qualité place le juriste sur le chemin du génie – un génie au travail, en action, qui opère dans l'ombre du génie démesuré, inhumain, que projettent sur les murs de la cité les attentes de justice de toute une société.

Forts de ces considérations, l'on s'est risqué à repenser le programme des études de droit à la lumière d'un double triptyque. Le premier insiste sur la nécessité, pour les facultés de droit, de prévoir dans leur cursus des activités d'enseignement (les plus nombreuses, incarnées par des cours *ex cathedra*, où s'acquiert l'essentiel de la culture juridique), d'apprentissage (qui, sous la forme d'exercices pratiques, développent les compétences et savoir-faire nécessaires aux métiers du droit) et d'initiation (les cliniques du droit, qui confrontent l'étudiant à la réalité du terrain et à la responsabilité du juriste). Le second souligne la triple visée de la formation en droit : *libérer* (d'une vision essentialiste du droit, d'un attachement viscéral au texte, d'un respect religieux vis-à-vis de la parole du professeur) ; *unir* (dans une culture juridique commune, faite de mythes, de connaissances, de références et de compétences) ; *responsabiliser* (rappeler les attentes de justice que canalisent le juriste et le droit).

Il nous apparaît que, croisés l'un sur l'autre, ces deux triptyques soulignent l'importance d'une réévaluation des programmes en droit et offrent en même temps des pistes de réflexion particulièrement fécondes. Il nous semble en effet qu'une formation revue à cette aune permettrait de redonner du lustre au diplôme de droit et de mieux rencontrer les attentes de la société par rapport au juriste. Libéré d'une relation quasi sacrée au texte, celui-ci ne serait plus le singe savant que n'importe qui peut pasticher, remplacer, voire dépasser. Dépositaire d'une culture particulière dont l'épaisseur dépasse celle de ses codes, déployant des savoir-faire spécifiques, conscient de ses responsabilités et de la fragilité du jeu qu'il joue, le juriste se montrerait alors pleinement à la hauteur du rôle qu'on lui prête. Incarner sans complexe mais sans vanité cette figure tutélaire du génie juridique qui donne à la cité sa paix et sa loi.

FAIRE DROIT… DEVENIR JURISTE. TRAJECTOIRE DES ÉTUDIANTS EN FACULTÉ : UNE ÉTUDE EN CONTEXTE QUÉBÉCOIS*

Pierre Noreau
Pierre-Olivier Bonin
Université de Montréal

Comment l'esprit juridique se construit-il ? Comment la conception du droit se transforme-t-elle entre la première et la dernière année du cursus universitaire ? « Une maxime non écrite – rappelle Jean Carbonnier – veut que nul ne soit censé ignorer la loi et ne soit même admis à prouver qu'en fait il l'a ignorée. Il y a un évident mépris des réalités à exiger ainsi de l'homme qu'il sache, par science infuse, ce que quatre ans de faculté et dix ans de pratique ne suffisent pas à apprendre »[1].

La majorité des étudiants de nos facultés de droit se destinent à la profession juridique. On suppose que le succès aux examens auxquels on les soumet, suffit à garantir leur compétence en tant que juristes. Mais au-delà de l'assimilation des normes et des dispositifs inscrits dans la matière même du droit (une matière appelée d'ailleurs à évoluer au cours des années…), qu'apprennent-ils « du » droit ? Une recherche exhaustive menée auprès de plusieurs cohortes d'étudiants inscrits à la Faculté de droit de

* Les auteurs remercient le Conseil de recherche en sciences humaines du Canada qui a permis la conduite de cette recherche qui a bénéficié de l'appui du Programme des subventions ordinaires de recherche. L'enquête par sondage réalisé sur un échantillon représentatif de la population québécoise adulte a été réalisée dans le cadre de l'équipe *Théorie et émergence du droit*, financée par le Fonds de recherche du Québec – Société et Culture. Finalement, tout projet de recherche étant le produit d'un travail collectif, les auteurs veulent remercier les autres membres de l'équipe Gouvernance pédagogique dans l'enseignement du droit : le regretté Roderick A. Macdonald, les professeurs Richard Janda et Shauna Van Praagh de l'Université McGill de même que la professeure Violaine Lemay de l'Université de Montréal. Leurs travaux au sein de l'équipe, leurs conseils et leurs avis ont facilité la structuration de cette enquête et alimenté ses conclusions.

[1] J. CARBONNIER, *Flexible droit*, Paris, LGDJ, 1983, p. 156.

l'Université de Montréal permet de répondre en partie à cette question. Elle documente l'évolution de leur conception du droit et offre un « commencement de preuve par écrit » sur les conditions d'évolution de leur conception du monde juridique et du droit, de la première à la dernière année de leur cheminement universitaire. Derrière cette enquête surgit un questionnement implicite et constant : qu'est-ce qu'un juriste ?

Il existe, au Québec, peu d'études sur la condition des étudiants de droit. Signalons cependant l'étude pionnière menée par Herbert Marx et Arthur Rothman, publiée en 1972 et portant essentiellement sur les attentes et la satisfaction des étudiants de première année[2]. Un inventaire des études réalisées antérieurement sur le thème de la socialisation juridique des étudiants en droit permet de dresser un premier portrait de cette évolution. Ces études, pour l'essentiel anglo-saxonnes, abordent selon le cas la question du profil socio-économique des étudiants de droit, des caractéristiques de la vie universitaire et facultaire ou l'évolution des représentations entretenues par les étudiants vis-à-vis du droit et de la profession[3]. La presque totalité de ces études a été réalisée au cours des cinquante dernières années, de sorte qu'on ne bénéficie pratiquement d'aucune donnée empirique sur la question, avant 1960. Elles concernent surtout le premier cycle de la formation universitaire et ont été conduites selon le cas dans des perspectives sociologiques, psychosociologiques, psychologiques et anthropologiques. On les trouve indexées sous les thèmes : « professional socialization », « legal socialization », « professional education », « legal education », « professional school[s] », « professional identity[ies] », « legal consciousness », « legal attitudes », « law school[s] », « law school experience », « law student[s] », « first year law students », « think like a lawyer ». En langue française, la littérature est moins étoffée et est indexée sous d'autres thèmes : « socialisation juridique », « étudiant[s] de droit », « conscience[s] du droit », « rapport[s] au droit », etc. Un premier

---

[2] A. ROTHMAN et H. MARX, « Les attentes et les perceptions des étudiants en première année de droit », in *Revue juridique Thémis*, 2, 1972, p. 289-303.

[3] On exclut ici les études très nombreuses menées aux États-Unis dans le cadre de l'approche « Consumer's Perspective », plutôt centrées sur une mesure de satisfaction des étudiants en droit à l'égard de leur formation et de leur institution que sur une compréhension des effets de socialisation. Voir R. M. PIPKIN, « Legal Education : The Consumers' Perspective », in *American Bar Foundation Research Journal*, 1, n° 4, 1976, p. 1161-1192 et C. AUERBACH, « Legal Education and Some of Its Discontents », in *Journal of Legal Education*, 34, n° 1, 1984, p. 43-72. On trouve des enquêtes équivalentes au Mexique : L. F. PEREZ HURTADO, « The Next Generation of Mexican lawyers : A Study of Mexico's System of Legal Education and its Law Students », in *Dissertation Abstracts International : The Humanities and Social Sciences*, 69, n° 5, 2008, p. 1961 s. Il s'agit du compte rendu d'une thèse produite à l'Université Stanford sous le titre : L. F. PÉREZ HURTADO, *The Next Generation of Mexican Lawyers: A Study of Mexico's System of Legal Education and its Law Students,* 2008 (J.S.D. dissertation, Stranford Law School), 238 pages.

tour d'horizon permet de dresser un portrait des caractéristiques de la population étudiées.

L'étude dont nous présentons les résultats porte sur la socialisation juridique des étudiants tout au long de leur parcours au premier cycle des études universitaires de droit. Les recherches sur la socialisation se penchent sur la modification des perceptions et des attitudes des sujets d'une cohorte donnée tout au long du cheminement académique des étudiants, cheminement au cours duquel ils sont appelés à développer ou à acquérir les valeurs et les habitus les plus caractéristiques de la profession juridique. Cette définition plus ou moins déterministe du processus de socialisation se double d'une seconde, de nature plus interactive sinon plus constitutive de la socialisation, qui prend appui sur l'interaction continue des étudiants tout au long de la trajectoire académique[4]. Ainsi, au-delà de l'acquisition d'une certaine connaissance et d'une certaine culture du droit, les étudiants issus d'une génération donnée se socialisent également entre eux, en fonction des particularités de la période et des valeurs dominantes qui caractérisent leur génération. On peut ainsi supposer que l'idée du droit, défini en tant qu'outil de réforme sociale, s'imposait davantage au début des années 70 qu'au cours des récentes années alors que le droit des affaires sert plus souvent de référence que le droit social. Il en va de même des références esthétiques, des marqueurs idéologiques… et des effets de mode[5].

Au plan empirique, il est très difficile d'isoler les effets de chacun de ces mouvements. Leur produit combiné peut cependant faire l'objet d'une mesure relativement précise, tant au plan qualitatif qu'au plan quantitatif. C'est l'objet de cette étude. Elle tire avantage d'une lecture systématique de la littérature et explore les hypothèses qui y sont les plus souvent rencontrées. Cette recherche a été réalisée dans le contexte des études de droit en milieu universitaire québécois.

Contrairement à la grande majorité des études menées jusqu'ici, qui portent sans distinction sur les étudiants inscrits « en droit », l'enquête que nous avons menée permet la comparaison du point de vue des étudiants de première et de troisième année. Elle est par ailleurs structurée sur la comparaison des attitudes et des opinions des étudiants de droit avec celles de la population québécoise dans son ensemble. Finalement, au plan méthodologique, contrairement à la majorité des enquêtes menées jusqu'ici dans ce domaine, notre étude exploite des données à la fois quantitatives et

---

[4] P. NOREAU, « La scolarité, la socialisation et la conception du droit : un point de vue sociologique », in *Les Cahiers de droit*, 38, n° 4, 1997, p. 741-768.

[5] La sociologie des générations distingue dans le même sens les effets de cohorte et les effets de période et les effets de cycle de vie. On rediscute plus loin des effets de cycle de vie.

qualitatives. Ces données sont tirées des résultats d'un sondage administré auprès des étudiants et auprès de la population québécoise dans son ensemble, et d'une série d'entrevues semi-dirigées menées auprès des étudiants de première et de troisième année de droit de l'Université de Montréal. Ces enquêtes ont été réalisées entre 2010 et 2012 (Tableau 1)[6]. Les enquêtes plus spécifiquement menées auprès de la population étudiante ont été réalisées auprès des étudiants inscrits en première année, avant leur tout premier cours, et auprès des étudiants de troisième année, une fois leur scolarité terminée.

Tableau 1
Échantillon et méthode d'enquête

Enquêtes	Techniques	Nb	Période	Marge d'erreur
Sondage public	Téléphonique	1500	Sept-Déc 2010	2,6 %
Sondage étudiant 1re année	Papier	419	Été 2011	4,9 %
Entrevues 1re année	Face-à-face	14	Juil-Août 2012	N/A
Sondage étudiant 3e année	Numérique	239	Printemps 2012	6,5 %
Entrevues 3e année	Face-à-face	14	Avril-Août 2012	N/A

L'analyse qui suit compare les conclusions tirées des enquêtes antérieures avec les données de notre propre enquête. Les conclusions de ces études ont d'ailleurs inspiré nos questions de recherche. Elles portent tour à tour sur le profil sociologique des étudiants de droit, sur leur perception du droit, de même que sur les mutations qui accompagnent leur passage de la première à la troisième année à la faculté.

[6] L'enquête par sondage auprès de la population québécoise a été menée par la Firme *Jolicoeur et ass*. Au total, 28 intervieweurs ont participé à la cueillette des données. Lancée le 29 septembre 2010, la cueillette s'est déroulée de 9 h à 21 h 30 tous les jours de la semaine, de 10 h à 18 h le samedi et de 12 h à 20 h le dimanche. Les fréquences aux questions ainsi que les résultats de collecte ont été mis à jour régulièrement; la collecte s'est poursuivie jusqu'au 8 décembre 2010. Au total, 1 500 entrevues ont été réalisées auprès de la population adulte québécoise. Le taux de réponse, calculé selon les normes professionnelles de l'AIRMS, est de 45,1% et le taux de validité de la liste est de 86,9%. La durée moyenne d'entrevue a été de 21 minutes et 45 secondes.

I/ HYPOTHÈSES ET ANALYSE DES DONNÉES

Une série d'hypothèses sont venues structurer la démarche et ont permis de définir les variables les plus utiles à nos observations. La première portait sur ce que nous avons appelé l'effet de scolarité. Les recherches menées antérieurement au Québec révélaient notamment que le niveau de scolarité est de loin le facteur le plus susceptible d'expliquer les variations observées dans la perception des citoyens à l'égard du droit et du monde juridique dans son ensemble. Il s'agit d'une variable beaucoup plus significative que le genre, l'âge ou le revenu des répondants. Il apparaissait ainsi raisonnable de poser l'hypothèse qu'en ce qui concerne leur perception du droit, le point de vue des étudiants inscrits en première année de droit ne se distinguerait pas de façon significative de celui des citoyens ayant le même niveau de scolarité.

S'inspirant d'autres études menées sur les effets de socialisation, il apparaissait également raisonnable de s'attendre que la socialisation acquise entre la première et la troisième année marque le passage d'une conception plus symbolique (ou éthique) du droit vers une conception plus instrumentale de la normativité juridique et qu'en regard de leur profil en tant que juriste, une définition plutôt vocationnelle de leur avenir cède graduellement le pas à une conception plus professionnelle de l'activité juridique. Nous concluons cette étude sur une constatation qui, sans avoir fait au départ l'objet d'une attention particulière, offre un portrait plus complet du profil idéologique des étudiants, une fois la trajectoire académique complétée.

1. Profil socio-démographique des étudiants de droit

Il existe peu de données concernant le profil socio-démographique des étudiants de droit. Les recherches antérieures sont particulièrement silencieuses sur l'origine sociale des juristes en devenir même si, comme on le verra plus loin, les études américaines se sont penchées souvent sur la situation particulière des étudiants de race noire ou d'origine latino-américaine. Les quelques données colligées dans le cadre de notre enquête peuvent constituer à ce chapitre « un commencement de preuve par écrit »[7].

Décrits en fonction de leur origine et de leur identité linguistique, les étudiants de droit apparaissent former un groupe aux origines légèrement plus diversifiées que la population québécoise prise dans son ensemble.

[7] Des données plus précises pourraient être tirées d'une étude plus systématique des dossiers étudiants. On pense notamment aux données concernant l'origine nationale, le cheminement scolaire, le genre et l'âge des étudiants inscrits aux différents cycles de la formation universitaire en droit.

Cela étant, leur profil reste moins diversifié que celui de la population de la ville ou de la Grande région de Montréal. Ainsi, au sein de notre échantillon (Tableau 2), de 15 % à 17 % des étudiants indiquent être nés à l'étranger, alors que le recensement de 2011 révèle que ces proportions sont respectivement de 12,6 % au sein de la population québécoise[8], de 22,6 % au sein de la population de la RMR de Montréal et de 33,2 % au sein de la population montréalaise elle-même[9].

Tableau 2
Profil socio-démographique des étudiants de première et de troisième année

Profil	Né à l'étranger	Père d'origine étrangère	Mère d'origine étrangère	Français à la maison	Revenus +70 000	♀
Population	12,6*	-	-	81,2*	35,9*	50,3*
Étudiants 1	15,5	29,4	25,3	73,8	66,4	65
Étudiants 3	17,5	27,6	25,9	74,1	55,3	70,3

* Données tirées du recensement réalisé en 2011 par Statistique Canada

La proportion des étudiants ayant des liens récents avec l'immigration passe cependant à 32% si on ajoute aux étudiants de la première génération immigrée, ceux de la seconde, c'est-à-dire ceux dont le père[10], la mère[11] ou les deux parents[12] sont d'origine étrangère. Par comparaison, la proportion de citoyens issus de la première ou de la seconde génération immigrée représente pour sa part 30% de la population de la Grande région de Montréal[13] et 56% des citoyens de la ville de Montréal[14]. D'ail-

[8] C. PALARDY, *Population immigrée au Québec et dans les régions en 2011 : Caractéristiques générales*, Enquête nationale auprès des ménages (ENM) de 2011, Données ethnoculturelles, Québec, Direction de la recherche et de l'analyse prospective du ministère de l'Immigration, de la Diversité et de l'Inclusion, juin 2014, p. 15, en ligne : http://www.midi.gouv.qc.ca/publications/fr/recherches-statistiques/PopulationImmigree_QC_CaracteristiquesGenerales_2011.pdf.
[9] *Ibid.*, p. 65 et 93.
[10] Dans des proportions comparables de 29,4% de notre échantillon de première année et 27,6% de notre échantillon de troisième année (cf. Tableau 1).
[11] Dans des proportions comparables de 25,3% de notre échantillon de première année et 25,9% de notre échantillon de troisième année (cf. Tableau 1).
[12] Dans 22% des cas.
[13] Montréal, *Profil sociodémographique, Région métropolitaine de recensement de Montréal*, Montréal, Division de la planification urbaine, Direction de l'urbanisme, Service de la mise en valeur du territoire, Ville de Montréal, juillet 2014, p. 20, en ligne : http://vil-

leurs, au plan linguistique, près des trois-quarts (entre 73,8 et 74,1%) des étudiants inscrits au premier cycle de la Faculté de droit de l'Université de Montréal déclarent le français comme la principale langue parlée à la maison. Par comparaison, le recensement de 2011 révèle que, toutes régions confondues, cette proportion est de 81,2% au sein de la population québécoise[15], alors qu'elle représente 53% pour la population montréalaise[16] et 65% de la population sur le territoire de la Grande région Montréal[17].

Le pourcentage d'étudiants de sexe féminin au sein de chaque cohorte représente de 65 à 70% de notre échantillon[18]. Ces proportions correspondent à la féminisation constatée depuis longtemps dans les rangs des étudiants du premier cycle universitaire. C'est particulièrement le cas en droit, où la proportion des femmes représente près des deux tiers de la population étudiante[19].

Dernier élément significatif, le revenu annuel des ménages d'où sont issus les étudiants en droit est nettement plus élevé que celui de la moyenne de la population. Ainsi, si 36% de la population québécoise peut justifier d'un revenu de 60 000 $[20], les deux tiers des étudiants de première an-

---

le.montreal.qc.ca/pls/portal/docs/page/mtl_stats_fr/media/documents/profil_l_sociod%c9mo_rmr_de_montr%c9al.pdf.

14 Montréal, *Profil sociodémographique, Ville de Montréal*, Montréal, Division de la planification urbaine, Direction de l'urbanisme, Service de la mise en valeur du territoire, Ville de Montréal, juillet 2014, p. 21, en ligne : http://ville.montreal.qc.ca/pls/portal/docs/page/mtl_stats_fr/media/documents/profil_sociod%c9moville_de_montreal.pdf.

15 Statistique Canada, Caractéristiques linguistiques des Canadiens, Langue, Recensement de la population de 2011, document analytique, Ottawa, Statistique Canada, N98-314-X2011001 au catalogue, octobre 2012, p. 14, en ligne : http://www12.statcan.gc.ca/census-recensement/2011/as-sa/98-314-x/98-314-x2011001-fra.pdf.

16 *Ibid.*, note 15, p. 17. Pourcentage établi à partir des documents produits par la Ville de Montréal, en ligne : http://ville.montreal.qc.ca/pls/portal/docs/page/mtl_stats_fr-/media/documents/profil_sociod%c9mo_rmr_de_montr%c9al.pdf. Pour fins de comparaison, nous excluons ici les répondants qui parlent plus d'une langue à la maison, qui ne représentent que 5% de la population.

17 *Ibid.* note 14, p. 18. Pourcentage établi à partir des documents produits par la Ville de Montréal pour la RMR de Montréal, en ligne : http://ville.montreal.qc.ca/pls/portal/docs/page/mtl_stats_fr/media/documents/profil_sociod%c9mo_rmr_de_montr%c9al.pdf.

18 Elle est en 2014 de 50,3% pour l'ensemble de la population québécoise. Voir A. MILAN, *Femmes au Canada : rapport statistique fondé sur le sexe (89-503-X)*, Ottawa, Statistique Canada, 30 mars 2015, p. 11, en ligne : http://www.statcan.gc.ca/pub/89-503-x/2015001/article/14152-fra.pdf.

19 Bureau du registraire de l'Université de Montréal, *Statistiques officielles : Section 1, Diplômes et grades spécialisés : 1er, 2e et 3e cycle Année 2013*, Montréal, Université de Montréal, documents institutionnels, 2014, en ligne : http://www.etudes.umontreal.ca/publications/statOfficielles/sectioni/_13.pdf.

20 Données tirées du recensement de 2011. Voir Statistique Canada, *Enquête sur la dynamique du travail et du revenu (EDTR) et Enquête sur les finances des consommateurs (EFC)*, fichiers maîtres, adaptés par l'Institut de la Statistique du Québec, 17 janvier 2014,

née déclarent un revenu familial annuel de plus de 70 000 $ (Tableau 1). Cette proportion chute légèrement en troisième année, très vraisemblablement du fait du passage d'un certain nombre d'étudiants de la vie de famille à la vie d'appartement, une trajectoire qui fait entièrement partie de l'expérience universitaire. Le revenu de référence correspondant alors à leur propre revenu personnel (plutôt qu'à celui de leurs parents), on constate une baisse relative du revenu familial déclaré.

Schématiquement, la population étudiante étudiée peut ainsi être décrite comme très majoritairement composée de sujets d'origine francophone, de genre féminin, issus de famille dont le revenu est largement supérieur à celui de la moyenne québécoise.

2. Première année de droit et effet d'adhésion

Les études sur la première année de droit sont nombreuses et concordent sur plusieurs aspects. Pour l'essentiel, les enquêtes américaines et australiennes portent sur la condition étudiante. De nombreuses enquêtes[21] mesurent le stress ou les tendances dépressives observés chez les étudiants au cours de leur première année en faculté, une situation apparemment reliée à l'angoisse de performance, qui s'atténuerait par la suite[22].

---

en ligne : http://www.stat.gouv.qc.ca/statistiques/conditions-vie-societe/revenu/inegalite-evenu/mod2_hh_1_1_1_0.htm.

[21] J. ALLEN et P. BARON, « Buttercup Goes to Law School : Students Wellbeing in Stressed Law Schools », in *Alternative Law Journal*, 29, n° 6, 2004, p. 285-288 ; H. SIDDIQUE ET ALII, « Worry, Optimism, and Expectations as Predictors of Anxiety and Performance in the First Year of Law School », in *Cognitive Therapy and Research*, 30, n° 5, 2006, p. 667-676; L. KRIEGER, « Institutional Denial about the Dark Side of Law School, and Fresh Empirical Guidance for Constructively Breaking the Silence », in *Journal of Legal Education*, 52, n°1-2, 2002, p. 112-129. R. DIAZ, « Cognition, Anxiety, and Prediction of Performance in 1st-year Law Students », in *Journal of Educational Psychology*, 93, n° 2, 2001, p. 420-429. G. ANDREW, H. BENJAMIN, A. ANDREW ET ALII, « The Role of Legal Education in Producing Psychological Distress among Law Students and Lawyers », in *American Bar Foundation Research Journal*, 11, n° 2, 1986, p. 225-252. D'autres études comparent la condition des étudiants de médecine et celle des étudiants de droit, et constatent le niveau de stress et d'anxiété plus élevé de ces derniers. M. M. DAMMEYER et N. NUNEZ, « Anxiety and Depression Among Law Students : Current Knowledge and Future Directions », in *Law and Human Behavior*, 23, n° 1, 1999, p. 55-73. M. TANI et P. VINES, « Law Students' Attitudes to Education : Pointers to Depression in the Legal Academy and the Profession ? », in *Legal Education Review*, 19, n° 1-2, 2009, p. 3-39. K. HALL, « Do we Really Want to Know ? Recognising the Importance of Student Psychological Wellbeing in Australian Law Schools », in *Law and Justice Journal*, 9, n° 1, 2009, p. 1-12.

[22] K. SHELDON et L. KRIEGER, « Understanding the Negative Effects of Legal Education on Law Students : A Longitudinal Test of Self-Determination Theory », in *Personality and Social Psychology Bulletin*, 33, n° 6, 2007, p. 883-897 ; M. GULATI, R. SANDER et R. SOCKLOSKIE, « The Happy Charade : An Empirical Examination of the Third Year of Law School », in *Journal of Legal Education*, 52, 2001, p. 235-266.

Nos propres hypothèses, fondées sur les conclusions des enquêtes antérieures, suggéraient qu'en ce qui a trait à leur rapport au droit et à la justice, on observerait peu de distinctions entre le point de vue entretenu par les étudiants de première année et celui des Québécois bénéficiant d'un niveau de scolarité équivalent. Les recherches précédentes révèlent en effet que le niveau de scolarité est de très loin le facteur le plus prédictif, s'il s'agit de mesurer l'opinion des citoyens vis-à-vis de l'institution judiciaire[23]. Cette hypothèse n'a pas été validée par les données de l'enquête qui révèlent au contraire qu'avant même leur entrée en faculté, les étudiants inscrits en première année de droit (1re année), répondent à un profil très particulier qui les distingue des répondants les plus scolarisés de la population québécoise (Pop +).

Une rapide lecture des données du Tableau 3 révèle qu'en ce qui a trait à la confiance investie dans l'institution juridique, dans les principes qui fondent la légitimité du droit ou dans les acteurs du système de justice, le point de vue des étudiants de première année est nettement plus positif que celui des répondants les plus scolarisés de la population (Pop +). Cette confiance spontanée régresse souvent par la suite, entre la première et la troisième année de droit (3e année), de sorte que l'opinion des étudiants de troisième rejoint parfois celle de la population en général[24].

---

[23] « S'agissant du droit, c'est le niveau de scolarisation qui semble [...] être le facteur le plus déterminant [...] parce qu'il combine certains effets associés à l'âge (sous-scolarisation de certaines cohortes par rapport aux autres), avec d'autres effets, plus caractéristiques de l'origine sociale des justiciables (niveau de scolarité des parents, milieu économique et culturel d'origine) et de la destinée professionnelle des individus (profils professionnels et niveaux de revenu) » (P. NOREAU, « La scolarité, la socialisation et la conception du droit », *op. cit.*, p. 749, note 5).

[24] La seule exception à cette règle concerne les compétences juridiques de base dont peuvent témoigner à peu près tous les citoyens (ex. : la reconnaissance que l'achat ou la vente d'une maison constitue un contrat) et les questions faisant déjà largement consensus au sein de la population : la reconnaissance de l'utilité sociale des lois ou de la compétence des juges, la condamnation du travail au noir, la confiance dans la profession notariale, la reconnaissance des obligations alimentaires des parents à l'égard de leurs enfants, etc.

Tableau 3

Première année de droit : l'effet d'adhésion

Questions		Pop	Pop +	1re an	3e an	χ^2 [25]
Q3	Croyez-vous que tout le monde est égal devant la loi ?	28,7	33,7	**50,4**	37,4	0,000
Q5	Selon vous, les lois doivent-elles surtout protéger des droits ou définir des devoirs? R : droits	80,0	78,4	**86,8**	79,5	0,007
Q9 C)	Dans la majorité des cas, la chicane aurait pu être évitée entre les personnes qui se poursuivent R : Oui	85,6	84,0	**71,7**	83,5	0,000
Q9 E)	Les tribunaux protègent la société contre ceux qui la menacent R : Oui	70,7	74,1	**83,2**	68,8	0,000
Q13	Y a-t-il trop, suffisamment ou pas assez de lois dans notre société ? R : Trop	32,6	32,9	**12,2**	27,8	0,000
Q18 A)	En général, les juges cherchent à être vraiment justes avec toutes les parties d'une cause R : Oui	77,2	83,9	**92,7**	84,9	0,000
Q18 C)	Les riches sont nécessairement favorisés par les tribunaux R : Oui	73,9	69,6	**45,6**	66,1	0,000
Q18 E)	Il y a beaucoup trop de procès dans la société aujourd'hui R : Oui	77,6	74,6	**47,2**	68,8	0,000
Q18 F)	Les juges ne sont pas objectifs et décident selon leurs préjugés R : Oui	45,7	33,6	**8,9**	22,9	0,000
Q24 G)	En général, faites-vous confiance : aux élus du parlement R : Oui	38,2	42,6	**51,3**	41,6	0,000
Q33	Pour vous, quelle serait la meilleure définition d'un bon avocat ? R : Quelqu'un qui gagne votre cause	23,7	22,4	**31,9**	6,4	0,000

[25] Les taux de signification en fin de ligne renvoient aux croisements des réponses apportées par les répondants issus de la population (ici Pop) comparées à celles des étudiants de première (1er an) et de troisième (3e an) année. La colonne concernant les réponses enregistrées auprès de la population scolarisée (Pop +), c'est-à-dire bénéficiant au moins d'une formation collégiale, est ajoutée pour fins de comparaison.

La littérature rend partiellement compte de cet état de fait. Plusieurs auteurs constatent ainsi que la décision de demander une admission en faculté de droit s'inscrit dans le cadre d'un processus plus large d'auto-sélection (self-selection)[26]. On parlera plutôt, en français, d'effet d'adhésion. Il renvoie à la propension des étudiants qui s'inscrivent aux études de droit à survaloriser le secteur d'activité auxquels ils se destinent. Comme le soulignent Droddy, J. D. et C. Scott Peters : « We conclude that to the extent that law school may account for the presence of a "lawyer class" in society, it is mostly due to self-selection or to the admissions process rather than to socialization or indoctrination»[27].

Il s'agit d'un processus également rencontré dans le cadre d'autres disciplines ou d'autres écoles professionnelles. Ainsi, les travaux Rubinstein (2003) et Scheidegger et al. (2010) rendent compte de ce que, dans le domaine des sciences économiques, les étudiants adhéraient dès le début de leurs études au principe de l'économie de marché[28].

Chez les étudiants de droit, la confiance investie dans les principes qui fondent la légitimité des institutions et celle des acteurs du monde juridique se double (paradoxalement) d'un certain sentiment d'incompétence personnelle, tant en ce qui a trait aux contenus du droit qu'au système de justice (Tableau 4). Si les étudiants en droit se distinguent ici des autres membres de la société, c'est dans la reconnaissance de leurs propres besoins de formation. Cette reconnaissance participe cependant elle aussi de l'effet d'adhésion.

---

[26] Certains auteurs insistent même sur le style d'apprentissage particulier des étudiants de droit. Voir R. BOYLE, A. HONIGSFELD et J. MINNETI, « Law Students are Different from the General Population : Empirical Finding Regarding Learning Styles », in *Perspectives : Teaching Legal Research and Writing*, 17, n° 3, 2009, p. 153-160.

[27] J. D. DRODDY et C. SCOTT PETERS, « The Effect of Law School on Political Attitudes : Some Evidence from the Class of 2000 », in *Journal of Legal Education*, 53, n° 1, 2003, p. 33-47.

[28] G. RUBINSTEIN, « Authoritarianism and its Relation to Creativity : A Comparative Study Among Students of Design, Behavioral Sciences and Law », in *Personality and Individual Differences*, 4, n° 4, 2003, p. 695-705; R. SCHEIDEGGER, A. CLEMENCE et C. STAERKLE, « Ancrage de la légitimité économique dans les filières académiques : une approche représentationnelle de la socialisation et de l'autosélection », in *Revue internationale de psychologie sociale*, 23, n° 1, 2010, p. 111-142.

Tableau 4
Sentiment de compétence en matière de droit et de justice

Questions	Pop	Pop +	1re an	3e an	χ^2
Q20 Connaissez-vous beaucoup ou assez, les lois qui fixent les règles de la vie en société ? R : Beaucoup ou assez	54,9	67,5	44,2	81,8	0,000
Q29 Pourriez-vous me dire si vous connaissez très bien ou assez bien, le système de justice au Québec ? R : Très bien ou assez	40,5	45,8	29,9	86,1	0,000

Pour conclure il faut constater que sur plusieurs autres aspects, le profil des étudiants de première et troisième année ne se distingue pas fondamentalement, de sorte qu'on peut également parler d'un effet « droit » (Tableau 5). L'enquête met ainsi en évidence que, si on compare leurs perceptions à celles des autres citoyens, les étudiants de droit partagent plus spontanément l'idée de vivre dans une société juste et égalitaire. S'ils se méfient de la trop grande liberté accordée aux forces policières, ils entretiennent néanmoins l'opinion que la sanction demeure le moyen le plus sûr d'assurer le respect des lois. Au plan des idéaux, les étudiants reconnaissent entretenir des convictions ou des opinions en matière politique et sociale[29]. Ils adhèrent d'ailleurs à l'opinion voulant que la responsabilité des citoyens (plutôt que la répression) demeure le meilleur moyen de réduire la criminalité, et qu'en l'absence de tout cadre juridique, les citoyens auraient, en théorie, la capacité de se réguler eux-mêmes en votant leurs propres lois.

Se dégage cependant de cet ensemble un portrait condescendant : malgré qu'on en appelle au sens civique des citoyens (la responsabilisation comme principal frein à la criminalité), la sanction négative des comportements est tout de même présentée comme une condition nécessaire à l'efficacité juridique, et explique en dernière analyse le respect des lois…

[29] En contrepartie, 52% des citoyens qui ne bénéficient que d'une scolarité primaire ou secondaire admettent ne s'intéresser que peu ou pas du tout aux questions politiques et sociales.

Tableau 5
L'effet droit

Questions		Pop	Pop +	1re an	3e an	*P*
Q2	Notre société est-elle une « société juste» ?	47,7	58,3	**74,6**	**73,9**	0,000
Q4	Quant aux questions sociales et politiques, en général, diriez-vous que... R : convictions et opinions regroupés	64,0	79,8	**98,6**	**98,2**	0,000
Q11 b)	Il y a deux catégories de personne dans la vie : les forts et les faibles	58,8	47,3	**13,1**	**16,1**	0,000
Q11 c)	On devrait accorder plus de liberté aux forces policières pour faire respecter la loi	55,4	46,4	**16,7**	**14,2**	0,000
Q16	À votre avis, pourquoi la plupart des individus respectent les lois ... R : par peur des sanctions	35,4	36,1	**58,5**	**56,1**	0,000
Q17	D'après vous, quelle est la meilleure façon de réduire la criminalité ? R : responsabiliser.	74,0	80,7	**95,1**	**91,0**	0,000
Q10	Si tout à coup, il n'y avait plus de lois, que se passerait-il? R : les gens feraient plus de lois entre eux	32,4	46,0	**53,8**	**54,7**	0,000

Cette uniformité des points de vue a été largement commentée par certaines études qui, au milieu des années 70, ont eu tendance à remettre en question l'existence d'une mutation graduelle des perceptions entre la première et la dernière année de droit[30]. On a ainsi pu remettre en cause l'idée même d'une socialisation juridique acquise tout au long de la trajectoire universitaire. Si les étudiants de première année répondent déjà à un profil atypique du fait du processus d'adhésion qui accompagne leur décision d'entreprendre des études de droit et si, sur plusieurs dimensions, les

[30] DRODDY et PETERS, « The Effect of Law School on Political Attitudes », *op. cit.*, note 27. Voir également S. KAY, « Socializing the Future Elite : The Nonimpact of a Law School », in *Social Science Quarterly*, 59, n° 2, 1978, p. 347-354 ; H. ERLANGER, « Socialization Effects of Professional School : The Law School Experience and Student Orientations to Public Interest Concerns », in *Law & Society Review*, 13, n° 1, 1978, p. 11-35.

opinions et les attitudes des étudiants de première et de troisième année ne se distinguent pas, quel est l'effet de leur passage en faculté ?

3. Le mouvement vers une conception instrumentale du droit

Les études qui concluent à l'absence d'effet de socialisation entre la première et la troisième année de droit comparent généralement les étudiants en début et en fin de formation, en distribuant des questionnaires dans les classes, c'est-à-dire alors que l'année académique est déjà entamée. Les étudiants de première année sont alors déjà engagés dans leur formation. Cet écueil a été contourné dans le cadre de la présente étude qui s'est penchée sur la perception des étudiants admis en droit avant leur tout premier cours à l'université.

Cette approche a permis de contrôler une hypothèse souvent rencontrée dans la littérature : entre leur première et troisième année de formation, les étudiants troqueraient graduellement une conception symbolique (et partant plus morale) du droit au profit d'une définition plus instrumentale et fonctionnelle du système juridique[31]. Les études antérieures constatent parallèlement le passage d'une conception idéaliste vers une autre, plus pratique sinon plus cynique de l'activité juridique[32], comme on le verra plus loin (section 1.4). Les études sur le thème « *Learning to think like a lawyer* » insistent notamment sur cette transformation graduelle[33].

Les données tirées de notre enquête mettent en évidence le même mouvement chez les étudiants québécois (Tableau 6).

---

[31] Concernant la distinction entre droit symbolique et droit instrumental, on pourra lire P. NOREAU, « Et le droit, à quoi sert-il ? : Étude des usages étatiques et des fonctions du droit contemporain », in P. NOREAU (dir.), *Le droit à tout faire*, Montréal, Les Éditions Thémis, 2008, p. 205-251.

[32] SHELDON et KRIEGER, « Understanding the Negative Effects of Legal Education on Law Students », *op. cit.*, note 23. Lire également : A. CHISHOLM, *Legal Education in Crisis : Healing and Humanizing Canadian Law School*, Mémoire de maîtrise, Brock University, 2009, 180 pages, notamment les pages 10, 154 et 161.

[33] R. GRANFIELD, « Do Law Students Abandon their Ideals ? The Crisis of Idealism in the Age of Affluence », in *Legal Studies Forum*, 18, n° 1, 1994, p. 53-74 ; E. MERTZ, *The Language of Law School : Learning to "Think Like a Lawyer"*, Oxford University Press, 2007, 308 pages ; J. J. A. HENDERSON et T. C. W. FARROW, « The Ethical Development of Law Students : An Empirical Study », in *Saskatchewan Law Review*, 72, n° 1, 2009, p. 75-104 ; T. WALSH, « Putting Justice Back into Legal Education », in *Legal Education Review*, 17, n° 1-2, 2007, p. 119-142 ; J. CONLEY, « Can You Talk Like a Lawyer and Still Think Like a Human Being ? Mertz's The Language of Law School », in *Law and Social Inquiry*, 34, n° 4, 2009, p. 983-1015.

Tableau 6
Le droit comme vecteur de valeur ou mécanisme de l'action publique

Q15 a. D'après vous, à quoi les lois doivent-elles surtout servir ?	Pop	Pop +	1re an	3e an	χ^2
À promouvoir des valeurs collectives	73.6	71,7	69,3	53,8	0,000
À atteindre certains buts communs	26,4	23,0	30,7	46,2	0,000

Un constat s'impose immédiatement. L'idée que le droit constitue l'expression d'une forme de morale collective est largement entretenue au sein de la population en général. Elle est également relayée par les répondants les plus scolarisés de cette population (Pop +). C'est aussi le cas chez les étudiants de première année qui, sous cet aspect, adhèrent à une perspective partagée par une large majorité des Québécois. Cette définition du droit fléchit cependant de façon importante au fur et à mesure de la trajectoire universitaire. Ainsi, l'idée d'un droit fondé axiologiquement (promouvoir des valeurs sociales) cède-t-il graduellement du terrain à l'idée d'un droit défini plutôt comme instruments de régulation, sinon de coordination sociale (atteindre certains buts communs). Les étudiants de troisième année adhèrent ainsi, dans des proportions significativement plus importantes, à une définition instrumentale de la fonction juridique (46,2%).

Cette tendance est plus prononcée encore si on oppose l'idée d'un droit défini comme vecteur d'un « monde plus juste » à celle d'un droit défini plutôt comme dispositif dont la fonction serait d'« organiser les gens en société » (Tableau 7).

Tableau 7
Le droit comme vecteur de justice ou mécanisme d'ordonnancement

Q15 b. D'après vous, à quoi les lois doivent-elles surtout servir?	Pop	Pop +	1re an	3e an	χ^2
À proposer un monde plus juste	67.0	49,9	43,0	30,2	0,000
À organiser les gens en société	33,0	50,1	57,0	69,8	0,000

Il s'agit de constats également révélés dans la foulée des entrevues semi-dirigées réalisées auprès d'étudiants de première et de troisième année. Chez les étudiants de première année, on constate que le droit est surtout conçu comme un modèle de comportement destiné à proposer aux individus une série de conduites à favoriser ou à proscrire.

« Pour vous, le droit, qu'est-ce que c'est ? » :

1M85U – Une définition du droit ? Bien, à la base, le droit, c'est l'ensemble des règles qui nous permettent de fonctionner en société, qu'on a établies [...] pour que chacun puisse fonctionner : ce qu'on peut faire, ce qu'on [ne] peut pas faire, ou comment on peut faire les choses. Le droit, je pense que, à la base, c'était ça. Puis avec le temps, ça s'est complexifié énormément, puis... on a, comme, bien évolué.

1M88U – La fonction du droit, bien [...] à mon avis elle est double, c'est à la fois la promotion de certaines valeurs, au travers d'un système codifié de lois, donc c'est plutôt négatif, je pense que c'est plus la protection de certains droits que... vraiment la promotion positive de valeurs [...] La promotion de certaines valeurs; il y a aussi la capacité à régler les conflits [...] C'est comme une ligne de conduite, dans le fond.

1F92C – Ça sert à mettre de l'ordre dans une société. Je pense que, si jamais le droit existait pas, si jamais personne avait des droits, ça irait mal [...] c'est plus que ça, c'est juste, toi, en tant que personne, c'est quoi tes limites, et qu'est-ce que tu es en mesure de faire dans le monde, au fond. Oui, c'est ça. [...] Régler des conflits puis mettre en œuvre, promouvoir la... ce qu'on essaie de créer d'égal dans la société, ou de juste. En réglant les conflits, ou en montrant ces valeurs-là, en les appliquant au quotidien. Prendre exemple.

En synthèse, ces représentations renvoient à une conception généralement symbolique du droit, entendu comme l'expression d'une forme de morale publique. Regroupés, les extraits d'entrevues de plusieurs de nos informateurs renvoient à une image du droit, défini comme l'expression de « ce qu'on peut faire, et [de] ce qu'on [ne] peut pas faire » (1M85U). Il fixe les « limites [...] de ce que tu es en mesure de faire dans le monde » (1F92C), et fait « la promotion de certaines valeurs » (1M88U), des valeurs « qui sont véhiculées par les droits » (1M92C). Le droit y est souvent défini comme « une ligne de conduite » (1F88U) qui « sert à mettre de l'ordre dans une société » (1F92C). C'est un droit qui promeut « ce qu'on essaie de créer d'égal dans la société, ou de juste », « en montrant ces valeurs-là, en les appliquant au quotidien ». C'est un droit sur lequel on peut « prendre exemple » (idem).

Cette conception d'un droit, entendu comme cadre normatif ou ligne de conduite, n'exclut pas la référence à certaines des dimensions instrumentales de la normativité juridique. La fonction du droit dans le règlement des conflits ou dans l'ordonnancement global des sociétés est également évoquée par les étudiants de première année de droit, mais sur mode mineur.

En contrepartie les étudiants de troisième année interviewés dans le cadre de cette étude définissent plus globalement le droit comme un système de gestion des rapports sociaux, système dont l'efficacité est fondée sur le recours à la sanction. Sa finalité n'est pas tant la rectitude éthique des comportements que la stabilité et la pérennité des collectivités :

3F89C – Ma vision du droit, c'est un outil, le droit c'est un outil pour que les sociétés puissent [réaliser], justement, [leur] plein potentiel [...] Je vois le droit comme un modulateur social, qui guide un peu [les] société[s] vers les aspirations qu'elles ont [de manières] intrinsèques.

3F90C –Pour moi, le droit, c'est normatif, dans le sens que : c'est codifié. Je suis très civiliste. Alors, pour moi, le droit c'est écrit, et puis ça dirige en fait la société. Ça fait en sorte [...] qu'il n'y ait pas d'écart, puis si il y en a, que ce soit, dans ce cas-là, sanctionné. Oui.

3M89C – Le droit, c'est une méthode d'organisation de la société. Le droit c'est, au fond, la manière dont on conçoit les relations interpersonnelles, dans un groupe large qui serait une nation, un pays [...] Le droit, c'est aussi un outil d'ingénierie sociale, dans [ce] sens où, à travers le droit, on peut faire la promotion de certains comportements dont on pense qu'ils amélioreront le sort de tous. Et le droit sert aussi d'agent conservateur, si je peux dire ça comme ça. C'est-à-dire qu'il sert à cristalliser les valeurs de la société à un moment donné pour lui donner une certaine pérennité. [...], puis je pense que les lois, ça régit les abus, puis ça fait qu'une société est mieux organisée, qui fonctionne, puis je pense qu'une société qui n'a pas de lois, ça peut pas fonctionner.

En synthèse, les représentations des étudiants de troisième année s'appuient sur une conception plus instrumentale que symbolique de la normativité juridique. Le droit y est conçu comme « un outil pour les sociétés » (3F89C). Il impose un ordre dont la fonction est de « dirige(r), en fait, la société » (3F90C). C'est un droit qui « sanctionne » les « écarts » et les « abus » pour améliorer le sort de tous et assurer à la société une certaine pérennité. Le droit offre une « méthode d'organisation ». Il permet que chacun vive « en sécurité » et puisse « conclure des accords » (3F89C). Il fait que la société soit « mieux organisée » et qu'elle « fonctionne ». « Le droit [est] un outil d'ingénierie social » (idem).

Entre la première et la troisième année, une vision essentiellement « normative » du droit, envisagé comme l'expression d'une forme de morale publique destinée aux individus, cède ainsi le pas à une conception plus structurelle et impérative du droit, envisagé plutôt comme un cadre; un outil de gestion et de régulation sociale.

Ces considérations sur la fonction instrumentale du droit ne viennent pas éliminer toute référence aux dimensions axiologiques de la normativité juridique. Elles les recouvrent cependant d'un discours distancié sur les conditions de la vie sociale. Le curseur entre fonctions symbolique et instrumentale du droit se déplace ainsi entre la première et la troisième année de droit et impose une forme de rupture entre la culture juridique et la

« culture populaire »[34]. Cette mutation est bien décrite par l'un des informateurs qui analyse rétrospectivement son parcours à la faculté comme un processus menant d'une conception « idéaliste » vers une conception plus « objective » de la fonction juridique :

3F89C – C'est une des premières choses qu'on nous apprend [...] en droit, parce qu'il y en a beaucoup qui arrivent ici avec des idées, qui sont plutôt idéalistes, disons, puis ils réalisent que ce n'est pas tout à fait le cas. Parce que, bien des fois, il y a des situations [à l'égard desquelles], normalement, on dirait « ah bien, c'est correct ou ça a eu lieu d'être », mais en droit, ce n'est pas nécessairement la même réponse qui est donnée. On apprend à être « plus objectifs » par rapport à ça.

Plusieurs auteurs se sont intéressés à la tension qui peut ainsi naître entre ces deux pôles de la pensée juridique : « Should lawyers be moral agents or zealous advocates ? »[35]. D'autres études soulèvent les difficultés cognitives que cette mutation comporte. On y aborde notamment l'acquisition souvent difficile des rudiments de la pensée juridique, associée au formalisme et au rationalisme[36] et au rôle de la langue dans la structuration de la pensée juridique[37]. La question d'une plus grande interdisciplinarité des approches est périodiquement ramenée dans les discussions.

Ce mouvement s'accompagne lui-même d'un second, qui pousse une proportion importante des étudiants à abandonner certaines de leurs préoccupations sociales au profit d'une conception plus classique de la profession juridique.

4. Le mouvement vers une définition juridique de la justice

Les entrevues réalisées auprès des étudiants permettent par ailleurs de repérer un glissement important qui, de la première à la troisième année de droit, conduit les étudiants d'une conception sociologique et morale vers une conception juridique de l'idée de justice. Le tableau 5 (*supra*) démontre que le sentiment de vivre dans une société juste est mieux établi chez les étudiants de droit (près de 75%) qu'au sein de la population en

[34] C.E. SHARP, « The 'Extreme Makeover' Effet of Law School : Students Being Transformed by Stories », in *Texas Wesleyan Law Review*, 12, n° 1, 2005-2006, p. 233-250. Il s'agit d'un article tiré d'une thèse de doctorat sur le même sujet.

[35] HENDERSON et FARROW, « The Ethical Development of Law Students », *op. cit.*, note 34. A. J. SCHWARTZ, « The Paper Chase Myth: Law Students of the 1970s », in *Sociological Perspectives*, 28, n° 1, 1985, p. 87-100.

[36] A. CRISHOLM, *Legal education in crisis : Healing and humanizing Canadian law schools*, *op. cit.*

[37] J. CONLEY, « Can You Talk Like a Lawyer and Still Think Like a Human Being ? », *op. cit.*, p. 983-1015.

général (moins de 50%). La conception que les étudiants de première année se font de la justice n'est cependant pas fondée sur les mêmes assises que celles qui structurent l'idée que les étudiants de troisième s'en font.

Bien que les étudiants de première année restent souvent dubitatifs à l'égard de l'idée que leur société puisse être définie comme une société juste, ils concluent généralement que, toutes proportions gardées, elle l'est davantage que bien d'autres. Cette appréciation (du caractère juste ou injuste de la société) est alors principalement fondée sur une conception socio-économique (c'est-à-dire distributive) de la justice :

Q – *Qu'est-ce que tu penses maintenant de l'idée selon laquelle on est dans une société juste ?*

CSHH-1F92C – J'ai beaucoup de difficulté avec cette idée. Je pense qu'on a fait des progrès, quand on parle de la condition des femmes, la condition des minorités culturelles, mais je pense qu'il y a encore beaucoup de travail à faire, je pense que, [par exemple] au niveau des femmes, [...] il y a encore de l'iniquité salariale. [...] Les minorités culturelles aussi, je pense que c'est pas complètement juste, quand on dit que les immigrants qui sont ici, ils n'ont pas accès aux emplois auxquels ils devraient avoir accès quand ils font leurs études. Tu sais, ils vont faire leurs études en médecine, ils sont toujours pas pris parce que, ils ont pas la peau blanche, [ou parce qu'] ils ont pas l'accent français parfait, donc... Le teint basané, puis un autre accent. Alors, je ne trouve pas que c'est juste du tout.

D'autres abordent la question dans une perspective plutôt sociopolitique :

Q – *Il y a certaines personnes qui disent qu'on est dans une société juste. Qu'est-ce que tu penses de ça ?*

JPEA-1M88U – Bien je pense que c'est ici un propos qui est à nuancer. Je pense qu'on est dans une société relativement juste. Étant donné les libertés qui nous sont garanties, puis, les valeurs comme la possibilité de s'exprimer, mais je pense que notre société juste c'est aussi parce qu'il y a une participation, une contribution de tout le monde, c'est pas quelque chose qui est acquis, je pense qu'on doit toujours travailler pour que ça continue d'être juste.

Q – *Mais donc, c'est relativement juste, alors quand tu dis « relativement », tu donnes une espèce de perspective comparative. Est-ce que c'est ça que je dois comprendre ?*

JPEA-1M88U – Oui bien, c'est que, je pense que, on peut toujours faire des efforts pour que ça le soit plus, l'idée c'est que, je ne pense pas qu'on a atteint un stade qui soit satisfaisant. On n'a pas à être satisfait de l'état dans lequel on se trouve. Je pense qu'on peut toujours améliorer certaines choses et c'est pour ça que c'est relativement juste et pas simplement juste.

Les étudiants de troisième année se distinguent nettement ici des étudiants de première année et recourent systématiquement au droit dans l'appréciation de leur propre collectivité en tant que société juste. Les notions de primauté du droit, de droits fondamentaux, d'égalité juridique sont tour à tour convoquées comme une mesure objective de justice.

LVAI-3F82U – Société juste, c'est encore subjectif. Ce qui est juste dans un pays ne l'est pas nécessairement dans un autre. Si les citoyens en majorité disent qu'on est dans une société juste, à mon sens c'est parce que le droit remplit, de façon assez efficace, ses objectifs. Parce que le droit peut exister et ne pas être juste, je crois, s'il est mal géré. Donc, si le citoyen pense qu'il est juste c'est une bonne chose.
Q – *Et si on parle de la société actuelle, est-ce que tu juges qu'elle est plutôt juste ou plutôt injuste ?*
LVAI-3F82U – Plutôt juste. À cause, justement, de la présence du droit comme régissant les obligations des citoyens, la façon dont on se comporte, puis même la possibilité d'être protégé par rapport aux abus du gouvernement, par exemple. Donc j'estime que c'est ça, entre autres, qui rend le tout très juste.
Q – *Il y en a certains qui disent qu'on est dans une société juste. Qu'est-ce que tu penses de ça ?*
JFAR-3F90C – Moi je pense que c'est vrai. Moi, j'estime qu'on est dans une société juste. Justement à cause du droit puis, comme je t'ai dit, [parce] que c'est codifié. Oui.
Q – *Le fait que ça soit codifié.*
JFAR-3F90C : Exactement oui. Moi je vois ça comme ça. [...] plusieurs personnes se sont réunies pour établir que le droit c'était « ça ». Puis on a déterminé que c'était ça la justice, alors j'estime que notre société est juste. [...] On sait à quoi s'en tenir. Oui.

Entre la première et la troisième année, le point de référence des étudiants interrogés bascule, et plusieurs troquent une conception sociale et spontanée de la justice pour une définition plus formelle, fondée sur le principe d'égalité juridique des citoyens.

5. Droit : le passage de la *vocation* à la *profession*

La question de la construction de l'identité professionnelle est largement abordée dans la littérature[38]. Cependant, cette construction de soi en tant que juriste est souvent accompagnée d'une rupture entre les aspects vocationnels et professionnels de la fonction. Aussi, plusieurs études constatent une lente mise en veilleuse des idéaux associant l'activité

[38] R. MACLEAN, « First-year Law Students' Construction of Professional Identity Through Writing », in *Discourse Studies*, 12, n° 2, 2010, p. 177-194 ; S. HON TAN, « Law School and the Making of the Student into a Lawyer : Transformation of First Year LAW Students in the National University of Singapore », in *Legal Ethics*, 12, n° 2, 2009, p. 125-170. M. BALL, « The Construction of the Legal Identity : Governmentality in Australian Legal Education », in *Queensland University of Technology Law and Justice Journal*, 7, n° 2, 2007, p. 444-463.

juridique à une forme de *public interest commitment*[39] ou de *service oriented carreer*[40]. Aux États-Unis, les recherches réalisées sur la trajectoire des étudiants tendent à démontrer qu'ils sont, tout au cours de leur cheminement académique, de moins en moins enclins à envisager un travail dans le secteur public ou le milieu communautaire. Une fois diplômés, la majorité œuvre plutôt dans le secteur privé, c'est-à-dire dans un secteur d'emploi dit « traditionnel »[41].

Le passage d'une conception vocationnelle à une conception plus traditionnelle (professionnelle) de la pratique peut être associée à une multitude de facteurs personnels. Ainsi, il est inévitable que la trajectoire menant de la première à la troisième année soit traversée par la question des choix professionnels qui suivent la diplomation. Il s'agit d'un mouvement qui accompagne inévitablement l'évolution personnelle de chacun. Pour décrire ce mouvement, la sociologie des générations recoure à la notion de « cycle de vie », et la sociologie des professions à celle de « transaction biographique »[42]. Un étudiant se projette ainsi différemment à 23 ans qu'il ne le fait à 20 ans. Au Québec, le choix d'une orientation professionnelle spécifique (le passage à l'École du Barreau ou au deuxième cycle en droit notarial) exige une décision qui renvoie l'étudiant à sa destinée sur le marché du travail. Cet impératif est plus criant encore au Canada anglais et aux États-Unis où les études de droit constituent un deuxième diplôme universitaire, acquis à un âge un peu plus avancé. Aux États-Unis, le coût des études de droit pose le problème de l'endettement étudiant et, avec lui, la question des conditions financières générales du diplômé et, par extension, celle de son identité et de son intégration dans la profession. On retrouve dans les facultés du Canada anglais une situation équivalente.

---

[39] A. GOLDSMITH, « Warning : Law School Can Endanger your Health », in *Monash University Law Review*, 21, n° 2, 1995, p. 272- 304. Lire aussi : R. GRANFIELD, « Do Law Students Abandon their Ideals ? The Crisis of Idealism in the Age of Affluence », in *Legal Studies Forum*, 18, n° 1, 1994, p. 53-74.

[40] K. SHELDON et L. KRIEGER, « Does Legal Education have Undermining Effects on Law Students ? Evaluating Changes in Motivation, Values, and Well-being », in *Behavioral Sciences & The Law*, 22, n° 2, 2004, p. 261-286.

[41] R. V. STOVER, « Law School and Professional Responsibility : The Impact of Legal Education on Public Interest Practice », in *Judicature*, 66, n° 5, 1982, p. 194-206. Lire aussi, sur les choix professionnels des diplômés : H. ERLANGER ET ALII, « Law Student Idealism and JOB Choice : Some New Data on an Old Question », in *Law & Society Review*, 30, n° 4, 1996, p. 851-864. L'étude révèle que 13% seulement des diplômés d'une cohorte donnée œuvrent au sein de l'Aide juridique. L'enquête révèle également que la participation des étudiants à des activités orientées vers la société au cours du cheminement scolaire (*social action law programs*) est le plus sûr prédicteur de leur engagement professionnel éventuel dans le domaine public (*non-traditional jobs*).

[42] C. DUBAR, « Formes identitaires et socialisation professionnelle », in *Revue française de sociologie*, 33, n° 4, 1992, p. 505-529

D'autres facteurs jouent cependant un rôle tout aussi important dans le passage d'une conception vocationnelle à une conception plus professionnelle de la fonction juridique. On renvoie alors à des facteurs d'ordre relationnel ou structurel[43]. La littérature américaine insiste notamment sur l'influence qu'exerce le droit des affaires, en tant que modèle de référence implicite, au sein des écoles de droit. Comme l'indique de façon synthétique le résumé de l'étude réalisée par Erlanger sur la question : « While undergoing training in professional school, students are assumed to experience attitude change, internalizing the norms of their future profession. In law school, this change is thought to be particularly conservative, reflecting a business orientation and a minimal concern with pro bono and social reform work »[44].

En contexte canadien, des conclusions équivalentes peuvent être tirées des travaux de Henderson et Farrow[45]. Au sein des facultés québécoises, ce modèle trouve un relais particulièrement puissant dans le cadre de la « course aux stages ». Celle-ci débute dès la seconde année de la formation universitaire et met en compétition potentielle tous les étudiants intéressés à un stage (et à un poste éventuel) au sein d'un grand cabinet d'affaires. La fébrilité et le prestige entourant la course aux stages (cocktails, dîners en ville et entrevues avec les associés principaux de ces grands bureaux) font qu'il est difficile d'échapper à l'idée que la carrière dans le domaine du droit des affaires constitue une forme d'idéal typique de la profession juridique.

Une étude d'inspiration ethnographique menée par Manderson et Turner sur les Coffee Houses organisés à l'Université McGill rend compte des mécanismes d'acculturation qui accompagnent ces rencontres de networking[46]. S'inspirant des travaux de Bourdieu sur l'acquisition des habitus propre à la profession et sur la mobilisation d'un certain capital symbolique nécessaire à la démonstration de votre légitimité dans le monde particulier des bureaux d'affaires, Manderson et Turner illustrent en quoi ces rencontres influent profondément sur l'identité des étudiants et sur leurs aspirations académiques et professionnelles, même lorsque leur intention n'est pas spécifiquement de trouver un stage ou un emploi dans l'un ou l'autre de ces grands bureaux : « Law students themselves are engaged in a dual performance to confirm their capacity to fit into such a world. To each other they establish their own identity as "McGill law stu-

---

[43] *Ibid.*

[44] H. ERLANGER, « Socialization Effects of Professional School », *op. cit.*, note 41.

[45] J. J. A. HENDERSON et T. C. W. FARROW, « The Ethical Development of Law Students », *op. cit.*, note 34.

[46] D. MANDERSON et S. TURNER, « Coffee House : Habitus and Performance among Law Students », in *Law & Social Inquiry*, 31, n° 3, 2006, p. 649-676.

dents" ; in relation to their future as lawyers they are provided with an opportunity to "try on" and display this identity »[47].

Il s'ensuit que la sélection des stagiaires est parfois fondée sur des critères d'appartenance sociale plutôt que sur les seules compétences juridiques réelles des candidats[48].

Le glissement graduel d'une conception vocationnelle vers une conception professionnelle de l'activité juridique fondée sur le modèle de la pratique en droit des affaires, transparaît dans les données tirées de notre enquête auprès des étudiants. Une rapide lecture du Tableau 8 fait voir une série de glissements accompagnant le passage d'une vision plus canonique de la fonction juridique vers une conception plus centrée sur l'activité effective du juriste : la fonction conseil plutôt que le litige judiciaire, notamment. L'étudiant en année terminale entretient ainsi une vision de la profession qui correspond davantage à celle du juriste contemporain, alors que moins de 15% des avocats pratiquent dans le domaine du litige.

Tableau 8
Fonctions et compétence de l'avocat

Questions	Pop	Pop +	1re an	3e an	χ^2
Q33 Pour vous, quelle serait la meilleure définition d'un bon avocat ? R : quelqu'un qui peut donner de bons conseils	74,6	77,2	68,1	**93,6**	0,000
Q33 Pour vous, quelle serait la meilleure définition d'un bon avocat ? Est-ce... R : quelqu'un qui gagne votre cause	23,7	22,4	**31,9**	6,4	0,000
Q32 Selon vous, la principale fonction du Barreau du Québec est de ... R : protéger les avocats	14,0	18,6	22,9	**23,0**	0,000
Q9d. Les gens qui passent devant les tribunaux comprennent généralement ce qui s'y passe	46,3	46,9	34,6	**17,9**	0,000

[47] *Ibid.* p. 665.

[48] « Gardez toujours en tête » qu'un cocktail n'est somme toute qu'une « autre *forme* d'entrevue », rappelle un document produit par l'Université de Montréal pour préparer les étudiants à la course aux stages : « Préférez le vin blanc au vin rouge puisqu'il tache les lèvres et les dents » [...] Lors d'un repas, si vous quittez la table, déposez la serviette sur votre chaise [...] ne mettez pas vos coudes sur la table et, quant aux ustensiles, [...] commencez toujours avec les plus éloignés pour terminer avec celui le plus près de votre assiette, [...] à la fin du repas, placez vos ustensiles parallèlement comme s'il était 4 h 20, selon les aiguilles d'une montre », etc.

Q30 De façon générale, les textes juridiques vous apparaissent-ils faciles à comprendre ? : Oui	12,8	15,2	29,3	**55,1**	0,000
Q25 Pour quelle raison la plupart des avocats exercent-ils leur profession ?					
Pour servir la société et pour la justice	47,3	47,2	50,5	**31,0**	0,000
Pour le prestige et l'argent	52,7	52,8	49,4	**69,0**	0,000

Sur un autre versant, les étudiants arrivés en fin de parcours se reconnaissent une véritable compétence dans leur lecture du droit alors qu'ils considèrent improbable qu'un citoyen moyen comprenne quoi que ce soit de l'activité judiciaire, une position qui conforte leur propre crédibilité en tant que professionnels et experts du droit. Il s'agit de perceptions que confirment les données présentées antérieurement au Tableau 4.

Dans des proportions équivalentes à celles enregistrées auprès des étudiants de première année, une minorité non négligeable des étudiants de droit (près du quart) considère que la principale fonction du barreau est la protection des avocats plutôt que celle du public. Entre deux options qui distinguent des conceptions plus vocationnelles (servir la société et la justice) ou plus professionnelles de l'activité juridique (le prestige et l'argent), la vaste majorité des étudiants de troisième année (69%) opte pour cette dernière option, alors que les étudiants de première année entretiennent encore majoritairement l'idée d'une définition vocationnelle de la fonction d'avocat (50,5 %), dans des proportions qui dépassent légèrement celles qu'on enregistre auprès de la population (47,3% chez les répondants les plus scolarisés).

Cette mutation a également été enregistrée dans le cadre des entrevues que nous avons réalisées auprès des étudiants. « Pourquoi voulez-vous devenir juristes ? ». À cette question, plusieurs étudiants de premier cycle répondent :

1F92C – Parce que j'aimerais ça défendre le droit des femmes éventuellement. Et, je pense que ça va m'aider à avoir plus de portes pour [aller] en journalisme ou en arts. [...] Mais c'est ça, j'y vais parce que je pense que ça va m'apporter une bonne base, et je suis curieuse de comprendre [ce qu'est] le système de justice, parce que je trouve que ce n'est pas toujours juste. Je suis curieuse de voir c'est quoi. Sur quoi on se base [pour prendre une décision judicaire].

1M88U – Il y a certaines interrogations qui touchent aux [mêmes questions que celles] que j'ai eues en philosophie, puis je pense que la réponse à ces interrogations-là, c'est par l'engagement dans une vie soit politique ou d'avocat.

Q – *Et, tu te vois...?*

1M88U – Comme un acteur pour la justice.

Q – *Tu veux donc devenir avocat ?*

1M88U – Bien, je ne sais pas trop quel genre d'avocat, mais je pense que, avocat, c'est la première étape dans la réalisation de ça.

En contrepartie, les étudiants de troisième année renvoient plus systématiquement à une pratique fondée sur l'exercice du droit en tant que tel, notamment dans le domaine du droit des affaires, même si on rencontre un certain nombre d'exceptions :

3F89C – Quand tu penses au droit, tu penses plus à ce qui se passe ici, le droit que tu vois à la télé, les procureurs de la Couronne, puis les gens en habit, je sais pas. Moi non, c'est ça que j'ai décidé de faire. Dans le fond, je veux faire ma maîtrise en droit international, puis j'aimerais ça travailler pour des organismes, peut-être pas ici au Québec non plus !

3F82U – Bien, j'ai vraiment bifurqué vers le domaine. C'était pas juste de l'incorporer à ce que je faisais déjà. Je vise à être avocate. Je commence le barreau bientôt, mais c'est vraiment d'avoir développé un intérêt pour ce que c'était dans le domaine des affaires, puis là j'ai voulu l'approfondir.

3M89C – [projection dans 10 ans] Sur le plan professionnel, je me vois pas mal dans un domaine qui ferait autant appel à ma formation juridique qu'à mon attrait pour le monde des affaires et qui me permettrait de parcourir un peu le monde.

Une étudiante compare ainsi sa trajectoire vers une approche plus collective du droit à celle de ses collègues, en insistant sur l'attrait qu'exerce sur eux une pratique orientée vers le droit des affaires :

3Fxx – J'ai plus un aspect de collectivité, je vois plus… il y en a beaucoup qui sont individualistes puis qui voient, qui pensent plus à eux, puis tout ça […] je sais pas comment le dire, mais, je vais ouvrir, j'ai beaucoup plus une conception… collective, en tout cas, pas individualiste, je [ne] sais pas si tu vois ce que je veux dire. […] le droit commercial, en tout cas, tout ce qui m'intéresse pas, ils vont sûrement s'en aller là-dedans.

La tension qui naît de l'opposition entre une conception plus vocationnelle ou plus professionnelle du droit pose un certain nombre de dilemme moraux, explorés par la littérature[49]. De même, les études sur l'altruisme, entendu ici comme indicateur de la propension des sujets étudiés à entretenir une conception vocationnelle de leur activité professionnelle,

[49] D. McCabe. « Context, Values and Moral Dilemmas : Comparing the Choices of Business and Law School Students », in *Journal of Business Ethics*, 10, n° 12, 1991, p. 951-960. Sur l'influence de la culture populaire télévisuelle sur la définition de la profession et sa transposition dans la perception des étudiants de premier cycle (revoir le tableau 8) on lira : C. Sharp, « Scarlet Letter or Chastity Belt – What Legal Dramas of the Twenty-First Century Are Telling Law Students about a Career in Law », in *Legal Ethics*, 5, n° 1-2, 2002, p. 90-102.

tendent à démontrer qu'il est moins présent chez les étudiants de droit que ceux de médecine[50].

Plus globalement, la consécration du droit des affaires comme modèle de référence et les conditions de sélection des étudiants dans les grands bureaux posent le problème de la distance culturelle entre les étudiants issus des milieux populaires et les standards implicites valorisés dans la profession. L'origine sociale constitue ainsi un facteur de déqualification professionnelle souvent invisible à l'œil nu. Aux États-Unis, un certain sentiment de discrimination, de stigmatisation et d'aliénation accompagne ce « déclassement », particulièrement observé chez les étudiants afro-américain[51] et hispanophones[52]. Au Canada, l'étude menée par Larry Chartrand sur la situation des étudiants autochtones conduit aux mêmes conclusions[53] : il existe des obstacles difficiles à surmonter pour des étudiants issus de milieux moins favorisés et sans lien avec la pratique du droit[54].

La situation particulière des femmes est également explorée dans le cadre d'études et de commentaires inspirés par le courant *Gender and Law.* Plusieurs auteurs y dénoncent le mur qui sépare les représentations des femmes, du modèle de références sur lequel est fondée une pratique du droit d'inspiration patriarcale. Cette distance serait à l'origine d'une forme cachée de discrimination, particulièrement, dans le domaine du droit des affaires[55]. Les étudiantes se trouveraient régulièrement en situation de dis-

---

[50] I. D. COULTER, M. WILKES et C. DER-MARTIROSIAN, « Altruism Revisited : A Comparison of Medical, Law and Business Students' Altruistic Attitudes », in *Medical Education,* 41, n° 4, 2007, p. 341-345.

[51] W. MOORE, « Indignities Real and Perceived : Race in America's Elite Law Schools », in *Dissertation Abstracts International*, 66, n° 8, 2006, p. 3105-3294. Il s'agit d'une thèse produite à l'Université du Minnesota en 2005 ; T. CLYDESDALE, « A Forked River Runs through Law School : Toward Understanding Race, Gender, Age, and Related Gaps in Law School Performance and Bar Passage », in *Law & Social Inquiry*, 29, n° 4, 2004, p. 711-769.

[52] S. FOLEY et D. L. KIDDER, « Hispanic Law Students' Perceptions of Discrimination, Justice, and Career Prospects », in *Hispanic Journal of Behavioral Sciences*, 24, n° 1, 2002, p. 23-37.

[53] L. CHARTRAND ET ALII, « Law Students, Law Schools and their Graduates », in *Windsor Yearbook of Access to Justice*, 20, 2001, p. 211-309.

[54] Consulter également le texte de H. DOUGLAS, « "This is not just about me" : Indigenous students' insights about law school study », in *The Adelaide Law Review*, 20, n° 2, 1998, p. 315-348.

[55] Comme le suggère Macerollo, il existerait « [a] subtle gender bias within the modern legal profession produces an identity crisis for women which causes them to reconcile personal values with the norms imposed by a masculinised institution in order to achieve career advancement and professional legitimacy » (A. MACEROLLO, « The Power of Masculinity in the Profession : Women Lawyers and Identity Formation », in *Review of Legal and Social Issues*, 25, 2008, p. 121-144). Lire également C. ROGERS « How Legal Education will Assault you as a Woman », in *Victoria University of Wellington Law Review*, 23, n° 2, 1993, p. 167-178 et M. STEWART, « Conflict and Connection at Sydney University Law

sonance cognitive vis-à-vis des caractéristiques de la pensée juridique formelle[56]. La littérature traite également des difficultés de la conciliation travail-famille dans les milieux juridiques. Ces contraintes constitueraient un frein à l'intégration professionnelle des femmes et limiteraient leur capacité à projeter leur avenir professionnel dans le modèle dominant qui traverse la pratique actuelle du droit[57]. Certains auteurs s'interrogent sur l'effet que comportera la présence d'un nombre croissant d'étudiantes dans les facultés[58]. D'autres démontrent la capacité des femmes à œuvrer efficacement dans un système fondé sur la compétition et la dichotomie entre gagnants et perdants, pourtant associé à un modèle masculin d'action[59]. Seule une étude spécifique sur la situation des étudiantes en droit permettrait de répondre à ces questions.

II/ QUELQUES EFFETS DE « TERMINALE » : LES RAISONS FORTES

L'enquête réalisée pour les fins de cette étude permet également d'enrichir notre compréhension des effets de la socialisation juridique sur les perceptions des étudiants tout au long du cursus universitaire de droit. Ici, deux tendances méritent d'être mises en évidence. La première concerne une augmentation croissante de la confiance des étudiants dans l'indépendance, la fonctionnalité et l'efficacité du droit et du système de justice. La seconde dans la défense des libertés publiques et l'adhésion croissante des étudiants aux valeurs portées par le libéralisme culturel, tels qu'elles sont promues dans les chartes québécoise et canadienne des droits de la personne. Ces références tenant lieu, en contexte juridique canadien, de norme fondamentale au sens kelsénien du terme. Ces deux tendances

School : Twelve Women Speak of our Legal Education », in *Melbourne University Law Re-view*, 18, n° 4, 1992, p. 828-850.

[56] C. COSTELLO, « Identity Dissonance : Gender, Identity and Professional Socialization at Law School », Proceeding of the American Sociological Association, 1998.

[57] C. CARROLL et A. BRAYFIELD, « Lingering Nuances : Gendered Career Motivations and Aspirations of First-Year Law Students », in *Sociological Spectrum*, 27, n° 3, 2007, p. 225 -255.

[58] Étude réalisée dans le contexte de Nouvelle-Zélande : C. MORRIS, « A 'Mean Hard Place' ? Law Students Tell it as it is », in *Victoria University Wellington Law Review*, 36, n° 2, 2005, p. 197-228.

[59] C. CRAVER, « Gender and Negotiation Performance », in *Sociological Practice*, 4, n° 3, 2002, p. 183-193. D'autres études remettent tout simplement en question la dichotomie entre les approches masculine et féminine de la pratique, de la connaissance et de la compétence juridiques. D. SCHLEEF, « Thinking Like a Lawyer : Gender Differences in the Production of Professional Knowledge », in *Gender Issues*, 19, n° 2, 2001, p. 69-86.

renforcent la spécificité des juristes par rapport à leurs concitoyens et caractérisent les cadres dans lesquels « pensent » les juristes.

1. Une confiance croissante dans le système de justice

Au-delà de l'effet d'adhésion et de l'effet « droit », la formation du juriste en faculté favorise un appui de plus en plus inconditionnel à l'institution juridique, entendu dans sa définition restreinte : le système de justice et ses principaux agents. Cette tendance participe du processus de professionnalisation[60]. Il place cependant le diplômé de droit dans une catégorie spécifique de citoyen. La formation en droit favorise en effet la perpétuation d'un certain système de référence qui trouve appui sur le respect des institutions où le juriste est, théoriquement, appelé à œuvrer et dont il devient lui-même un supporteur potentiel (Tableau 9). Il favorise inévitablement la création d'un certain esprit de corps.

Tableau 9
Fin de parcours et confiance dans l'institution juridique

Questions		Pop	Pop +	1re an	3e an	χ^2
Q9f	Les juges sont indépendants des partis politiques	39,4	39,8	60,6	**72,2**	0,000
Q18	Aujourd'hui il n'est plus possible d'acheter un juge pour qu'il décide en notre faveur	42,9	44,9	56,3	**81,8**	0,000
Q14	Faites confiance au système de justice québécois ? : Très ou assez confiance	60,8	71,6	89,8	**93,0**	0,000
Q9b	Les délais des tribunaux sont raisonnables de nos jours	20,7	17,4	26,1	**30,2**	0,000

À la confiance dans l'institution judiciaire s'ajoute, comme on l'a vu, une croyance dans la fonction structurante du droit lui-même et dans son efficacité : « Les lois servent à organiser les gens en société » (69,8%) ; une conviction que n'entretiennent pourtant que 33% des autres citoyens. En contrepartie, on peut se demander si le cheminement proposé par nos

[60] Sur cette tendance à l'uniformisation des représentations et des valeurs on lira : J. PALERMO et A. EVANS, « Australian Law Students' Values : How they Impact on Ethical Behaviour », in *Legal Education Digest*, 14, n° 4, 2006, p. 13 s. et R. STERN, « Professional Socialization and Attitudes toward Collective Bargaining : An Exploration among Law Students », in *Sociology of Work and Occupations*, 7, n° 4, 1980, p. 431-456.

facultés de droit favorise le développement de l'esprit critique des étudiants vis-à-vis des ratés d'un système au sein duquel plusieurs envisagent de poursuivre leur carrière.

2. Le partage de valeurs fondées sur le respect des libertés publiques

Finalement, les étudiants qui sortent de la faculté sont porteurs de valeurs communes, très centrées sur le respect de l'individualité et la protection des libertés publiques, qui fondent un certain égalitarisme de principe. Aussi peut-on synthétiquement parler, comme on l'a fait plus haut, d'un effet « chartes ».

Le tableau 10 rend compte de cet appui à des orientations en valeur souvent associées au libéralisme culturel : refus de la peine de mort, méfiance à l'égard des groupes incarnant une forme organisée de pouvoir coercitif, l'armée et la police par exemple, défense du droit à l'avortement.

Tableau 10
Fin de parcours : les valeurs partagées

Questions	Pop	Pop +	1re an	3e an	χ^2
Q21i. En général, faites-vous très, assez, peu ou pas du tout confiance : à l'armée	64,5	63,6	61,3	**49,5**	0,000
Q24e. En général, faites-vous très, assez, peu ou pas du tout confiance : aux policiers	82,6	85,5	72,6	**61,9**	0,001
Q11a. Une personne qui commet un meurtre devrait recevoir la peine de mort	43,5	31,7	13,9	**11,3**	0,000
Q11d. Chaque société a besoin d'un chef politique fort : oui	85, 9	85,4	74,8	**68,4**	0,000
Q11f. Le monde est contrôlé par une poignée d'individus	82,8	80,2	78,2	**73,1**	0,000
Q23. Considérez-vous comme moralement très acceptable, assez, peu ou pas du tout acceptable... - E) de se faire avorter	61,8	73,4	85,6	**91,7**	0,000

On peut ainsi conclure synthétiquement à l'existence d'un véritable effet de socialisation juridique. Cette acculturation ne se limite pas à un ensemble de connaissances spécialisées, mais comprend également des attitudes et des valeurs typiques et intériorisées. Celles-ci font elles aussi partie de la formation du juriste, du moins ne semblent-elles pas pouvoir s'en dissocier. Elles constituent, dans ce sens, un produit du cheminement de l'étudiant à la faculté.

Discussion

On peut épiloguer longtemps sur les résultats d'une enquête de ce type. Une question reste cependant posée, qui ne peut pas trouver de réponse dans les chiffres. Quel juriste voulons-nous former à l'avenir ? Le passage d'une conception symbolique vers une conception plus instrumentale de la normativité juridique, lorsqu'il accompagne l'abandon graduel d'une vision vocationnelle du métier de juriste au profit d'une vision totalement professionnalisée de la fonction juridique, favorise-t-il le profil de juriste que nous voulons pour demain ? Ce profil correspond-il seulement à l'évolution actuelle de la carrière juridique ? Maintient-il indirectement une vision canonique de la profession à laquelle très peu d'étudiants peuvent aspirer si tant est qu'elle corresponde encore à quelque chose dans la réalité du droit ?

La question de la crise de l'enseignement juridique se pose aujourd'hui au sein de plusieurs facultés de droit, tant au Québec qu'au Canada. Dans un texte récent, Harry Arthur pose le problème des visées de la formation juridique contemporaine[61]. Les facultés doivent-elles former les juristes d'aujourd'hui, les juristes de demain ou doivent-elles simplement s'assumer elles-mêmes comme communautés savantes (*knowledge community*) ? Ces questions interpellent la fonction universitaire elle-même. La faculté de droit doit-elle former les futurs praticiens du droit (*practice ready students*)[62], ou doit-elle tout simplement leur apprendre à penser… au moins comme des juristes ?

Aux États-Unis, des problèmes très différents se posent du fait des contraintes financières qui pèsent sur la trajectoire universitaire et sur le financement des institutions d'enseignement supérieur[63]. Dans la foulée de la crise financière de 2008, le problème des débouchés professionnels

[61] H. W. ARTHURS, « The Future of Law School : Three Visions and a Prediction », in *Alberta Law Review*, 51, n° 4, 2014, p. 705-716.
[62] J'emprunte l'expression à D. J. CANTRELL, « Are Clinics a Magic Bullet ? », in *Alberta Law Review*, 51, n° 4, 2014, p. 831-847.
[63] J. WELCH WEGNER, « Response : More Complicated Than We Think », in *Journal of Legal Education*, 59, n° 4, 2010, p. 623-644.

offerts aux futurs avocats s'impose d'une façon sans précédent[64]. Investir dans la carrière juridique est-il encore un choix « rentable » dans un contexte où plusieurs étudiants obtiennent leur diplôme en traînant derrière eux une dette avoisinant les 200 000 $[65]. Par extension, une des principales difficultés rencontrées par les Law Schools réside dans la baisse continue du nombre des inscriptions[66]. Les écoles de droit américaines connaissent ainsi, elles aussi, une véritable crise de l'enseignement juridique. Or, au moment où une importante partie de la littérature explore le problème de la correspondance entre la formation universitaire et les besoins du marché[67], un comité de travail de l'American Bar Association s'inquiète plutôt de ce que les contraintes imposées par l'ABA aux *J.D. programs* qu'elle accrédite sont venues appauvrir la qualité et la diversité de l'enseignement proposé par les 200 institutions offrant des formations de droit, en limitant entre autres l'expérimentation de stratégies pédagogiques nouvelles[68]. Le *case method*, aujourd'hui assimilé à une approche de type doctrinal, ne doit-il pas céder le pas à une pédagogie fondée sur l'apprentissage par problèmes (*problem solving method*)[69]? Quelle place pour l'interdisciplinarité en droit[70] ? Bien qu'elles aient été développées dans un cadre académique et institutionnel spécifique, les questions qui s'imposent aux écoles de droit américaines interpellent également les facultés québécoises, canadiennes et européennes. Sur une autre échelle, ces interrogations balisent les termes d'études plus précises sur la trajectoire pro-

---

[64] B. E. NEWTON, « The Ninety-Fives Theses : Systemic Reforms of American Legal Education and Licensure », in *South Carolina Law Review*, 64, 2012, p. 55-141.
[65] Sur un questionnement connexe, voir B. VICKREY, « The Changing Practice of Law and Law Schools : Why would Anyone Go to Law School Today », in *South Dakota Law Re view*, 60, 2015.
[66] *Ibid.* Lire aussi R. G. EHRENBERG, « American Law Schools in a Time of Transition », in *Journal of Legal Education*, 63, n° 1, 2013, p. 98-112.
[67] E. CLARK, « Looking Forward : Challenges Facing Legal Education in the 21 first century », in *Phoenix Law Review*, 3, 2010, p. 461-471 et D. THIES, « Rethinking Legal Educationin Hard Time : the Recession, Practical Legal Education and the New Job Market », in *Journal of Legal Education*, 59, n° 4, 2010, p. 598-622. Cette question est également posée dans le contexte canadien : D. D. FUGUSON, « The Great Disconnect : Reconnecting the Academy to the Profession », in *Alberta Law Review*, 5, n° 4, 2014, p. 829-829.
[68] American Bar Association Task Force on the Future of Legal Education, *Draft Report and Recommandations*, Washington, ABA, September 20, 2013, 38 pages (www.americanbar.org/content/dam/aba/administrative/professional_responsibility/taskforcecomments/task_force_on_legaleducation_draft_report_september2013.authcheckdam.pdf).
[69] M. CASSIDY, « Reforming the Law School Curriculum from the Top Down » in *Journal of Legal Education*, 64, n° 3, 2015, p. 428-442.
[70] K. D. CONNOLLY, « Elucidating the Elephant : Interdisciplinary Law School Classes », in *Washington University Journal of Law and Policy*, 11, 2003, p. 11-61 et D. W. VICK, « Interdisciplinarity and the Discipline of Law », in *Journal of Law and Society*, 31, n° 2 , 2004, p. 163-193.

fessionnelle des praticiens eux-mêmes, sur la destinée du juriste contemporain.

Comment se déclinent aujourd'hui les fonctions et les responsabilités du juriste ? Quelles connaissances et quelles compétences supposent-elles ? Le juriste doit-il rester un généraliste de la loi ou devenir le spécialiste d'un segment toujours plus pointu du droit ? Est-il appelé à devenir l'artisan ou le fiduciaire des diverses formes de la normativité juridique et de la normativité sociale contemporaine ou est-il condamné à rester un savant collègue de la règlementation ? C'est une histoire à faire…

TABLES DES MATIÈRES

DEUXIÈME PARTIE
PERSPECTIVES ET EXPÉRIENCES NATIONALES

DROIT
AUX ÉDITIONS L'HARMATTAN

Dernières parutions

CONSTITUTIONNALISME ET MÉTISSAGE CULTUREL AU-DELÀ DES DROITS DE L'HOMME

Salvatore Bonfiglio

Les sociétés multiculturelles demandent une réinterprétation des principes constitutionnels, capable de favoriser la cohésion sociale, notamment par l'extension des droits fondamentaux aux « non-citoyens ». Il s'agit de reconnaître à l'individu en tant que tel un statut de droits fondamentaux, pour affirmer ainsi le caractère à la fois moral et juridique de la dignité de la personne.

(Coll. Harmattan Italia, 208 p., 26 euros)

ISBN : 978-2-336-31233-0, EAN EBOOK : 9782140103193

LA PROCÉDURE

Sous la direction de Joanna Genovese et Giovanna Debernardi

La procédure est souvent perçue par les parties comme une source de difficultés supplémentaires dans la résolution d'un conflit. Elle est en réalité protectrice des droits des individus. Il n'existe pas qu'une procédure mais une pluralité. Il est question de procédure civile, de procédure collective, de procédure pénale... La procédure s'adapte en fonction des contraintes et besoins tant par la dématérialisation que la déjudiciarisation.

(Coll. Droit privé et sciences criminelles, 138 p., 16,5 euros)

ISBN : 978-2-343-15460-2, EAN EBOOK : 9782140102769

LE RECOURS AUX MODES ALTERNATIFS DE RÈGLEMENT DES LITIGES EN MATIÈRE DE PROPRIÉTÉ INTELLECTUELLE

Jean Tankeu

Préface de Joseph Fometeu

La mondialisation et le développement des échanges économiques posent de nouveaux défis en matière d'application des droits de propriété intellectuelle. Plus le commerce et les affaires s'intensifient au niveau international, plus la question des effets des droits de propriété intellectuelle et de leur application au-delà des frontières nationales devient pertinente. D'où le développement du contentieux non juridictionnel international de la propriété intellectuelle auquel l'auteur consacre cet ouvrage.

(326 p., 33 euros)

ISBN : 978-2-343-15648-4, EAN EBOOK : 9782140102653

MÉTHODOLOGIES DE LA SÉCURITÉ URBAINE

François Dieu, Bruno Domingo

Quelles sont les méthodologies de la sécurité urbaine ? Comment réaliser un diagnostic local de sécurité ? Quelles sont les précautions à prendre avec les chiffres de la délinquance ? Comment mesurer le sentiment d'insécurité et la victimisation ? Quelles sont les modalités de diffusion de l'information au sein des dispositifs de prévention ? Comment mettre en place un observatoire local de la délinquance ? En bref, comment impulser une réflexion objective et un partenariat dynamique pour une politique de sécurité efficace ?

(Coll. République et sécurité, 276 p., 28,5 euros)

ISBN : 978-2-343-15718-4, EAN EBOOK : 9782140102295

DROIT DES ENTREPRISES INDIVIDUELLES

Commerçant / Entreprenant / Bail à usage professionnel / Fonds de commerce / Vente commerciale / Commerce électronique

Cheikh Abdou Wakhab Ndiaye

L'entreprise est une notion moderne et polysémique qui n'a fait son apparition que très récemment dans le droit sénégalais. L'entreprise individuelle concerne le commerçant, personne physique, et l'entreprenant. Son droit est un véritable droit du développement. Il matérialise une volonté de promouvoir l'initiative privée par, d'une part, la facilitation des conditions d'accès au monde des affaires et, d'autre part, la mise en place d'un climat favorables aux investissements. Il est ainsi un creuset où les droits OHADA, UEMOA et sénégalais sont conjugués pour la réalisation de cette ambition.

(Coll. Harmattan Sénégal, 404 p., 40 euros)

ISBN : 978-2-343-15882-2, EAN EBOOK : 9782140102196

LES FINANCES PUBLIQUES DU GABON

Droit budgétaire et droit de la comptabilité publique

Fidèle Mengue Me Engouang

Considéré comme un pays riche, grâce à ses ressources naturelles, le Gabon demeure pourtant un Etat pauvre. L'une des raisons de ce paradoxe est la mauvaise gestion des moyens financiers dont dispose l'Etat. L'assainissement de la gestion des finances publiques constitue donc un des défis majeurs que doivent relever le gouvernement et l'administration. Ce qui exige une parfaite maîtrise des normes juridiques applicables en la matière, en plus d'une grande probité morale. Cet ouvrage veut contribuer au renforcement des capacités des personnes. Il traite des règles et des procédures d'élaboration, d'adoption, d'exécution et de contrôle du budget de l'Etat.

(Coll. Finances publiques, 386 p., 38 euros)

ISBN : 978-2-343-15534-0, EAN EBOOK : 9782140101335

L'INCOHÉRENCE DES LOIS DE CIRCONSTANCES EN MATIÈRE PÉNALE

Paul Laurent

Pour adapter le droit pénal à la criminalité, le Législateur adopte des lois pour des motifs qui échappent à la stricte nécessité juridique, au profit de l'opportunité. Ces lois en réponse à des faits divers sont des lois de circonstances. Leur développement est indéniable. Ce mouvement s'opère aux dépens de la politique pénale de réflexion et des règles de forme classiques. Cette adaptation du droit aux évolutions de la criminalité mérite analyse et débat.

(Coll. Bibliothèques de droit, 272 p., 27 euros)

ISBN : 978-2-343-15317-9, EAN EBOOK : 9782140101625

LE TRAIN DE VIE EN DROIT PRIVÉ

Michaël Martinez

Préface de Philippe Delmas Saint-Hilaire

Locution issue du langage courant, « train de vie » a été importée dans la sphère juridique à la fin des années 1930 pour lutter contre la fraude fiscale et s'y est répandue à partir des années 1960 sans être définie. La première partie de cet ouvrage s'intéresse au contenu juridique de cette notion. Elle est définie comme la jouissance, à titre habituel d'une certaine quantité de biens et de services, caractérisant à la fois un niveau de vie et une habitude de vie. La seconde partie porte sur les effets attachés au train de vie.

(Coll. Logiques Juridiques, 526 p., 45 euros)

ISBN : 978-2-343-15845-7, EAN EBOOK : 9782140101731

LE DROIT DU TRANSPORT ROUTIER DE MARCHANDISES (TRM)

Olivier Esneu

L'auteur aborde les fondamentaux juridiques ainsi que les changements règlementaires qui soutiennent le développement et l'adaptation du transport routier aux défis de notre temps. Il expose le cadre juridique général du secteur à travers la présentation des sources du droit, des règles juridictionnelles, des grands organismes, des principes d'accès au métier et à l'exercice de la profession et enfin de la règlementation sociale. Puis, il se concentre sur le contrat de transport routier de marchandises.

(Coll. L'esprit économique, 174 p., 18,5 euros)

ISBN : 978-2-343-15623-1, EAN EBOOK : 9782140098949

LE CODE PÉNAL IVOIRIEN

Annoté article par article, enrichi de la jurisprudence des Cours et tribunaux de Côte d'Ivoire

Eloi K. Yao

Le Code pénal ivoirien a de nombreuses affinités avec le Code pénal français de 1810, son ancêtre. Le besoin d'adapter le droit pénal d'inspiration coloniale aux réalités locales n'a jamais cessé d'habiter le législateur ivoirien. L'admission de la responsabilité pénale des personnes morales, la correctionnalisation de la bigamie, l'abolition de la peine de mort, la reconnaissance des crimes internationaux ou encore la dépénalisation du chèque sans provision, notamment, sont autant d'innovations et spécificités du droit pénal ivoirien qui méritent d'être portées à la connaissance du public. L'annotation de ce corpus juridique peut contribuer à la vulgarisation des normes pénales secrétées par le système juridique ivoirien.

(Coll. Sciences criminelles, 138 p., 15,5 euros)

ISBN : 978-2-343-15405-3, EAN EBOOK : 9782140099731

L'UNION EUROPÉENNE ET LA COOPÉRATION RÉGIONALE DES OUTRE-MERS

Vers un renforcement du soutien européen ?

Préface de Loïc Grard, Sous la direction de Hélène Pongérard-Payet

Cet ouvrage offre un panorama de la coopération européenne ultramarine dans ses aspects fondamentaux, qu'ils soient institutionnels, juridiques ou financiers, et a pour vocation de nourrir la réflexion sur le destin européen de la coopération régionale des Outremers, appelée à se développer dans les espaces caribéen, indianocéanique et macaronésien notamment. La problématique est éclairée par les regards croisés d'experts des institutions de l'UE et de spécialistes des questions ultramarines en provenance des milieux académiques français, italien et portugais.

(Coll. Grale, 378 p., 38 euros)

ISBN : 978-2-343-15525-8, EAN EBOOK : 9782140101021

PRÉSIDENT ET RÉGIME PRÉSIDENTIALISTE EN AMÉRIQUE LATINE

Arnaud Martin

Souvent défini en des termes péjoratifs et réducteurs qui occultent la diversité de la pratique, le régime présidentialiste, modèle institutionnel dominant en Amérique latine, est parvenu à concilier une pratique personnelle du pouvoir, la démocratie libérale et l'Etat de droit. S'inspirant du régime présidentiel défini par une séparation stricte des pouvoirs, le régime présidentialiste s'en écarte par une prédominance du président et par un assouplissement de la séparation des pouvoirs. Loin du cliché du régime autoritaire, le présidentialisme latino-américain a permis de concilier efficacité institutionnelle, démocratie libérale et protection de l'ordre public.

(Coll. Droit comparé, 296 p., 30 euros)

ISBN : 978-2-343-15368-1, EAN EBOOK : 9782140100819

DE LA PUNITION À LA RÉCONCILIATION

Pour une justice citoyenne

Florine Jollivet

La logique punitive dans la justice pénale a conduit à recourir à un système répressif où le tout-carcéral prime au détriment des peines alternatives. Le nombre de détenus en France a atteint un niveau historique. La punition est sévère, mais inefficace, puisque 63% de sortants de prison récidivent dans les 5 années suivant leur sortie. Pourtant, on observe un engagement croissant de la société civile pour redonner du sens à la peine, lui donner une vertu réhabilitatrice et restaurative. Une dynamique nouvelle est lancée. Il faut donc identifier les défis et dessiner les contours d'une coopération réussie entre institutions et société.

(Coll. Sciences criminelles, 162 p., 17,5 euros)

ISBN : 978-2-343-15700-9, EAN EBOOK : 9782140101229

LA CONSTITUTION HAÏTIENNE DE 1987 EST-ELLE UN PRODUIT IMPORTÉ ?

Essai sur le folklorisme médiatique

Luné Roc Pierre Louis

Faire-voir, faire-entendre, faire-croire et faire-rêver sont des marqueurs symptomatiques du jeu des médias. Aussi le présent ouvrage scrute-t-il le folklorisme médiatique à travers la déchéance et le mal-être que véhiculent les indigénistes haïtiens à l'encontre de la Constitution de 1987, amendée par le biais du double préjugé où cette constitution serait à la fois un produit importé d'un Autre et une invention sans précédent dans l'histoire de la formation sociale haïtienne. Pourtant, les présentes sédimentations révèlent que rarissimes sont les dispositions de la Constitution de 1987 amendée qui ne proviennent de l'une ou l'autre de ses 21 prédécesseurs.

(210 p., 21,5 euros)

ISBN : 978-2-343-15533-3, EAN EBOOK : 9782140100550

LE MINISTÈRE PUBLIC ET LES VOIES D'EXÉCUTION EN DROIT OHADA

Etude à partir du droit positif camerounais

Noël Durbois Tachago Youmssi

La mission du ministère public en droit national, qui consiste à veiller à l'exécution des titres exécutoires revient à apporter son concours à la réalisation des voies d'exécution OHADA. Cependant, le ministère public peut aussi constituer un danger pour l'exécution forcée, du fait de son statut et de certaines prérogatives dont on peut relever quelques ambiguïtés. Celles-ci ne doivent cependant pas occulter l'importance du rôle qui peut être celui du ministère public dans le processus des voies d'exécution OHADA, d'où l'opportunité de sa consécration dans cette matière.

(Coll. Harmattan Cameroun, 162 p., 17,5 euros)

ISBN : 978-2-343-15723-8, EAN EBOOK : 9782140100949

LA LANGUE ET LE DROIT

Joseph Fometeu, Philippe Briand, Léonie Metangmo-Tatou

Généralement appréhendés comme objets de sciences distincts, la langue et le droit sont pourtant deux phénomènes socioculturels qui ne s'indiffèrent pas mutuellement. Les rapports qu'ils entretiennent constituent un terrain fertile à la réflexion multidisciplinaire. Grâce à un certain ancrage historique et en s'appuyant sur l'expérience de différents pays, cet ouvrage appréhende ces rapports sous les prismes de la théorie du droit, de la linguistique juridique et de la traduction juridique.

(Coll. Harmattan Cameroun, 670 p., 49 euros)

ISBN : 978-2-343-15387-2, EAN EBOOK : 9782140100956

LA RESPONSABILITÉ DES NOTAIRES

Pour un régime spécifique de responsabilité

Maître Guegang, Gueguang Ghomo
Préface de Mustapha Mekki

La question de la responsabilité des notaires est au coeur des grands enjeux sociaux, économiques et juridiques. Le notaire, acteur majeur de la société et de la vie économique, ne bénéficie pas d'un régime de responsabilité adapté à sa profession. Ce livre présente une tentative de solution à la responsabilité des notaires, qui consisterait en une réforme, mieux, en un remplacement du régime de droit commun, inapproprié, par un régime spécifique plus adapté aux difficultés de la profession notariale.

(Coll. Harmattan Cameroun, 216 p., 23 euros)

ISBN : 978-2-343-14112-1, EAN EBOOK : 9782140100970

Structures éditoriales du groupe L'Harmattan

L'Harmattan Italie
Via degli Artisti, 15
10124 Torino
harmattan.italia@gmail.com

L'Harmattan Hongrie
Kossuth l. u. 14-16.
1053 Budapest
harmattan@harmattan.hu

L'Harmattan Sénégal
10 VDN en face Mermoz
BP 45034 Dakar-Fann
senharmattan@gmail.com

L'Harmattan Cameroun
TSINGA/FECAFOOT
BP 11486 Yaoundé
inkoukam@gmail.com

L'Harmattan Burkina Faso
Achille Somé – tengnule@hotmail.fr

L'Harmattan Guinée
Almamya, rue KA 028 OKB Agency
BP 3470 Conakry
harmattanguinee@yahoo.fr

L'Harmattan RDC
185, avenue Nyangwe
Commune de Lingwala – Kinshasa
matangilamusadila@yahoo.fr

L'Harmattan Congo
67, boulevard Denis-Sassou-N'Guesso
BP 2874 Brazzaville
harmattan.congo@yahoo.fr

L'Harmattan Mali
Sirakoro-Meguetana V31
Bamako
syllaka@yahoo.fr

L'Harmattan Togo
Djidjole – Lomé
Maison Amela
face EPP BATOME
ddamela@aol.com

L'Harmattan Côte d'Ivoire
Résidence Karl – Cité des Arts
Abidjan-Cocody
03 BP 1588 Abidjan
espace_harmattan.ci@hotmail.fr

L'Harmattan Algérie
22, rue Moulay-Mohamed
31000 Oran
info2@harmattan-algerie.com

L'Harmattan Maroc
5, rue Ferrane-Kouicha, Talaâ-Elkbira
Chrableyine, Fès-Médine
30000 Fès
harmattan.maroc@gmail.com

Nos librairies en France

Librairie internationale
16, rue des Écoles – 75005 Paris
librairie.internationale@harmattan.fr
01 40 46 79 11
www.librairieharmattan.com

Librairie l'Espace Harmattan
21 bis, rue des Écoles – 75005 Paris
librairie.espace@harmattan.fr
01 43 29 49 42

Lib. sciences humaines & histoire
21, rue des Écoles – 75005 Paris
librairie.sh@harmattan.fr
01 46 34 13 71
www.librairieharmattansh.com

Lib. Méditerranée & Moyen-Orient
7, rue des Carmes – 75005 Paris
librairie.mediterranee@harmattan.fr
01 43 29 71 15

Librairie Le Lucernaire
53, rue Notre-Dame-des-Champs – 75006 Paris
librairie@lucernaire.fr
01 42 22 67 13

www.ingramcontent.com/pod-product-compliance
Lightning Source LLC
LaVergne TN
LVHW011022061026
849535LV00006B/2013